A psicologia e o dilema humano

Dados Internacionais de Catalogação na Publicação (CIP)
(Câmara Brasileira do Livro, SP, Brasil)

May, Rollo

A psicologia e o dilema humano / Rollo May; tradução de Carlos Alberto Silveira Netto Soares, 12. ed. – Petrópolis, RJ : Vozes, 2009.

Título original: Psychology and the human dilemma.

Bibliografia.

IBSN 978-85-326-2289-1

1. Psicologia – Discursos, ensaios e conferências I. Título.

99-4788 CDD-150

Índices para catálogo sistemático:

1. Psicologia 150

Rollo May

A psicologia e o dilema humano

Tradução de Carlos Alberto Silveira Netto Soares

Petrópolis

Título original inglês: *Psychology and the Human Dilemma*

Direitos de publicação em língua portuguesa:
2000, Editora Vozes
Rua Frei Luís, 100
25689-900 Petrópolis, RJ
Internet: http://www.vozes.com.br
Brasil

Diretor editorial
Frei Antônio Moser

Editores
Ana Paula Santos Matos
José Maria da Silva
Lídio Peretti
Marilac Loraine Oleniki

Secretário executivo
João Batista Kreuch

Projeto gráfico: AG.SR Desenv. Gráfico
Capa: Marta Braiman

ISBN 978-85-326-2289-1 (edição brasileira)
ISBN 0-393-31455-3 (edição americana)

Editado conforme o novo acordo ortográfico.

Este livro foi composto e impresso pela Editora Vozes Ltda.

Comentários sobre os capítulos do presente volume

Alguns dos capítulos deste livro representam, de forma modificada, artigos e palestras que foram publicados em outros lugares, como segue:

Partes do capítulo 2 são de uma palestra intitulada "A imagem do homem moderno de si mesmo", proferida como uma das Palestras Alden Tuthill no Seminário Teológico de Chicago, na Universidade de Chicago, em fevereiro de 1962.

O capítulo 3 vale-se de uma palestra proferida sob o título "A ansiedade entre os estudantes e a sua relação com a educação" na convenção anual da Associação de Universidades e Escolas Secundárias da Nova Inglaterra, em Boston, em dezembro de 1964, e publicada no *New England Association Review*.

Partes do capítulo 4 são baseadas num artigo apresentado na Convenção Anual da Associação Americana de Psicopatologia e publicada no volume de Hock e Zubin, *Anxiety*, editado por Grune e Stratton, em 1951.

O capítulo 5 baseia-se numa palestra feita na convenção anual da Associação Americana de Psiquiatria em 1956 e publicada em *Progress in Psychotherapy*, Grune e Stratton, Nova Iorque, 1957.

O capítulo 6 foi exposto como uma palestra no Departamento de Graduação de Psicologia da Universidade de Chicago e publicada em *Contemporary Psychotherapies*, editado por Morris I. Stein, Free Press, Glencoe, Ill, 1961.

O capítulo 7 é baseado numa palestra proferida na Primeira Conferência Anual sobre Fenomenologia e Psiquiatria, Hospital dos Veteranos, Lexington, Kentucky, e publicada em *Phenomenology Pure and Applied*, editado por Erwin Straus, Duquesne University Press, Pittsburgh, 1965.

Numa forma anterior, o capítulo 8 foi apresentado no Terceiro Congresso Internacional sobre Psicoterapia, em Barcelona, em 1959, e publicado em *Topical Problems of Psicotherapy*, S. Karger, Basel e Nova Iorque, 1960, vol. 3.

O capítulo 9, na sua forma original, foi uma introdução à edição em brochura da obra *A psicanálise existential*, de Jean-Paul Sartre, Chicago, Regnéry, 1963.

O capítulo 10, na sua forma original, foi publicado na *Review of Existential Psychology and Psychiatry*, vol. 3, n. 1, inverno, 1963, p. 5-10.

O original do capítulo 11 foi publicado em *Psychiatry*: *Journal for the Study of Interpersonal Relations*, vol. 15, n. 4, novembro de 1952. Uma parte também foi publicada no meu livro *Mans's search for himself*, Norton, New York, 1953 (O homem à procura de si mesmo, Vozes, 1972).

O capítulo 12, na sua forma original, foi publicado em *Behavioral Science and Guidance*: *Proposals and Perspectives*, editado por Lloyd-Jones e Westervelt, Bureau of Publications, Teachers College, Universidade de Colúmbia, 1963.

O original do capítulo 13 foi um discurso feito por ocasião da Premiação Anual da Sociedade de Psicólogos Clínicos de Nova Iorque, na Academia de Ciências de Nova Iorque, 1955.

O original do capítulo 14 foi um artigo apresentado num simpósio sobre As responsabilidades sociais do psicólogo, na convenção anual da Associação Americana de Psicologia, em setembro de 1963.

Sumário

Introdução

Estes ensaios têm um tema comum. Ele origina-se da grande variedade e riqueza da natureza humana, de um lado, e da banalidade e mesquinharia, de outro. Esse tema origina-se também do contraste entre a generosidade do ser humano e a suprema crueldade de que somos igualmente capazes. Apresentamos uma capacidade admirável para a razão, mas ela está em perpétuo conflito com o nosso comportamento espantosamente irracional. Nós temos a experiência da alegria e da criatividade num dia e, no dia seguinte, observamos que não diminuímos em nada a nossa propensão para o desespero e a frustração.

Eu defendo que o próprio alcance desse espectro introduz certas características distintivas na consciência humana. Neste livro, discuto algumas delas sob o termo "dilema". Estou há muito tempo convicto de que a totalidade da experiência humana, especialmente como se mostra nessas polaridades, deve ser incluída na temática da psicologia para que essa disciplina mereça o título de "ciência dos seres humanos"*.

A palavra "dilema" não é usada aqui no seu sentido técnico. Eu não me refiro a um problema insolúvel, como é inferido na frase "os dois extremos de um dilema", um dos quais é obrigado

* Alguns destes ensaios foram escritos antes da época em que começamos a considerar que "homem" não abrangia "mulher", para alterar ligeiramente a frase de Churchill. O meu estilo atual mudou a este respeito. Eu lamento que, devido às exigências de publicação, não fui capaz de alterar o corpo do livro a esse respeito.

a ferir você se o outro não o fizer. Uso-a, antes, em referência às polaridades e paradoxos que são inescapavelmente humanos. Sem dúvida, os dilemas podem resultar em impasse, bloqueio e num desenvolvimento excessivo e desvairado de um lado para escapar ao outro. Daí os muitos distúrbios e problemas que trazem as pessoas para as nossas clínicas e consultórios psicoterapêuticos. Mas essa polaridade também é a fonte da energia e da criatividade humanas. É do confrontar construtivo das tensões que estes paradoxos produzem que nós, seres humanos, construímos culturas e civilizações.

Uma vez que este livro trata centralmente das responsabilidades dos psicólogos com relação à cultura moderna, pode ser bom perguntar: "Como os psicólogos têm cumprido essas responsabilidades?" A resposta tende a ser ambígua.

Algumas semanas atrás fui visitado por duas pessoas da Inglaterra que haviam estado entrevistando uma série de psicólogos e psiquiatras neste país montando fitas para a British Broadcasting Company sobre as novas formas da terapia nos Estados Unidos. Elas perguntaram-me, no decorrer da entrevista: "Os psicólogos não são responsáveis, em alguma medida, pelo mal-estar e indisposição espiritual da nossa sociedade ocidental atual?"

"Não", eu respondi, "não mais do que os artistas são responsáveis pelo estado confuso das artes, ou os economistas responsáveis pela queda do mercado de ações ou pela depressão econômica geral do país. Nenhum grupo profissional pode aceitar a culpa pelas exigências da história".

Mas eu também compreendi e prossegui para dizer que há outros aspectos daquela questão que não podem ser descartados tão facilmente. Os psicólogos exploraram o mal-estar e a perturbação espiritual do nosso tempo. Eles capitalizaram sobre as tremendas necessidades para a compreensão da saúde mental e para o autoconhecimento dos cidadãos dos nossos dias. Não vamos nos iludir que o tremendo crescimento da profissão da psicologia, neste século (o número de membros na Associação Americana de Psicologia – APA – pulou de 387, em 1918, para mais de 46.000, em 1978), deveu-se ao brilho do nosso trabalho. Ele deveu-se, antes, aos intensos problemas interiores experimentados pelas pessoas num tempo como o nosso, quando uma era está morrendo e a outra ainda não nasceu. O nosso crescimento é um *sintoma das grandes necessidades da época.*

Ao invés de acomodar-se na confiança que esse crescimento fenomenal causa, antes, perguntemos se não há perigos consideráveis nesse crescimento. Nossos colegas médicos poderiam dizer-nos empaticamente que tal aceitação pelo público é verdadeiramente perigosa, como desejo ilustrar com um incidente da nossa história.

No início e em meados dos anos 50, o nosso pequeno grupo de psicólogos que eram terapeutas, em Nova Iorque, estava engajado numa batalha na legislatura estadual contra o poder esmagador da Associação Americana de Medicina (AAM). A cada sessão legislativa, nós nos defrontaríamos com a introdução de um projeto de lei para tornar a psicoterapia uma especialidade médica. Estávamos diante da imediata extinção e tínhamos de lutar pelas nossas vidas profissionais. Da minha posição como Presidente do Conselho Geral de Psicólogos, num ano, e Presidente da Associação de Psicologia do Estado de Nova Iorque, no seguinte, eu estava no centro do combate e era capaz de ter uma visão interna das emoções dessa luta. Surpreendentemente, nós, psicólogos, vencemos cada batalha. Finalmente, vencemos a guerra – no país bem como no Estado de Nova Iorque*.

---

* Essa vitória foi a porta pela qual legalizou-se a terapia feita por psicólogos, em todo o país, assim como no Estado de Nova Iorque. No curso dessa guerra de três anos, com a ajuda de Lawrence Frank, Frederik Allen, Carl Binger, Lawrence Kubie e outros psiquiatras e cidadãos de visão ampla, organizamos uma conferência sobre Aconselhamento e Terapia na Academia de Ciên-

Mas nós vencemos amplamente baseados em algo que não tinha nada a ver conosco; isto é, a descrença e a raiva latentes e semiconscientes, de parte dos membros da legislatura, contra o enorme poder da AMA. Esse poder sedimentou-se a partir do papel de "deus" que o público, pela sua necessidade, projetou sobre os médicos e eles, impensadamente, aceitaram. Qualquer grupo que aceita ser cultuado como "deus" por parte do público, e explora isso, será mais tarde atacado como "demônio" (ou, como prefiro, demoníaco) na proporção direta do grau anterior de cultuação. Agora, essa raiva e descrença apareceram amplamente na consciência do público como se viu na torrente de processos judiciais por imperícia médica, tão severos, em algumas situações, que chegam a tornar a prática da medicina quase impossível.

Diversos de nós prevíamos, algumas décadas atrás, que haveria uma reação contra a psicoterapia e, especialmente, contra a psicanálise, devido a excessiva crença e fé posta nelas. Tanto quanto sei, essa previsão não recebeu nenhuma atenção; havia multidões de pacientes e o dinheiro corria, então porque preocupar-se? Agora, a reação cai sobre nós.

Mas eu temo uma reação ainda maior contra a psicologia como um todo. (A afluência de parte do público para grupos quase religiosos em busca de respostas já poderia ser interpre-

---

cias de Nova Iorque. Para essa conferência convidamos as cinco profissões que prestam auxílio pessoal: a psiquiatria, a psicologia, a assistência social, a educação e o sacerdócio. Através de painéis, nós estudamos ao longo de um ano os requisitos de treinamento, experiência e outros aspectos relevantes da preparação para fazer terapia em cada uma dessas profissões. As descobertas dessa conferência foram então publicadas nos Anais da Academia de Ciência de Nova Iorque. Quando as legislaturas de outros estados tinham que defrontar-se com propostas de lei semelhantes, que restringiam a psicoterapia à prática médica, os procuradores gerais desses estados referiam-se, com frequência, aos Anais da Academia de Ciências de Nova Iorque. Tanto quanto eu sei, todos eles decidiram em favor dos psicólogos.

tado como um pequeno indício disso.) O simples fato de que pessoas inteligentes, como os entrevistadores britânicos, possam perguntar se os psicólogos não são responsáveis pelo mal-estar dos nossos tempos já é por si um indício.

As pessoas procuram a psicologia para encontrar respostas para problemas de amor e ansiedade, esperança e desespero. O que recebem como respostas? Ou utopias grosseiramente simplificadas, ou artifícios mágicos na forma de testes para tudo, ou livros técnicos que "resolvem" o problema eliminando palavras. O amor é eliminado e substituído pelo sexo, a ansiedade é substituída pelo estresse, a esperança torna-se ilusão e o desespero torna-se depressão. Não é de se admirar que estudantes sérios e zelosos da nossa cultura, como Gregory Bateson, acreditam que não existe a ciência da psicologia e que foi um erro começar toda a disciplina.

Ou o britânico, que recebeu um Prêmio Nobel, P.B. Medawar, que em críticas de livros sobre "A ciência e a política do QI" chama a psicologia uma "ciência não natural" e lista entre os erros da disciplina: "...os seus praticantes tentam muito laboriosamente imitar o que acreditam de modo totalmente equivocado, e pior para eles – ser as maneiras e práticas distintivas das ciências naturais. Entre estas estão: a) a crença de que a mensuração e a numeração são atividades intrinsecamente louváveis (o culto, efetivamente, do que Ernst Gombrich chama *idola quantitatis*); b) toda a desacreditada miscelânea do indutivismo – especialmente a crença de que fatos são anteriores a ideias..."*

Tomemos o problema da androginia. As pessoas que estão procurando sinceramente o esclarecimento dessa questão defrontam-se com artifícios mágicos nos testes em que é avaliado

---

* *The New York Review*, 3 de fevereiro de 1977, p. 13.

se elas são mais "macho" ou "fêmea", e a realidade do problema – digamos, de desenvolver delicadeza nos homens e assertividade nas mulheres – simplesmente se desvanece. As questões reais não são absolutamente enfrentadas. Elas são reprimidas sob a técnica de abstrair o seu eu da situação por meio desses testes "objetivantes". Então as pessoas que fazem tais testes descobrem, mais tarde, que foram levadas pelo caminho da vida de prazeres e sacrificaram as suas próprias consciências no processo.

Ou tomemos o discurso feito por Ralph Nader na convenção da Associação Americana de Psicologia, em Washington, em 1976. Nader atacou, durante uma hora, o altamente influente e poderoso Serviço de Testagem Educacional de Princeton com base nos testes de admissão universitária do mesmo. Ele argumentava que os testes eram imprecisos e que prejudicavam seriamente universitários promissores ao declará-los ineptos. Foi uma palestra importante e que devia ter sido encarada com um sério exame de consciência entre os criadores de testes. Que triste ver, na publicação *Monitor*, da AAP, uma longa, detalhada e entediante defesa de todo o sistema ser feita pelos bem-abrigados diretores do STE! Essa defesa, na minha opinião, errava totalmente o ponto central.

Eu argumento, neste livro, que uma das razões centrais para a nossa condição ambígua na psicologia é que temos evitado, assiduamente, enfrentar o dilema humano. A partir da nossa tendência reducionista aparentemente onipresente, omitimos aspectos essenciais do funcionamento humano. E terminamos sem a "pessoa para quem estas coisas acontecem". Ficamos somente com as "coisas" que acontecem, suspensas no ar. O pobre ser humano é perdido no processo.

Precisamos enfrentar, para tomar um exemplo, a *dimensão histórica* de nós mesmos e dos seres humanos que estudamos, bem como a história da cultura na qual vivemos, nos movemos e existimos. É o fracasso em ver as coisas na sua dimensão histórica que nos deixou cegos para os perigos do nosso fenomenal crescimento.

Além disso, precisamos confrontar a *literatura*, especialmente a literatura clássica. Pois os clássicos o são porque expressaram alguns aspectos imutáveis da experiência humana, servindo para os seres humanos quando foram escritos e para diferentes épocas e culturas desde então. A literatura é a autointerpretação dos seres humanos através da história.

A literatura traz duas outras preocupações que precisamos enfrentar; isto é, os *símbolos* e *mitos* perenes. Estes comunicam, de modos que ligam diferentes épocas e culturas a essência do que significa ser humano. Os símbolos e mitos são a estrutura imaterial que baseia a nossa cultura e são eles que afligem-nos num tempo perturbado como o nosso. Eles falam diretamente do dilema humano. Como podemos atender aos sofrimentos dos seres humanos se somos estranhos à sua linguagem mais profunda?

Se algum dia poderemos fazer da disciplina da psicologia uma "ciência dos seres humanos", nenhum de nós sabe. Mas se confrontarmos o dilema humano, estaremos, ao menos, tratando de seres humanos antes que de alguma criatura absurda e mutilada, reduzida a partes isoladas sem qualquer centro, partes que podemos testar desde que se adaptem aos nossos esquemas. Significará renunciar a parte das nossas próprias necessidades de poder e esclarecer as nossas necessidades de controle. Podemos, então, ter alguma esperança de que o nosso trabalho seja duradouro.

Eu espero que este livro dê alguma contribuição para esse fim.

Liconte diz no julgamento [de Sócrates] – "Nenhuma fé suportará exame, uma árvore não pode viver se expusermos as suas raízes".

Contudo, a liberdade só pode existir quando a vida é constantemente examinada e onde não há censores para dizer aos homens até onde podem ir as suas investigações. A vida humana existe neste paradoxo e nos extremos desse dilema. O exame é vida e o exame é morte. É ambos e é a tensão entre elas.

(Maxwell Anderson, "Notes on Socrates", Seção de Teatro, *New York Times*, 28 de outubro de 1951)

1

O que é o dilema humano?

Entretanto, não se deve considerar levianamente o paradoxal; o paradoxo é a fonte da paixão do pensador e o pensador sem paradoxo é como um amante sem sentimento: uma patética mediocridade.
(Kierkegaard, *Fragmentos*)

De vez em quando, apanho-me tendo uma fantasia curiosa. Nela acontece mais ou menos o seguinte.

Um psicólogo – qualquer psicólogo ou todos nós – chega aos portões do céu, no final da sua vida longa e produtiva. Ele é levado diante de São Pedro para a costumeira prestação de contas. Formidável, São Pedro está sentado calmamente atrás da sua mesa, parecendo-se com o Moisés de Miquelângelo. Um anjo assistente, usando uma túnica branca, põe sobre a mesa uma pasta que São Pedro abre e olha, franzindo o cenho. Apesar da expressão tenebrosa da face do juiz, o psicólogo apanha a sua maleta e avança com coragem admirável.

Mas o semblante de São Pedro fica ainda mais carregado. Com os dedos, ele tamborila na mesa e resmunga uns poucos "hum-hum" não dirigidos, enquanto fita o candidato com os seus olhos mosaicos.

O silêncio é desconcertante. Finalmente, o psicólogo abre a sua maleta e brada: "Aqui! Eis as cópias dos meus cento e trinta e dois artigos".

São Pedro lentamente balança a cabeça.

Vasculhando mais no interior da maleta, o psicólogo apela: "Permita-me apresentar-lhe as medalhas que recebi pelas minhas realizações científicas".

O semblante de São Pedro continua inalterado, enquanto olha silenciosamente para a face do psicólogo.

Afinal, São Pedro fala: "Estou consciente, meu bom homem, do quanto você era industrioso. Não é de preguiça que você é acusado. Nem de comportamento pouco científico". Silenciando novamente, o seu olhar fica sombrio. O psicólogo percebe que, muito antes que a confissão fosse levada para o divã do analista, ela era bastante bem conceituada neste mesmo portão.

"Bem, é verdade", ele admite, numa bonita demonstração de franqueza, "eu distorci um pouco os dados da minha pesquisa de doutorado".

Mas São Pedro não se comoverá. "Não", ele diz, pegando o Formulário 1-A do dossiê, "não é imoralidade o que consta neste documento. Você é tão ético quanto qualquer homem. Nem o estou acusando de ser comportamentalista, ou místico, ou funcionalista, ou existencialista, ou rogeriano. Esses são apenas pecados menores".

Então, São Pedro dá um sonoro tapa na mesa e o seu tom é como o de Moisés anunciando os dez mandamentos: "Você é acusado de *nimis simplicando*!"

"Você passou a sua vida fazendo de montanhas montoeiras – é disto que você é culpado. Quando o homem era trágico, você o fez trivial. Quando ele era picaresco, você o chamou mesquinho. Quando ele sofria passivamente, você o descrevia como tolo; e, quando ele reunia coragem suficiente para agir, você chamava a isso estímulo e resposta. O homem tinha paixão; e quando você lecionava, pomposo, na sua aula, você chamava a isso 'satisfação das necessidades básicas', e, quando você estava relaxado olhando para a sua secretária, chamava a isso de 'descarga de tensão'. Você refez o homem à imagem dos joguinhos mecânicos da sua infância ou das máximas da Escola Dominical – ambas igualmente horrendas.

"Em resumo, nós enviamos você à Terra por setenta e dois anos para um circo de Dante, e você passou os seus dias e noites em espetáculos de segunda! *Nimis simplicando!** O que você se declara, culpado ou inocente?"

"Oh, culpado, meritíssimo juiz celestial", balbucia o psicólogo. "Ou melhor, quero dizer, inocente. Pois eu estava tentando estudar o homem como ele se comporta – não é para isso a psicologia? E o seu próprio Livro Sagrado diz que o homem é um verme e que 'não há saúde nele'. Assim, não estava eu cumprindo a tarefa de mim esperada?"

Com o antebraço, São Pedro empurra de sobre a mesa o Formulário 1-A e curva-se, aproximando-se do rosto do psicólogo. "Você nem mesmo viu o homem que estava estudando. Você acha que eu não sei que ele é um verme às vezes? Mas esse verme também levanta-se e põe pedra sobre pedra para construir o Partenon. E esse homem, certa noite, pousou no deserto, à beira do Nilo, e fitou as estrelas, e meditou. E quando as estrelas estavam desaparecendo, ele voltou para a sua caverna na encosta da serra e estudou as pernas das íbis pintadas nas suas cerâmicas. E pegou um carvão da sua fogueira, desenhou um triângulo na parede, e criou a matemática. E, assim, ensinou a si mesmo a descrever a órbita das estrelas e aprendeu a plantar as suas safras de acordo com as marés do Nilo. *Um verme faz isto*? Tudo isso, você esqueceu, não é?"

---

* Os estudiosos do latim dizem-me que *nimis* significa "excessivo", e *simplicandum*, "simplificante". Ou, no nosso vernáculo moderno, *supersimplificante*.

O psicólogo dá um passo atrás. "Meritíssimo, eu apenas tentei deixar o homem falar por si próprio!"

"Oh, você tentou, não é mesmo? E quanto a todos aqueles experimentos?" São Pedro faz um gesto na direção da maleta ainda aberta. "Eu li os seus artigos, nos microfilmes celestiais, ontem à noite, quando soubemos que você estava chegando. O que me diz sobre todos aqueles experimentos nos quais a diretriz consiste em mentir para o seu homem? 'Pressione essa alavanca, isso causa dor no colega do outro lado da janela'. E você preparou o homem que era a isca para fazer caretas, e jogar o jogo. 'Turma, qual é a linha mais longa?' 'Oh, a mais curta é a mais longa'. 'E você, Sr. Passo-certo, ainda contraria estupidamente toda a classe afirmando que a linha mais comprida é a mais comprida?'"

São Pedro dá um suspiro e recosta-se. "Eu confesso que essa é a única coisa que nunca pude entender sobre vocês, parceiros. Quando conseguem o seu diploma, supõem que podem enganar os outros seres humanos o tempo todo. Você não poderia enganar o seu cachorro desse modo – ele descobriria a farsa imediatamente".

A tentativa de defesa do psicólogo: "Mas todos os sujeitos participavam voluntariamente do experimento... "é abafada pelos fortes brados de São Pedro: "Oh, não ache que eu não sei disso – o animal humano tem uma grande capacidade para fingir que está sendo enganado, e não deixar nem mesmo a si próprio saber que está fingindo. Mas sobre você, eu tinha um conceito melhor" – diz ele apontando para o psicólogo o dedo longo e fino. "Você pensou que todos podiam ser enganados. Todos, exceto você. Você sempre pensou que você, o que enganava, nunca fosse enganado! Não é uma teoria muito consistente, não é mesmo?"

São Pedro suspira. O psicólogo abre a boca, mas São Pedro levanta a mão. "Por favor! Poupe-me da sua conversa fiada. Exige-se algo novo... novo mesmo". E recosta-se, meditando...

A esta altura, achei-me também meditando. A fantasia tem muitos finais – tantos quanto o nosso estado de espírito em tal momento. Mas, qualquer que seja o final e como quer que seja que cada um de nós possa se sair no exame de admissão celestial, não devemos perguntar se São Pedro, como diz a expressão, não conseguiu alguma coisa?

Assim, este livro inicia com um tom de irreverência. E temo que deva advertir o leitor que o presente capítulo, pelo menos, continuará desse modo. Pois, não temos negligenciado, na psicologia, se não suprimido totalmente, na maior parte das vezes, considerações de importância básica na experiência humana? Eu proponho citar algumas dessas considerações que me ocorrem, que agrupam-se em torno do que chamarei aqui de "o dilema humano".

O que é o dilema humano? Permitam-me ilustrá-lo na sua forma mais elementar; e embora eu vá ser simplificador, espero que não venha a ser culpado de *nimis simplicandum*.

Numa certa manhã, sento-me aqui diante da minha máquina datilográfica [sic] escrevendo um dos capítulos que se seguem nesse livro. Enquanto trabalho, sinto-me como um homem que tem que terminar um capítulo, que estabeleceu um prazo para si mesmo, que tem pacientes que virão à tarde e a quem ele deve estar preparado para atender a partir das duas horas, e que deve tomar algum medicamento para acabar com um resfriado ameaçador. Dou uma olhada no relógio e rapidamente conto o número de páginas que completei até então. Enquanto escrevo, descubro um desconfortável pensamento pressionando-me internamente: "O meu colega, Professor Fulano de Tal, não gostará desse ponto; talvez eu devesse ocultar um pouco a minha ideia – fazê-la soar profunda e não tão fácil de atacar?" Nobremente, descarto uma tentação tão ignóbil; mas esteio as defesas do meu argumento, depois afasto-me dos pensamentos intrusivos e volto à minha máquina datilográfica [sic].

Ora, no estado que recém-descrevi, estou vendo e tratando a mim mesmo como um objeto, um homem a ser controlado e dirigido de modo a desempenhar mais efetivamente a tarefa em pauta. Note que as minhas sentenças giram em torno de verbos como *ter que*, *dever*, *estabelecer* um prazo. E as questões que me faço são algumas variações de: Qual é a melhor maneira de fazer isto? Qual a técnica mais efetiva? *O tempo é externo, estabelecido pelo calendário e pelo relógio*. Eu trato a mim mesmo como alguém que deve "ajustar-se"; estou gratificado naquele momento por ser uma criatura com hábitos sem muita margem de desvio no comportamento; e o meu objetivo é fazer esta margem ainda menor, para controlar o meu comportamento mais rigidamente, de modo que o meu capítulo seja terminado o mais rapidamente possível.

Mas, enquanto continuo a escrever, descubro-me subitamente entusiasmado por uma ideia interessante. Ah, eis algo que tem estado brincando nos limites da minha consciência há anos – que perspectiva estimulante elaborar isso agora, formá-la, ver aonde leva! Olho pela janela por um momento, absorto, então escrevo, totalmente inconsciente da passagem do tempo. Descubro-me pensando: "Ótimo! Esta ideia dá sentido a todo o argumento – quero colocá-la aqui, assim vou rearranjar todo o capítulo". E tenho um sentimento exultante de "isto vai dar certo" – vale a pena ser lido". Agora, quando pego-me pensando: "O colega Fulano de Tal não gostará disto", quase não paro para replicar: "Que vá para o inferno – se não gostar, o azar é dele, eu quero escrevê-lo de qualquer jeito". Continuo datilografando [sic] e, subitamente, no que parece ser apenas alguns minutos depois, dou-me conta de que são doze e trinta, já se passando meia hora do momento em que eu planejara parar.

Neste segundo estado – cuja descrição, sem dúvida, revela as minhas próprias inclinações – estou vendo a mim mesmo não como objeto, mas como sujeito. As minhas sentenças agora giram em torno de verbos como *quero*, *desejo*, *sinto*, ao invés de *tenho que* e *devo*. No primeiro estado, eu era objeto do tempo; neste segundo, eu sou o seu sujeito. Não sou mais "escravo do tempo", mas tampouco o calendário e o relógio são completamente irrelevantes. *O tempo abre-se diante de mim para que eu o use como escolher.* No primeiro, coloquei-me num estado determinista; no segundo, a ênfase está na minha margem de liberdade para escolher e moldar o meu comportamento enquanto prossigo. O objetivo do meu primeiro estado é o comportamento eficiente, a significação do que eu faço sendo eminentemente *extrínseca* às minhas ações. A ênfase, no segundo estado, é vivenciar e escolher coisas de significação *intrínseca*. Novamente, os verbos são ilustrativos: no primeiro estado, *ter que*, *dever*, *estabelecer* são relacionados ao comportamento a serviço de um valor *externo*, o qual aceitei, pelo menos parcialmente, de terminar o capítulo. No segundo, o *querer*, o *desejar*, o *sentir* são verbos que têm a ver com o ato de *avaliar* interno.

O dilema humano é aquilo que origina-se da capacidade de um homem para sentir a si mesmo simultaneamente como sujeito e como objeto. Ambas as capacidades são necessárias – para a ciência da psicologia, para a terapia e para uma vida gratificante.

Este dilema pode ser ilustrado a todo momento na psicoterapia. Posso ver o meu paciente em termos de categorias diagnósticas, como um organismo que ajusta-se em maior ou menor extensão a esse ou aquele padrão. Sei, por exemplo, que urinar com frequência está, comumente, ligado a padrões competitivos no indivíduo na nossa cultura. Esta abordagem toma o paciente como objetivo e é inteiramente legítima, por um lado. Mas não posso, naquele momento, identificar-me com o paciente, vivenciar o que ele está sentindo. Falando estritamente, na medida em que o vejo como um objeto, não posso entender as suas sentenças quando ele fala. É necessária alguma capacidade para participar com empatia subjetiva até para entender a linguagem do outro, como mostrarei num capítulo posterior neste livro. (Por isso é tão difícil, quase impossível, compreender alguém que odiamos.) Quando faço uma consulta com um paciente limítrofe, para ter outro exemplo, devo considerar se ele necessita de hospitalização e, nesse caso, qual é o melhor método, e assim por diante; mas, nesse momento, estou fora dele e não fazendo terapia. Se pretendo fazer terapia com ele, não devo estar preocupado sobre o quanto são bizarras e sem sentido as suas expressões, mas qual é o significado oculto nos seus símbolos? Se ele afirma que duas vezes dois é cinco, eu não devo interrogar-me que tipo de psicose isso indica, mas posso descobrir que significado tem para ele afirmar isso? Somente assim ele será ajudado a, eventualmente, renunciar a elas.

Um psicoterapeuta colega meu observa que ele alterna, como em um jogo de tênis, entre ver o paciente como um objeto – quando pensa em padrões, dinâmicas, testagem de realidade e outros aspectos de princípios gerais aos quais o comportamento do paciente refere-se – e como sujeito, quando empatiza com o sofrimento do paciente e vê o mundo pelos olhos dele.

Ocorre o mesmo na nossa vida diária. Se tento agir como "sujeito puro", livre e desligado das exigências finitas dos sinais de trânsito e dos princípios de engenharia sobre qual velocidade o meu carro pode fazer na curva, é claro que vou acidentar-me – e, geralmente, não tão nobre ou teatralmente como Ícaro. Se, por outro lado, decido tratar a mim mesmo como "objeto puro", plenamente determinado e manipulável, torno-me impelido, seco, sem afeto e sem relação com as minhas experiências. Então, geralmente o meu corpo sacode-me para lembrar que não sou um objeto mecânico e derruba-me com uma gripe ou um ataque cardíaco. Bastante curiosamente, ambas as alternativas – ser "puramente livre" ou "puramente determinado" – equivalem ao mesmo tipo de imitação de deus, no sentido de que arrogantemente nos recusamos a aceitar o dilema que é o nosso destino e a nossa grande potencialidade como humanos.

Agora, para aprimorar a nossa definição: nós não estamos simplesmente descrevendo duas maneiras alternativas de comportar-se. Nem é de todo exato dizer que somos sujeito e objeto *simultaneamente*. O ponto importante é que a nossa consciência é um processo de oscilação entre os dois. Com efeito, a consciência não consiste exatamente nessa relação dialética entre vivenciar a mim mesmo como sujeito e como objeto? O processo de oscilação dá-me potencialidade – posso escolher entre elas, posso jogar o meu peso para um ou para outro lado. Embora possamos alternar ao tratar com outras pessoas – digamos, um paciente em terapia –, quando estamos tratando com nós mesmos é o intervalo entre as duas maneiras de reagir que é importante. A minha liberdade, em qualquer sentido genuíno, não reside na minha capacidade de viver como "sujeito puro", mas, antes, na minha capacidade de vivenciar a *ambos* os modos, para viver no relacionamento dialético[1].

Uma vez que uma série de autores, incluindo eu próprio, esforçaram-se para descrever, em outros lugares, essa capacidade com maiores detalhes, não entrarei aqui nas suas complicações

---

1. É nesse hiato que a forma de ansiedade distintivamente humana ocorre – a ansiedade que é a "vertigem da liberdade", como a definiu Kierkegaard. O neurótico tenta evitar a ansiedade abandonando-se à liberdade irresponsável ou, de maneira oposta, controlando obsessivamente cada pequena ação. Mas nenhuma dessas maneiras funciona. A pessoa saudável é aquela que faz escolhas nesse hiato. Quando vai fazer uma pintura, por exemplo, ela deixa-se livre para que a sua visão, as suas fantasias, os seus impulsos irracionais entrem em jogo. Quando estuda para um exame final, por outro lado, age de maneira bem controlada, objetiva e exteriormente dirigida.

infinitamente amplas. Apenas acrescentarei que esse hiato entre sujeito e objeto subjaz à nossa experiência de tempo e indica por que o tempo é uma dimensão tão importante para os seres humanos. É a experiência de uma distância entre sujeito e objeto, um vazio criativo que deve ser considerado e preenchido. Nós o fazemos pelo tempo – dizemos: "Hoje" eu estou aqui; "amanhã" eu estarei lá. Pelo mesmo princípio, é no vivenciar essa relação dialética entre sujeito e objeto que a linguagem humana, a matemática e outras formas de simbolização nascem e desenvolvem-se. A inter-relação entre a linguagem e a nossa experiência de tempo é assim extremamente interessante: a linguagem torna-se possível por causa da nossa capacidade de "conservar" o tempo – vivenciamos um intervalo sobre o qual devemos fazer alguma coisa. A linguagem também nos dá o poder sobre o tempo – dizemos "hoje", "amanhã"; planejamos as nossas vidas para a semana ou para o ano "seguinte". E podemos até dar esse surpreendente passo final da consciência de sujeito que sabe que também é objeto prevendo a nossa própria morte no futuro – isto é, "sei que em algum momento futuro eu deixarei de ser".

Esse dilema ficou marcado na minha mente de modo inesquecível, numa conversa com o físico Werner Heisenberg, alguns anos atrás. Quando estávamos juntos, numa viagem de automóvel, de várias horas, até uma conferência, aproveitei a oportunidade para pedir-lhe que me explicasse o seu princípio da indeterminação. Uma pessoa amável, ele concordou. No curso da sua explicação, ele enfatizou a sua crença de que a nossa visão clássica, herdada da natureza como um objeto "lá fora", é uma ilusão, que o sujeito é sempre parte da fórmula, que o homem vendo a natureza deve ser incluído nela, o experimentador nos seus experimentos ou o artista na cena que ele pinta. Essa polaridade sujeito-objeto, Heisenberg indicou, era o que ele e Niels Bohr chamavam o "princípio da complementaridade". Nesse ponto, ele fez um aparte: "É claro que vocês, psicólogos, sempre souberam disto na sua disciplina". Eu sorri para mim mesmo, não querendo interromper o seu discurso; mas tinha a sensação incômoda de que a relação inseparável entre sujeito e objeto que ele estava descrevendo era exatamente o que grande parte da psicologia contemporânea vinha tentando estenuantemente evitar[2].

O nosso dilema foi expresso de muitas maneiras por biólogos, filósofos, teólogos e artistas. Muito embora a linguagem de alguns daqueles que citarei agora certamente não seja psicológica, eles representam, não obstante, formulações sérias de fe-

---

2. Uma exceção estimulante é a pesquisa de Robert Rosenthal, da Universidade de Harvard, sobre as "inclinações do experimentador" na psicologia. Rosenthal listou três grupos de estudantes graduados para participar num experimento que envolvia testarem ratos em labirintos. Ele informou ao primeiro grupo de estudantes que os ratos que estavam recebendo eram particularmente inteligentes; ao segundo grupo nada foi dito sobre os animais; e, ao terceiro, que os ratos que estavam estudando eram especialmente estúpidos. Na verdade, todos os ratos eram "ingênuos", isto é, tinham a mesma capacidade ou falta dela. Entretanto, os ratos do primeiro grupo saíram-se significativamente melhor no labirinto; os do terceiro grupo (supostamente estúpidos) saíram-se pior, novamente, em graus distintivamente significativos. Rosenthal e os seus colegas repetiram esse experimento de muitas formas diferentes, incluindo experimentos com sujeitos humanos. Não há dúvida que as inclinações ou "expectativas" do experimentador *influenciam* o desempenho dos sujeitos testados, a despeito do fato de que todas as precauções haviam sido tomadas para assegurar que os diferentes experimentadores dessem precisamente a mesma orientação para os seus sujeitos.
Como a expectativa do experimentador é transmitida, então, para os ratos e outros sujeitos? Parece muito provável que seja através de movimentos corporais. Atualmente, Rosenthal tenta determinar, estudando as filmagens desses experimentos, o que é comunicado. Também me pareceria que o tom de voz, a inflexão e uma linguagem subliminar infinitamente variada com que nos comunicamos sem saber seriam elementos significativos.

nômenos que a psicologia deve levar em conta e, de algum modo, com elas chegar a termo. Kurt Goldstein, com base nos seus estudos neurobiológicos, descreveu esse fenômeno como a capacidade do homem para transcender a situação concreta e imediata da qual ele é inescapavelmente uma parte e pensar em termos abstratos – isto é, pensar em termos "do possível". Goldstein sustentava, junto com muitos investigadores da área, que essa capacidade é o que distingue o homem dos animais e da natureza inanimada na escala evolucionária.

Paul Tillich, de um ponto de vista filosófico, descreveu o dilema como a "liberdade finita" do homem: o homem é finito no sentido de que está sujeito à morte, à doença, às limitações de inteligência, percepção, experiência e outras forças deterministas *ad infinitum*. Mas, ao mesmo tempo, o homem tem liberdade para *relacionar-se* com essas forças; pode estar cônscio delas, dar-lhes significado, selecionar e jogar o seu peso em favor dessa ou daquela força operando sobre ele. Reinhold Niebuhr, de um ponto de vista mais teológico, descreve o fenômeno como decorrente do fato de que a experiência humana combina "natureza" e "espírito", e o homem funciona em ambas as dimensões simultaneamente.

O biólogo suíço Adolph Portmann descreve o homem como caracterizado pela "abertura para o mundo". Quer dizer, embora o homem esteja ligado ao seu ambiente natural num infinito número de formas, por um lado, ele é capaz, por outro lado, de exercer liberdade de movimentos com relação a esse ambiente. Há uma progressão evolucionária aqui: árvores e plantas possuem pouca liberdade de movimento em relação aos seus ambientes; animais com locomoção e o desenvolvimento de novos sentidos possuem maior amplitude de movimento. Mas o verme ainda está preso ao mundo dos vermes e o veado ao mundo da sua floresta, enquanto, no homem, surge uma nova e radical dimensão de abertura para o mundo. "O livre jogo dos membros", escreve Portmann, "que dá ao bebê humano possibilidades tão mais ricas que as do macaco ou do símio recém-nascidos, lembra-nos que o nosso próprio estado ao nascer não é simplesmente impotente, mas caracteriza-se por uma liberdade significativa"[3]. É em virtude da emergência da consciência que o homem possui essa dimensão radicalmente nova de abertura para o mundo, de liberdade de movimento em relação ao ambiente objetivo. E, particularmente importante para a nossa discussão aqui, a capacidade do homem para ter autoconsciência do fato que ele é simultaneamente livre e prisioneiro dá ao fenômeno o genuíno caráter de dilema, no qual alguma decisão deve ser tomada, mesmo que somente para recusar-se a assumir responsabilidade pela liberdade envolvida nessa abertura para o mundo.

Os artistas, é claro, viveram intimamente nesse dilema humano desde que, pela primeira vez, um homem das cavernas pegou juncos e tintas e defrontou-se com as condições recalcitrantes das pinturas, das paredes das cavernas e das formas, tentando fazer uma gravura comunicar a sua experiência subjetiva do bisão ou da rena. Eugene O'Neill descreve o dilema como sendo o do determinismo biológico, o qual ele chama força ou destino, em confronto com a capacidade do homem de moldar o determinismo. Em 1925, ele escreveu numa carta:

> Estou sempre profundamente ciente da força e da eterna tragédia do homem na sua luta gloriosa e

---

3. Adolph Portmann. *Biologische Fragmente zu einer Lehre vom Menschen*. Basel, 1951, p. 30. Devo muito a Ernst Schachtel pelas diversas discussões valiosas sobre Portmann e por essa citação. Cf. Ernst Schachtel. *Metamorphosis*. Nova Iorque: Basic Books, 1959, p. 71. Outros biólogos alemães, como J. von Uexküll e V. von Weizsäcker, chegaram, a partir de diferentes abordagens, a conclusões semelhantes às de Portmann.

> autodestrutiva para fazer com que a força o expresse, ao invés de ser, como um animal é, um incidente infinitesimal na sua expressão. E a minha orgulhosa convicção é de que esse é o único tema sobre o qual vale a pena escrever e do qual é – ou pode ser – possível desenvolver uma expressão trágica em termos de valores e símbolos modernos transfigurados no teatro, que pode, em algum grau, familiarizar os membros de uma plateia moderna com a sua enobrecedora identidade com os trágicos personagens no palco[4].

É claro que uma coisa é que Eugene O'Neill e os artistas prosperem nesse dilema; mas é totalmente outra coisa trazer o fenômeno para o campo da ciência da psicologia. O dilema que estamos grosseiramente esboçando tem sido compreensivelmente um embaraço e, de algumas maneiras, um escândalo para a psicologia. Esforçando-se para construir sistemas científicos empíricos, o psicólogo vê-se imediatamente jogado num torvelinho de autocontradição. Quanto mais tenta, com vigor, ser "puramente objetivo" sobre os seus dados e o seu trabalho, mais ele é apanhado pela subjetividade, embora possa negá-lo. Uma formulação do dilema é feita por Morris R. Cohen: "Diferentemente do físico, o psicólogo... investiga processos que pertencem à mesma ordem – percepção, aprendizagem, pensamento – daqueles pelos quais ele conduz a investigação"[5].

---

4. Carta a Arthur Hobson Quinn, citado em Doris V. Falk. *Eugene O'Neill and the Tragic Tension*. New Brunswick: Rutges University Press, N.J., 1958, p. 25-26. O'Neill usa o termo "autodestrutivo", mas é claro que ele quer dizer, ao mesmo tempo, que esse é o esforço mais *construtivo*, o esforço pelo qual, e somente pelo qual, um indivíduo conquista a autorrealização e cria significados bem como beleza na sua vida.

5. Morris R. Cohen. *Reason and Nature*, Glencoe, Ill.: Free Press, 1953, p. 81. Num capítulo posterior, voltaremos à questão das consequências práticas que isso tem para a ciência da psicologia.

A dificuldade em que a psicologia cai por negligenciar ou tentar evitar esse dilema é ilustrada por uma carta que recebi justamente quando estava escrevendo esse capítulo introdutório. A carta, de colegas do departamento de psicologia de uma excelente universidade, informava-me que o meu nome fora escolhido numa amostra dos membros da Associação Americana de Psicologia, e perguntava se eu queria participar, por obséquio, no seu estudo, assinalando uma escala no cartão anexo. A posição num dos extremos do cartão era a que segue:

> Eu estava diante da vitrine do berçário e olhava os recém-nascidos. Como parecem diferentes quando se os olha de perto! Se se pudesse saber as dimensões a medir, poder-se-ia ver aqui os inícios de estilos individuais que mostram-se persistentemente ao longo da vida.

A posição oposta era:

> Eu estava diante da vitrine do berçário e olhava os recém-nascidos. Eu sorria quando apanhei-me observando um e imaginando a sua "personalidade". Que tolo supor que dimensões de estilo pessoal que se pudesse concebivelmente medir no berçário persistiriam através da miríade de encontros que esperam a criança, o adolescente e o jovem adulto.

Foi-me pedido para assinalar se eu concordava plenamente com uma posição ou outra, ou em que ponto situava-se a minha opinião numa escala entre as duas.

Ora, o único problema com uma escala assim é que essas posições não são absolutamente opostas. Um paciente meu, que recém havia se tornado pai, contou-me que o obstetra, saindo da sala de parto, dissera para ele: "Que bebê comprido você tem ali – ele será um cara bem alto". Obviamente esse pai, e qualquer um de nós olhando bebês objetivamente, saberemos que o tamanho físico, o aparelho neurológico e outros elementos que são dados ao nascer e que podem, em alguma extensão, ser medidos, terão alguma influência no estilo do bebê ao longo da sua vida. Mas, também obviamente, e muito evidentemente, o pai, e qualquer um de nós, quando identificados subjetivamente com um dos bebês, nos preocuparíamos com as poderosas experiências no seu desconhecido futuro (guerra atômica? radiação?), que mudarão radicalmente o seu desenvolvimento e que podem até contrariar o aparelho físico originalmente dado. Como assinalo, a escala dos meus colegas depende de como escolho a minha relação com os recém-nascidos naquele momento. Se estou com as minhas roupas de trabalho e dando uma aula de psicologia, tenderei a pensar na posição "previsível" – e ai daquele estudante que fracassa em observar que deveria assinalar num ponto próximo àquele polo, se ele está tentando ingressar num mestrado!

O que está errado com o questionário não são os detalhes; é todo o pressuposto básico. Os dois polos não são opostos, mas duas dimensões nas quais pensamos e vivenciamos o tempo todo. Eu estava sendo solicitado a abstrair-me da minha experiência humana e assumir um papel; e o que um teste assim confere não é os julgamentos ou a experiência dos respondentes, mas os papéis que assumem.

Nessa situação extremamente difícil e, de algumas maneiras, insolúvel, não é surpreendente que aqueles de nós que escolheram ser psicólogos vivenciam uma quantidade considerável de insegurança intelectual e sejam até defensivos sobre a nossa ciência. Estou argumentando que essa insegurança não pode ser evitada sem que se cometa violência contra o nosso material, isto é, o ser humano. A grande preocupação com a metodologia na psicologia parece estar relacionada com essa insegurança, como a esperança – a qual acredito a longo prazo deve certamente ser ilusória para nós como era para os físicos – de que, se ao menos pudermos achar o método certo, deveremos libertar-nos do dilema humano. Assim, alguns terapeutas, por exemplo, advogam que não se faça a pergunta que nos capacitará melhor a compreender o nosso sujeito humano, mas a que eliciará a resposta quantitativa que melhor se adapta ao nosso método e sistema.

Ora, estou certamente ciente, se posso falar assim sem soar pedante, que a necessidade imperiosa de honestidade é um dos motivos que levam os psicólogos a buscarem medidas quantitativas, a necessidade de descobrir se nós realmente compreendemos melhor o ser humano e buscar formulações que não sejam dependentes dos nossos próprios critérios subjetivos. Também estou ciente de que a pesquisa, nos nossos dias, foi cuidadosamente estabelecida de modo a que os resultados sejam ensináveis e possam ser utilizados por outros. O impulso imperioso para chegar à verdade é o que qualifica-nos a todos como psicólogos, e é parte e parcela da integridade intelectual. Mas insisto para que não deixemos que o impulso para a honestidade nos cegue e limite o nosso campo de visão, para que não percamos a própria coisa que pretendemos entender – ou seja, o ser humano vivo. Devemos ir além da ingenuidade da fé de que, se nós ao menos alcançarmos, de algum modo e finalmente, os "fatos empíricos crus", teremos chegado, afinal, sãos e salvos ao porto. O Professor Feigl faz bem em lembrar-nos de que os nossos embaraços não são tão facilmente superados. "Apenas sugerirei", afirma ele, "que o empirismo radical tem bastante a ver com o desejo de segurança intelectual, isto é, com o desejo de restringir-se as extrapolações aos domínios nos quais elas foram totalmente testadas... A hipotesefobia tem sido com frequência um traço de caráter dos positivistas"[6].

---

6. Num discurso, na convenção anual da Associação Americana de Psicologia. H. Feigl. "The Philosophical Embarrassments of Psychology". *American Psychologist*, 14: 125-126, 1959.

Para expor algumas das questões e problemas que decorrem do que estou chamando de dilema humano, desejo referir-me aqui, ainda que apenas brevemente, aos debates entre os dois psicólogos que são amplamente conhecidos como os representantes dos dois extremos do dilema, B.F. Skinner e Carl Rogers[7]. A partir do seu trabalho sobre condicionamento operante, o Professor Skinner propõe que o dilema – ou "bifurcação", como o chama – pode ser evitado pela aplicação universal dos seus pressupostos e métodos comportamentais. "Argumentando que o organismo individual simplesmente reage de preferência ao seu ambiente, do que a alguma experiência interna daquele ambiente, a bifurcação da natureza em propriedades físicas e psíquicas pode ser evitada"[8]. Noutros lugares, ele defende a necessidade e a inevitabilidade do controle externo sobre o homem, afirmando que o "controle interno" é irrelevante, e – embora eu não saiba se ele leva totalmente em conta as implicações da sua afirmação – "o controle exterior e o controle interior são a mesma coisa"[9].

Sim, pode-se evitar a bifurcação precisamente omitindo um lado do dilema, a experiência subjetiva, e então – uma vez que a experiência subjetiva recusa-se a permanecer apagada – simplesmente integrá-la como "controle exterior". Ou, pelo menos, podemos fazê-lo no papel e em condições laboratoriais e hospitalares especialmente controladas. Mas se eu puder fazer uma pergunta ingênua, baseada no que vemos demonstrado a todo momento na psicoterapia, não é fato que as pessoas *reagem* a uma experiência interior do seu ambiente, veem o seu ambiente em termos da sua experiência passada e a *interpretam* em termos dos seus próprios símbolos, esperanças e temores?

---

7. Retornaremos às obras de Skinner e Rogers no capítulo 14.

8. *Scientific Monthly*, novembro de 1954.

9. *Science Monthly*, novembro de 1956.

Além disso, quando Skinner sustenta que, na educação, a "criança pode ser moldada como o barro pelo oleiro", a nossa réplica não é que isto seja impossível. Isso funciona, em alguma extensão e em certas situações dadas. Mas esse ponto de vista não deixa de fora experiências significativas, que retornarão para assediar-nos – deixa de fora da equação, por exemplo, motivações subjetivas críticas na aprendizagem, como aquelas que Jerome Bruner chama de curiosidade e Robert White chama de desejo de competência? Toda vez que ouço a metáfora do oleiro aplicada a seres humanos, temo ouvir trovoadas e a acusação de *nimis simplicando* ecoando pelos céus como um relâmpago vindo do Monte Olimpo.

Essa pergunta perturbadora também surge quando lemos o interessante debate de Skinner (postumamente, pelo menos para uma das partes) com Dostoievski:

> O estudo do comportamento humano (escreve Skinner) também responde à queixa clínica de que há uma "obstinação" manifesta no homem que sempre contrariará esforços para melhorá-lo. ...Dostoievski afirmava ver algum plano nisso. "Além de ingratidão pura e simples", ele queixava-se, ou possivelmente vangloriava-se, "o homem fará com você alguma esperteza, apenas para provar que os homens ainda são homens e não as teclas de um piano. ...E mesmo se você pudesse provar que o homem é apenas uma tecla de piano, ele ainda faria alguma coisa por pura perversidade – criaria destruição e caos – só para fazer pontos. ...E se tudo isso pudesse por sua vez ser analisado e prevenido pela previsão de que ocorreria, então o homem deliberadamente enlouqueceria para provar o seu acerto, a sua ideia".

Skinner então continua para apresentar a sua própria reação à afirmação do novelista russo.

> Essa é uma reação neurótica concebível a um controle ineficiente. Uns poucos homens podem tê-la manifestado, e muitos gostaram da afirmação de Dostoievski porque eles tendem a manifestá-la. Mas que uma tal perversidade é uma reação fundamental do organismo humano às condições de controle é um completo disparate[10].

Ora, em primeiro lugar, deve-se esclarecer as implicações, que exigem questionamento, de certas palavras que o Professor Skinner usa. Vamos supor que Dostoievski não está nem "queixando-se", nem "vangloriando-se", mas tentando afirmar uma ideia que considera importante. Tampouco devemos nos iludir pelo Professor Skinner descartar um oponente através de um diagnóstico psicopatológico, um erro de que nós, psicoterapeutas, somos geralmente acusados, isto é, rotular a afirmação de Dostoievski de "reação neurótica" e sustentar que aqueles que "gostam dela" (o que sou franco em dizer que me inclui) também apresentam a "reação neurótica". Além disso, a resposta do Professor Skinner a Dostoievski é um "completo disparate".

Mas recordamos que esse é o Dostoievski que deu-nos caracterizações emocionantemente profundas em *Os Irmãos Karamazov* e o quadro maravilhosamente sutil do desenvolvimento psicológico em *Crime e castigo*, e que é, por consenso geral, um dos maiores estudiosos e um dos escritores que melhor retratou a experiência humana em toda a história. Não deve haver alguma coisa radicalmente errada com uma solução para o dilema que requer, ou permite, desqualificar Dostoievski como "completo disparate"? E saímos da discussão com a convicção de que,

---

10. B.F. Skinner. "Freedom and Control of Man". *American Scholar*. Inverno, 1955-1956, vol. 25, n. 1.

muito depois dos nossos métodos psicológicos atuais serem relegados a arquivos empoeirados e substituídos repetidas vezes por novos métodos, a obra de Dostoievski permanecerá, serenamente, revelando para geração após geração a sua profunda sabedoria sobre a experiência humana.

Carl Rogers, no outro lado do palco de debates, argumentou consistente e firmemente que é o controle interior que é significante, pois é "centrado no cliente" e não no ambiente. Rogers sempre acreditou que se você dá ao paciente o relacionamento humano certo – ou seja, aquele marcado pela "congruência", respeito, aceitação de todos os sentimentos – então o paciente crescerá de modo totalmente natural na direção da maturidade, da responsabilidade e de outros objetivos terapêuticos comumente aceitos. Rogers foi descrito como rousseauniano e prontamente aceitou a classificação. De maneiras diferentes, ele afirma e reafirma a sua crença de que o ser humano é "requintadamente racional", e escolherá o que é racionalmente melhor para ele, se lhe for dada a oportunidade correta. Tudo isso resulta numa afirmação enfática do outro lado do dilema.

Mas eu gostaria de levantar diversas questões. As minhas interrogações são baseadas principalmente nas minhas observações como um dos dez juízes da terapia, no recente projeto de quatro anos de pesquisa que Rogers fez na Universidade de Wisconsin no uso da terapia centrada no cliente com esquizofrênicos.

Ao escutar as fitas dessa terapia, fiquei impressionado pelo fato de que, enquanto os terapeutas rogerianos eram muito bons para mostrar a solidão, a resignação, o abandono, a tristeza e outros sentimentos do paciente, eles nunca mostraram a raiva do paciente. Outras emoções negativas, como a agressão, a hostilidade e o conflito genuíno (como distinto do simples desentendimento) também estavam quase ausentes naquilo a que o terapeuta respondia nas fitas. Achei-me perguntando: esses pacientes *nunca* sentem raiva? Seguramente, sentimentos de hostilidade e expressões do desejo de brigar não podem jamais estar totalmente ausentes numa pessoa, exceto numa patologia quase completa. E resultou que, afinal, eles não estavam ausentes nesses pacientes: ocasionalmente, nas fitas, o paciente estava enraivecido com o pessoal do hospital ou com o próprio terapeuta. Mas o terapeuta quase sempre fracassava em ver isso, ao invés interpretava o sentimento como solidão ou sentimento de incompreensão, muito embora o paciente tentasse deixar clara a sua emoção com imprecações iradas e profanas.

Outros juízes também assinalaram o fracasso dos terapeutas para perceber ou responder às emoções negativas, agressivas. E, de fato, Rogers e seus colaboradores são, eles próprios, levados a se interrogarem sobre esse ponto no seu resumo de todos os comentários clínicos dos juízes:

> Foi particularmente impressionante a observação quase comum de que o processo de terapia centrada no cliente de alguma maneira evitou as usuais e esperadas expressões de sentimentos negativos, hostis e agressivos dos pacientes. É clara a sugestão implícita de que o terapeuta centrado no cliente, por alguma razão, parecia menos aberto para receber sentimentos negativos, hostis e agressivos. Será que os terapeutas têm pouca compreensão, ou respeito, pelos seus próprios sentimentos negativos, hostis e agressivos, e são assim incapazes de perceber adequadamente esses sentimentos no paciente?

Precisamos, portanto, fazer a pergunta: A ênfase de Rogers na racionalidade, e a sua crença de que o indivíduo simplesmente escolherá o que é *racional* para ele, não deixa de fora uma ampla parcela do espectro da experiência humana, isto é, todos os sentimentos *irracionais*? Posto que morder a mão que o alimenta não é "requintadamente racional", ainda assim é justamente isso o que clientes e pacientes fazem – o que é uma das razões por que fazem terapia. E, além disso, essa raiva, hostilidade e agressividade, frequentemente, expressam o esforço mais precioso do paciente na direção da autonomia, a sua maneira de tentar encontrar algum ponto em que apoiar-se contra as autoridades que sempre sufocaram a sua vida – que o fizeram por "gentileza" bem como por exploração.

A nossa proposição é que a exagerada ênfase sobre o polo subjetivo, da liberdade, do dilema humano e a negligência do homem como objeto determinado, também é um erro. Rogers pode concordar parcialmente, pelo menos teoricamente, com esse ponto. Num artigo recente, escrito depois da pesquisa referida acima, ele discute o que chama o "paradoxo" da experiência humana:

> É minha convicção de que faz parte da vida moderna encarar o paradoxo de que, visto de uma perspectiva, o homem é uma máquina complexa. ...Por outro lado, noutra dimensão da sua existência, o homem é subjetivamente livre; a sua escolha e responsabilidade pessoais explicam a sua própria vida; ele é na verdade o arquiteto de si mesmo. ...Se em resposta a isso você diz: "Mas essas visões não podem ser ambas verdadeiras", a minha resposta é: "Esse é um profundo paradoxo no qual devemos aprender a viver"[11].

É verdade. Mas não pode discernir, por esse artigo, se Rogers está consciente de que essa afirmação muda todo o seu pressuposto anterior de que o homem é "requintadamente racional" e sempre escolherá a coisa "certa", se tiver a chance. Pois se admitimos o paradoxo acima, não podemos mais falar sobre simples "crescimento" como a necessidade básica do ser humano, pois o crescimento está sempre numa relação dialética num dile-

---

11. Carl Rogers. "Freedom and Commitment", artigo publicado no San Francisco State College, 1963.

ma que nunca é plenamente resolvido[12]. O que então é a coisa "certa"? Se você a vê do ponto de vista da liberdade e da subjetividade, é uma coisa: Gauguin deixa o seu emprego no banco e a sua família e vai pintar no Taiti – e, é bastante fácil, três quartos de século depois, quando as suas pinturas são investimentos financeiros cobiçados, esquecer o quanto a sua "liberdade" deve ter parecido irresponsável naquela época. Mas qual é a coisa "certa" do ponto de vista de um homem que, de modo totalmente diferente de Gauguin, quer ser ajustado à sua vida de bancário, quer ser ajudado a ser um objeto social bem-sucedido nessa sociedade? Não estou insinuando que devamos acabar simplesmente com as relatividades culturais e morais – que também é uma solução muito fácil para fazer justiça à situação humana. Estou dizendo, antes, que supersimplificamos criticamente a nossa visão de nós mesmos e nossos semelhantes, e devemos incluir no nosso quadro o dilema da experiência humana.

Podemos antever parte da nossa discussão futura mencionando aqui que as considerações acima lançam luz sobre por que Kierkegaard e Nietzsche realçaram tanto o *comprometimento*. O próprio fato de nos comprometermos com um ou outro lado de um paradoxo soma uma nova "força" que não estava presente antes e que não pode ser incluída num simples conceito de crescimento. Quando a pessoa escolhe agir, um novo elemento já está acrescentado ao padrão motivacional; e não podemos saber a medida ou direção dessa força até que a pessoa escolha agir.

Nesse capítulo introdutório, descrevi o dilema humano como a capacidade para ver a si mesmo como objeto e como sujeito. A minha sugestão é que ambos são necessários – necessários para a ciência psicológica, para uma terapia efetiva, e para

---

12. Do mesmo modo, Rogers sempre rejeitou as implicações pormenorizadas dos conceitos freudianos de resistência e repressão – conceitos que me parecem ser expressões muito importantes do dilema humano.

uma vida cheia de sentido. Também estou propondo que no *processo dialético entre esses dois polos reside o desenvolvimento, o aprofundamento* e *ampliação da consciência humana*. O erro de ambos os lados – para o que eu usei Skinner e o Rogers pré-paradoxal como exemplos – é o pressuposto de que se pode evitar o dilema adotando um dos seus polos. Não se trata simplesmente que o homem deva aprender a viver com o paradoxo – o ser humano *sempre* viveu nesse paradoxo ou dilema, desde a época em que, pela primeira vez, tornou-se consciente do fato de que *ele* era aquele que morreria e cunhou uma palavra para a sua própria morte. As doenças, as limitações de todos os tipos e cada aspecto do nosso estado biológico que indicamos, são aspectos do lado determinista do dilema – o homem, como a erva do campo, definha e morre. A consciência disso e a ação nessa consciência são o gênio do homem como sujeito. Mas também devemos tomar as implicações desse dilema para a nossa teoria psicológica. Entre os dois extremos desse dilema, o homem desenvolveu os símbolos, a arte, a linguagem e o tipo de ciência que está sempre se expandindo nas suas próprias suposições. O existir corajoso nesse dilema, acredito, é a fonte da criatividade humana[13].

É de considerações desse tipo que deverei tratar nos capítulos que se seguem.

---

13. "O'Neill acreditava... para os homens a verdadeira 'reconciliação' dos opostos era vivê-los profundamente e suportá-los corajosamente" – (op. cit., p. 24). Parece que os artistas sempre souberam disso intuitivamente. Rainer Maria Rilke escreve na sua carta para o jovem poeta: "Não procure agora as respostas que não podem ser dadas a você, porque você não seria capaz de vivê-las. E a questão decisiva é viver tudo. (Viver) as questões agora. Talvez, então, você, gradualmente, sem perceber, viverá algum dia distante a resposta" (Rainer Maria Rilke (*Letters to a Young Poet*), traduzido por M.D. Herter Norton. Nova Iorque: W.W. Norton & Cia, 1934).

PARTE I

A nossa situação contemporânea

Em certos períodos históricos, os dilemas da vida tornam-se mais pronunciados, mais difíceis de conviver e de mais árdua resolução. O nosso tempo, nos meados do século XX, é um desses períodos. Se o leitor aceitar essa tese, experimentalmente, proporemos nos próximos dois capítulos alguns modos nos quais se apresentam esses dilemas.

2

A perda de significação do homem moderno

O homem é apenas um junco na natureza, mas ele é um junco pensante. Não há necessidade de o universo inteiro armar-se para aniquilá-lo: um vapor, uma gota d'água é suficiente para matá-lo. Mas se o universo o esmagasse, o homem seria ainda mais nobre do que aquilo que o mata, porque ele sabe que morre e a vantagem que o universo tem sobre ele; disto o universo nada sabe. Assim, toda a nossa dignidade reside no pensamento. Pelo pensamento devemos nos elevar, não pelo espaço e pelo tempo, os quais não podemos preencher.

Lutemos, então, para pensar bem – eis aí o princípio da moralidade.

(Blaise Pascal, *Pensamentos*)

Num período de transição, quando os valores antigos estão esvaziados e os costumes tradicionais não são mais viáveis, o indivíduo vivencia uma dificuldade particular para encontrar a si mesmo no mundo. Mais pessoas vivenciam, mais pujantemente, o problema de Willie Loman em *A morte do caixeiro viajante*, "Ele nunca soube quem ele era". O dilema básico, inerente à consciência humana, é parte de toda a experiência psicológica e está presente entre todos os períodos históricos. Mas em épocas de mudança cultural radical, como os costumes sexuais e crenças religiosas, os dilemas particulares, que são expressões da situação humana básica, tornam-se mais difíceis de tratar[1].

Para começar, coloco a questão: Não é um dos problemas centrais do homem ocidental moderno que ele se sinta sem significação como indivíduo? Enfoquemos nesse aspecto da sua imagem de si mesmo que é a sua dúvida sobre se ele pode agir e a sua convicção semiconsciente de que, mesmo que agisse, não faria diferença. Esse é apenas um lado do retrato que o homem contemporâneo faz de si mesmo, mas é um aspecto psicológico crítico – uma falta de confiança em si mesmo que reflete o tremendo poder tecnológico que acumula-se a todo momento sobre ele para tolher esmagadoramente os seus débeis esforços pessoais.

Essa é uma evolução cultural do problema da "identidade" que foi produzida com especial irrefutabilidade nos anos cinquenta, nos textos de analistas como Erickson e Wheelis. Atualmente, pessoas de todos os tipos, especialmente as mais novas, diagnosticam o seu problema, quando vão a um conselheiro ou terapeuta, como uma "crise de identidade" – e o fato de que a frase tornou-se trivial não deveria levar-nos a negligenciar que também pode ser verdadeiramente importante. "Atualmente, o sentido do eu é deficiente. As questões da adolescência – 'Quem sou eu?', 'Aonde vou?', 'Qual é o sentido da vida?' – não rece-

---

1. Claro, é fácil fazer generalidades proféticas sobre uma época, cujo propósito é, frequentemente, ofuscar e evadir-se das realidades concretas da nossa experiência cotidiana imediata. Mas não deveríamos aceitar que a nossa exaustão de tais generalidades nos leve a entorpecer a nossa percepção do que está acontecendo ao nosso redor, a encobrir a nossa consciência do significado e das implicações do nosso momento histórico ou a esconder-nos atrás da cômoda barricada das estatísticas *ex post facto*. Tentarei deixar minhas próprias crenças e suposições tão claras quanto possível, conforme avançamos, na confiança de que o leitor poderá discordar melhor e alcançar as suas próprias ideias nesse diálogo se não estiver confuso sobre as minhas.

bem respostas finais. Nem podem ser postas de lado. A incerteza persiste", escreveu Allen Wheelis em 1958[2]. Ele prossegue, a respeito do progresso tecnológico dos nossos dias, na cultura e na saúde: "Porém enquanto o nosso tempo de vida aumentou, o nosso tempo de vida significativa diminuiu".

A minha tese é que o problema da identidade, nos anos 50, tornou-se agora, mais especificamente, a crise da perda do sentido de significação. É possível carecer de um sentido de identidade e, ainda assim, preservar a esperança de ter influência – "Posso não saber quem eu sou, mas, pelo menos, posso fazê-los me notar". No nosso estágio atual de perda do sentido de significação, o sentimento tende a ser: "Mesmo se eu soubesse quem sou, eu não poderia fazer absolutamente nenhuma diferença como indivíduo".

Desejo citar como um exemplo dessa perda de significação individual uma série de incidentes que manifestaram algo importante para as pessoas em todo o país. Refiro-me à "revolta", como os seus inimigos a rotularam, ou "resistência passiva", como os estudantes a chamaram, no campus da Universidade da Califórnia, em Berkeley. Quaisquer que sejam os fatores complexos e sutis subjacentes nesse protesto, todos os lados parecem concordar que foi uma erupção nos estudantes de uma poderosa e profunda resistência contra o "anonimato dos estudantes na fábrica universitária moderna". O estado de espírito é descrito de maneira excelente na veemente retórica de Mário Savio, o formando em filosofia que liderou a maciça ocupação que ocasionou uma série de prisões:

> Há um momento em que a operação da máquina (de educação coletivizada) torna-se tão odiosa, deixa-o tão revoltado intimamente, que você não

---

2. Allen Wheelis. *The Quest for Identity*. Nova Iorque: Norton, 1958, p. 18 a 23.

> pode mais participar ...tem que pôr o corpo sobre os seus eixos e suas engrenagens, sobre as alavancas, sobre todo o aparato e fazê-la parar. [...]

Mais evidências de que o substrato profundo das emoções dos estudantes em erupção naquele momento era o protesto contra serem tratados como anônimos dentes nas engrenagens de um tremendo sistema são vistas nas razões que muitos estudantes deram para o valor do protesto. Depois das manifestações, diversas pessoas que haviam participado disseram-me, com emoção considerável: "Agora, todo mundo fala com todo mundo no campus". Nenhuma declaração poderia ser mais clara sobre o fato de que o que estava em jogo era a situação insustentável de "ninguém sabe o meu nome", "eu sou insignificante". De fato, um dos valores claros do rebelar-se, como Camus e tantos outros, através da história humana, disseram, e que tentarei indicar mais tarde, neste livro, é que, pelo ato de rebelião, eu forço as autoridades impessoais ou o sistema demasiadamente sistemático a olharem para mim, reconhecer-me, admitir que eu *sou*, levar em conta o meu poder. Essa última palavra não é grifada por propósitos retóricos: quero dizer, literalmente, que, a menos que eu possa exercer algum efeito, a menos que a minha potência possa ser exercida e possa importar, inevitavelmente serei uma vítima passiva de forças externas e deverei sentir-me insignificante.

Uma vez que essa vivência de insignificância pelos estudantes é importante para o que se segue nesse livro, assinalemos algumas evidências de que o "anonimato da fábrica universitária" não é, em absoluto, uma projeção das fantasias neuróticas ou subjetivas dos estudantes.

> Em Berkeley, como em tantos outros campos de universidades estaduais, a imagem de "fábrica" não é mais uma brincadeira. A população discente de

Berkeley totaliza cerca de 27.500 estudantes. Com um corpo docente em tempo integral de 1.600 professores, alguns dos quais estão liberados ou engajados em pesquisas, a efetiva razão entre estudantes e professores é de aproximadamente 18 para l, de acordo com autoridades universitárias.

Os membros mais eminentes do corpo docente de Berkeley estão frequentemente tão absorvidos em pesquisas que dispõem de pouco tempo para os estudantes. Os professores mais jovens, defrontados com a batalha "publique ou pereça" para permanecer em Berkeley, igualmente têm pouco tempo para os estudantes. A carga do ensino cai pesadamente sobre os assistentes de ensino, que são comumente estudantes recém-formados e inexperientes, trabalhando pelos seus mestrados.

Uma das muitas ironias da situação em Berkeley é que muito do que aconteceu fora claramente previsto pelo Reitor Kerr no seu livro "The Uses of the University", publicado em 1963. O Doutor Kerr, um especialista em relações industriais, com reputação nacional como mediador trabalhista, faz advertências contra a "incipiente revolta dos estudantes da graduação", contra "a ausência de professores" e a frustração dos estudantes fermentando "sob uma capa de regras impessoais". No que, agora, pode-se ler como o prenúncio da crise de Berkeley, o Doutor Kerr, que foi Reitor da universidade desde 1958, advertia: "Os estudantes também querem ser tratados como indivíduos distintos"[3].

---

3. Do editorial "Berkeley's Lesson" do *New England Association Review*, a publicação oficial da Associação de Colégios e Escolas Secundárias da Nova Inglaterra, do inverno de 1955, p. 14-15.

Também deveria estar claro que o fenômeno contemporâneo da revolta estudantil não é "causado" por alguns homens malvados que ocupam os gabinetes dos reitores ou os conselhos de administração das universidades. Que os próprios estudantes vejam a fonte impessoal do mal é exposto em muitos editoriais dos estudantes como o que segue:

> Um colunista estudantil da Universidade de Illinois, escrevendo no *Daily Illini*, apelou por uma maior participação estudantil no planejamento de um novo prédio que seria pago, em parte, por fundos estudantis. "É nossa função, como estudantes interessados ...ajudar a salvar este maravilhoso organismo, a universidade, da sua própria eficiência", escreveu ele, acrescentando "...aqui, a perda de um prédio não é nada comparada à perda de sentido de comunidade"[4].

O que está acontecendo é um fenômeno inevitável do nosso tempo, o resultado inevitável do coletivismo, da educação em massa, da comunicação de massa, da tecnologia de massa, e de outros processos "de massa" que formam as mentes e as emoções das pessoas modernas.

Que não se trata de episódios fugazes é mostrado pelo fato de que, a despeito da recomendação do comitê interuniversitário pelas reformas que os estudantes demandavam, uma nova apatia abateu-se sobre o campus, de acordo com o Doutor Kerr, e da qual, adverte, novos protestos brotarão[5].

Qual é o conflito mais profundo que subjaz à grande agitação estudantil? O Doutor Kerr descreve-o como um dilema decor-

---

4. Ibid.

5. Relatório de uma consulta sobre "A universidade nos Estados Unidos", patrocinada pelo Centro para o Estudo das Instituições Democráticas. *New York Times*, 10 de maio de 1966.

rente da crescente retirada de professores para a pesquisa especializada, no momento em que "mais estudantes ...querem receber da sua educação uma filosofia pessoal e social, tanto quanto, ou mesmo mais do que uma capacitação vocacional". A Doutora Rosemary Park, Reitora do Barnard College, descreve a "época perigosa" em que a universidade está hoje, "quando a insatisfação estudantil com a educação nunca foi tão estridente, nem o desinteresse dos professores pela instituição a que servem tão aparente"[6]. Não é de se admirar que os atuais estudantes de graduação de Berkeley estejam proclamando que o único modo de restaurar uma tradição significativa na vida da universidade é conduzirem um "combate de guerrilha intelectual" – uma frase curiosamente contraditória, mas significativa – contra aquelas universidades que foram preparadas somente para corresponder "às necessidades operacionais do governo e das empresas", ao invés das "necessidades do homem moral"[7]. O fruto de tudo isso é uma nova e importantíssima forma de batalha pelos valores humanos e contra o Moloch mecânico sofisticado da educação, que ameaça devorar o que é mais precioso para cada um de nós: a nossa imaginação e a nossa própria consciência. É na verdade interessante ver que, nessa batalha, a demanda e o apelo *moral* vêm dos estudantes e não dos professores!

Agora, é importante lembrar que esses estudantes foram criados, como fomos todos nós nesse país, desde o tempo dos pioneiros, a acreditar que o indivíduo é o que conta, que o seu poder é decisivo, a longo prazo, e que, numa democracia, é a palavra do indivíduo o que determina a política. Agora, eles descobrem-se parte de enormes processos de feições industriais, que parecem funcionar autonomamente e sob o poder impes-

---

6. Ibid.

7. Ibid.

soal satânico dos próprios processos. Os processos de "massa" são uma característica do período histórico transicional em que vivemos, e não vejo nenhum modo simples de contornar as crises que resultaram e as revoltas que ainda vão ocorrer. Elas são sintomáticas do deslocamento da consciência humana na nossa época; expressam a luta dos seres humanos – nesse caso, particularmente, os estudantes – para resolver os dilemas, até onde for possível, ou para chegar a termos com eles, quando a solução é impossível.

Assim, os dilemas com que nos confrontamos são aguçados pelas convulsões culturais e históricas contemporâneas da civilização ocidental, convulsões que tornam inevitável que a autoimagem do indivíduo será enormemente abalada. Robert e Helen Lynd escreveram sobre a confusão do papel do indivíduo em *Middletown*, três décadas atrás; o cidadão é "apanhado num caos de padrões conflitantes, nenhum deles totalmente condenado, mas nenhum deles totalmente aprovado e livre de confusão; ou, onde as sanções do grupo são claras ao demandarem um certo papel de um homem ou de uma mulher, o indivíduo encontra exigências culturais sem meios imediatos de satisfazê-las". Os Lynd relacionaram isso à convulsão socioeconômica em Middletow, nos anos 30; mas acredito que um conflito de papéis maior e mais fundamental – a experiência da *ausência* de quaisquer papéis viáveis – está ocorrendo no nosso mundo atual, três décadas depois. Na ausência de mitos positivos para guiá-lo, muitos homens sensíveis contemporâneos encontram somente o modelo da máquina acenando-lhes por todos os lados para fazê-lo à sua própria imagem. Os protestos que ouvimos são os sons estrondosos da luta – angustiante, frequentemente desesperada, mas nunca abandonada – contra essa Circe moderna.

O símbolo mais impactante do sentido de insignificância do indivíduo é, evidentemente, o espectro onipresente da guerra termonuclear. Tanto quanto posso observar, as pessoas em Nova Iorque e no leste dos Estados Unidos – e não há razão para supor que o estado de espírito seja diferente noutras partes do país, se aceitarmos defasagens culturais e bolsões de encapsulação – creem que são impotentes diante da possibilidade da guerra nuclear; e a impotência leva à confusão, à apatia e à convicção dilacerante, não importa o quanto seja encoberta por distrações a busca frenética de companhia: "Eu não me importo". Isso, por seu turno, leva a vários círculos viciosos que, agora, examinaremos. Escolho o exemplo seguinte porque ilustra muito bem a dinâmica psicológica do dilema.

No outono de 1961 houve no leste dos Estados Unidos, diante da ameaça de guerra termonuclear, um curioso pânico centrado nos abrigos antibombas. Eu digo "curioso", não porque a própria ansiedade fosse inesperada – ela seguiu-se ao pânico em torno da única ameaça verdadeiramente real da crise de Berlim – mas por causa de certos sintomas psicológicos que surgiram. Durante aquelas semanas, participei de diversas discussões e debates públicos no rádio e na televisão e tive a estranha impressão de que, para muitas pessoas, os abrigos antibombas representavam rastejar de volta para cavernas na terra, como uma manifestação da convicção de que, na nossa impotência, só podíamos retornar para um novo útero, sendo o nosso único interesse uma preocupação infantil em salvar as nossas próprias peles. Compreensivelmente sobrecarregadas pela sua impotência na crise, as pessoas tendiam a agir como se nada pudessem fazer além de ter esperança e rezar para que a sorte evitasse o holocausto, enquanto, como avestruzes, só podiam esconder-se no subsolo. Infelizmente, a posição do governo, de que aqueles que pudessem pagar por isso – o que significava a população rica dos subúrbios – construíssem os seus abrigos particulares, somou-se à impotência[8].

Lembro-me que um dos meus oponentes, num debate no rádio na época daquele pânico, um eminente economista político com considerável experiência na administração pública, respondeu a uma pergunta de uma das centenas de pessoas no auditório: "Você não pode ter qualquer tipo de influência sobre a questão de se vai ou não haver guerra. Isto é inteiramente decidido nos conselhos dos poucos altos líderes políticos que reúnem-se em Berlim". Isso, é claro, era exatamente o que as pessoas tendiam a acreditar, de qualquer maneira[9]. Se elas estivessem um pouco mais convencidas da insignificância dos seus próprios atos, não teriam se preocupado em sair para discussões públicas como aquela ou mesmo para sintonizar o seu rádio nelas.

---

8. O Presidente Kennedy percebeu que essa defesa de abrigos antinucleares privados era um erro e essa recomendação foi rescindida dois meses depois. Não tenho a impressão que muitos abrigos antinucleares tenham sido efetivamente construídos, parcialmente, sem dúvida, porque as pessoas viram-se presas no mesmo círculo vicioso psicológico que estamos explorando.

9. A minha própria posição, como a de muitas outras pessoas na plateia, era, é claro, radicalmente contrária à do meu oponente. Nesse ponto, permitam-me apenas dizer que o leitor verá que a tese levantada pelo meu oponente era uma daquelas questões que depende, na sua verdade ou falsidade fundamental, exatamente, de agirmos ou não. Se tivéssemos aceitado a afirmação do meu oponente, continuaríamos passivos; e a sua afirmação se tornaria verdadeira em virtude da nossa aceitação. Se, por outro lado, nos recusássemos a aceitá-la, mas fizéssemos o pouco que estivesse ao nosso alcance para influenciar o Congresso, o presidente e outros líderes, então mesmo um pequeno grupo de algumas centenas de pessoas – e certamente os milhares escutando rádio – poderíamos ter algum significado, por mínimo que fosse de início. Esse é o ponto em que a liberdade política começa, como mostrarei mais tarde.

A ideia que quero explicar é que, quando as pessoas sentem a sua insignificância como indivíduos, também sofrem um abalo no seu sentido de responsabilidade humana. Por que nos carregarmos de responsabilidades se o que fazemos não tem nenhuma importância, e devemos estar sempre prontos para fugir? Que símbolos vividos da nossa impotência eram esses espantosos ferimentos no chão! E que testemunho da desintegração dos valores sociais era sermos solicitados a cavar as cavernas à noite, para evitarmos que os nossos vizinhos soubessem onde eram e, no momento do perigo, um homem, com as duas ou três pessoas da sua família, pudesse rastejar para a caverna e lá conseguir alguma proteção isolada! (A proteção era predominantemente ilusória, como fomos mais tarde informados pelos físicos que sabiam das inevitáveis tempestades térmicas.) Ou podia ser adquirido um abrigo pré-fabricado de cimento, como era exibido na revista *Life* ou na televisão, com tubos de ventilação ligando ao mundo acima toda a comida estocada nas paredes, Coca-Cola e um toca-discos para os adolescentes, e uma lâmpada de leitura para distrair os adultos enquanto as bombas caíam na terra lá em cima – tudo pela barganha de U$ 20.000.

Mas a coisa mais estarrecedora nisso tudo era que esse rastejar de volta para o interior da terra era uma proteção adquirida ao preço da destruição do amor e da confiança humana. Nós todos lembramo-nos muito vividamente das reconfortantes garantias dadas por alguns clérigos e outros respeitáveis guardiões da moral da nação de que era ético alvejar o seu vizinho e as crianças dele, se esses infelizes tentassem invadir o nosso abrigo quando estivessem em perigo e pânico.

Assim, a impotência face à guerra termonuclear *transformou-se em ansiedade, a ansiedade em regressão e apatia, essas, por sua vez, em hostilidade, e a hostilidade numa alienação entre os homens.* Esse é o círculo vicioso que se manifesta quando o nosso sentido de significação é solapado. Então, a única via em que podemos nos mover é para trás, numa regressão psicológica para um estado infantil, uma encapsulação voluntária na nossa moderna combinação de útero e sepultura, no qual nenhum cordão umbilical é necessário desde que haja comida estocada na sepultura como nas cavernas funerárias que os homens neolíticos construíam para a sua viagem para a terra dos mortos.

Mas o ser humano nunca renuncia fácil ou simplesmente à sua potência. A ansiedade é gerada nele na proporção direta da sua convicção da sua própria impotência. Aqui, o importante é enfatizar o conhecido círculo vicioso do pânico que já mencionamos – da ansiedade à apatia, dessa para o ódio e para um maior isolamento da pessoa dos seus semelhantes –, um isolamento que, finalmente, aumenta o sentido de insignificância ou impotência do indivíduo. A desconfiança e a hostilidade para com o vizinho, nessas épocas, torna aceitável e "moral" de uma maneira que nos aterrorizaria (e são portanto reprimidas) em períodos convencionais. E o ódio e a prontidão para destruir os nossos próprios vizinhos tornam-se, de um modo estranho e invertido – "estranho" convencionalmente, mas não clinicamente –, um escape para a nossa própria ansiedade e impotência. O que acontece em tais momentos de ansiedade é apenas a expressão extrema da ruína do sentido de significação do homem como um indivíduo e, consequentemente, a sua perda de capacidade de decisão e responsabilidade individual.

A guerra no Vietnã – "a guerra mais indesejada da história", como foi chamada – nada fez para dissipar os ânimos de crises anteriores ou aliviar o sentimento de uma impotência profunda e tumultuada. O sentimento de impotência não limitava-se, absolutamente, àqueles que eram opostos ao conflito, mas parecia afetar tão insidiosamente àqueles que acreditavam na guerra como os que a condenavam.

Quero examinar essa crise como uma ilustração do fato de que todos nós, favoráveis ou contra a guerra, estamos presos numa situação histórica de revolta na qual não há noções claras de certo ou errado, na qual a confusão psicológica é, portanto, inevitável e – o fato mais assustador de todos – nenhuma pessoa ou grupo de pessoas está em posição de exercer um poder significativo. O poder assume um caráter anônimo, automático e impessoal.

O meu propósito, aqui, não é político, mas descrever tão claramente quanto puder uma situação que influi na insignificância psicológica, para que possamos voltar a uma análise do problema. Em audiências da Comissão de Relações Exteriores do Senado, as mesmas questões foram feitas repetidas vezes ao Secretário de Estado Rusk, ao Secretário de Defesa McNamara e a outros membros do governo: Por que estávamos no Vietnã? Quais eram os nossos objetivos reais? Quais eram os nossos poderes lá e o que poderíamos objetivamente esperar conseguir? Depois de inúmeros depoimentos (os nossos dados são pelo menos abundantes e acessíveis graças à comunicação de massa impressa e televisiva) o Senador Fulbright e outros senadores que de modo nenhum podiam ser considerados estúpidos ou partidários da guerra declararam que essas questões ainda continuavam sem resposta. "O Sr. Fulbright disse que ele tinha a maior dificuldade", assim relatava o *New York Times*[10], "em compreender quais eram os reais objetivos do governo e 'se o que buscamos é alcançável'". Como o Senador Fulbright destacou continuamente, e os representantes do governo não negaram, era uma guerra de "final indeterminado"; cada vez mais poder era investido, sempre com a possibilidade ameaçadora do derradeiro poder da bomba nuclear, numa situação na qual, por *definição, não tínhamos e não podíamos ter con-*

10. *New York Times*, 4 de março de 1966.

trole sobre as situações críticas. Os jornalistas tentaram, em vão, que McNamara expusesse os planos de longo prazo para o empenho de tropas, mas ele recusou-se obstinadamente a anunciar mais do que o fato pragmático imediato de que o Departamento de Estado estava "satisfazendo as solicitações do General Westmoreland"; e o presidente, quando pressionado por perguntas semelhantes, replicava: "Eu não tenho solicitações não satisfeitas na minha mesa".

Ora, a ironia dessa situação, que não deve ser obscurecida por imputações moralistas contra esse ou aquele secretário, era que isso era tudo o que eles *podiam* dizer. Pois, pela própria estrutura da situação, eles não tinham controle sobre os planos de longo prazo: a China e outras potências podiam mudá-los a qualquer momento. O cidadão de Minneapolis ou Denver que sentia a sua própria falta de significação nessa situação podia supor, a partir de uma psicologia anacrônica de diversas décadas atrás, que pelo menos alguém, em Washington, estava tomando as decisões significativas. Mas, quando olhávamos para Washington, descobríamos que *ninguém*, em qualquer sentido decisivo, tinha um poder significativo; todos, incluindo o presidente, podiam planejar somente num espaço de tempo limitado e dentro de variáveis incertas, pois os dados críticos simplesmente não estavam disponíveis; e a resposta *pragmática*, dada pela situação imediata, era quase tudo aquilo a que se podia chegar.

O dilema era vigorosa e tragicamente real. Esse dilema era um resultado inevitável da natureza do nosso período histórico transicional, quando o poder impessoal assumiu implicações e significados tão enormes, e a consciência, a responsabilidade e as intenções humanas não o acompanharam e provavelmente não podiam tê-lo feito. Não estou fazendo uma declaração de condenação histórica, nem insinuo absolutamente que nada podia ser feito para melhorar a situação na guerra vietnamita;

apatia e passividade são as últimas coisas no mundo que estou propondo[11]. A minha tese é que, se a nossa situação histórica e as implicações psicológicas que ela tem para nós que vivemos esse momento é reconhecida, seremos ajudados a transferir as nossas abordagens de políticas de autofrustração para outras que, pelo menos, têm alguma chance de resultados construtivos. Acredito que agimos como avestruzes com a questão do poder, recorrendo, por um lado, a uma anacrônica psicologia militar do século XIX e, por outro, a um pacifismo farisaico. Ambas eram supersimplificações – e supersimplificar na era da bomba nuclear é extremamente perigoso. Uma consciência ampliada e aprofundada e um sentido de responsabilidade impregnado de imaginação que pudesse conceber novas maneiras de relacionar-se com o Oriente parecem-me necessárias para uma solução construtiva para os nossos problemas. Mas essa possibilidade baseia-se em confrontarmos o dilema mais profundo entre o poder impessoal da tecnologia, por um lado, e os valores humanos, pelo outro.

Nesse vácuo de poder – ou seja, a aplicação de um poder cada vez maior (nesse caso, o militar) a uma situação em que não se tem a escolha significativa final – o perigo real era que nos retirássemos para uma única resposta disponível, isto é, a resposta *pragmática*, a resposta que pode ser dada pela logística, a resposta a que pode se chegar com nossos computadores, a resposta impessoal, a resposta fornecida pela própria tecnologia cuja produção ilimitada e magnífica foi central para tra-

---

11. Eu próprio tenho me preocupado continuamente com esses problemas, porque acredito que a apatia social é o nosso perigo central. Creio que o nosso não reconhecimento da China comunista era um exemplo do agir como avestruzes. A consciência ampliada e aprofundada que será necessária para solucionar os nossos problemas terá que incluir, a meu juízo, uma nova maneira de perceber outras nações como a Rússia e a China, bem como outras raças.

zer-nos à situação na qual o nosso poder de destruição excede, tão enormemente, a nossa capacidade de decisão significativa. Como indicarei adiante, é tão absurdo "culpar" a tecnologia – e tão cientificamente ignorante – quanto é moralmente absurdo culpar alguns líderes governamentais "maléficos" noutros países – um tipo de farisaísmo que leva à ilusão, tão comum na psicoterapia, de que, se ao menos algumas outras pessoas mudassem, seríamos poupados dos nossos grandes problemas.

O meu propósito neste livro, repito, não é político, mas esclarecer tanto quanto puder como surgem certos problemas psicológicos importantes. A situação de impotência e falta de significação, tal como foi apresentada acima, leva compreensivelmente à *confusão* e, então, à *apatia*. Isso, por sua vez, leva a um círculo vicioso na dinâmica psicológica, como mencionamos e que agora exploraremos mais profundamente[12].

Quando o indivíduo perde a sua significação, surge um sentimento de apatia, que é uma expressão do seu estado de cons-

---

12. Embora, mais adiante neste livro, venhamos a discutir as respostas possíveis para esses problemas psicológicos, pode ser esclarecedor, nesse ponto, indicar brevemente que conscientizar-se do problema político, identificá-lo e, depois, enfrentá-lo já é o primeiro passo para o avanço no aprofundamento da consciência que pode resolver o problema. Um sentimento de responsabilidade impregnado de imaginação parece-me ser a primeira coisa essencial. Em segundo lugar, uma definição de políticas que se baseiem em objetivos *humanos* ao invés daqueles dados pelo poder tecnológico e pragmático. Em terceiro, recusar-se rigorosamente a permitir que a dificuldade de definir objetivos de longo prazo, bem como a comodidade de deixar que os nossos computadores definam os nossos objetivos de curto prazo, impeçam-nos de dedicarmos pensamento e energia para a projeção de metas de longo prazo. Precisamos "algum sentido de proporção para relacionar os meios aos fins", escrevem os editores do jornal *Cristandade e crise*. "O que está faltando, igualmente, é a disposição de olhar para as realidades e a imaginação moral para procurar métodos melhores do que a atual mistura contraditória de uma retórica pacifista e uma política inflexível" – 5 de março de 1966.

ciência diminuída. O perigo real não é esse abdicar à consciência – o perigo de que a nossa sociedade se mova na direção do homem que espera que as drogas o confortem e que a máquina não apenas satisfaça todas as suas necessidades, mas, na forma de mecanismos psicanalíticos, também o faça feliz e capaz de amar? Quando Karl Jaspers fala sobre o perigo do homem moderno perder a consciência de si mesmo, não está falando em hipérbole: precisamos levá-lo totalmente a sério. Pois essa perda não é mais uma possibilidade teórica sonhada pelos psicanalistas ou filósofos "existenciais mórbidos".

Essa diminuição da consciência, acredito, é central para a forma mais profunda da perda do sentido de significação. O que está implícito é que essa pode ser a última era do homem histórico, ou seja, a última era em que o homem *sabe* que tem uma história. Não a última era na qual há uma história factual – essa não é a questão –, mas a última era na qual eu posso, consciente de mim mesmo, afirmar-me como um ser humano que sabe que existe nesse ponto da história e, assumindo responsabilidade por esse fato, pode usar a sabedoria do passado para iluminar a vida e o mundo ao seu redor. Tal ação requer uma consciência de si mesmo que possa se afirmar e se declarar, e isso, por sua vez, requer que eu acredite na minha própria significação. Então *importa* se eu ajo, e ajo na crença de que as minhas ações podem ter alguma influência.

Dissemos que o maléfico nesse drama não é a tecnologia e é absurdo pensar que, se pudéssemos jogar fora a tecnologia, escaparíamos dos nossos dilemas humanos. Em nível do óbvio, a tecnologia é um conjunto de instrumentos e a questão importante é: Para que propósito são usados esses instrumentos? Num nível menos óbvio, é verdade que a tecnologia molda a imagem que fazemos de nós mesmos ao condicionar o tipo de informação que recebemos. Mas a ameaça crítica, a respeito da tecnologia, não reside nesses dois níveis: é que sucumbimos à tentação de usar a tecnologia como uma maneira de evitar enfrentarmos a nossa própria ansiedade, a nossa alienação e a nossa solidão. Quando um homem está ansioso acerca da guerra termonuclear, pode esperar que, com mais alguns mísseis, estaremos seguros. Quando está ansioso acerca da solidão, pode ir a um psicanalista ou aprender alguma nova técnica de condicionamento operante, ou tomar alguma droga, de modo que, quando muito depois de uma hora ou de uma dose, ele possa tornar-se o homem que amará e será feliz. Mas o uso da tecnologia como maneira de evadir-se da ansiedade torna o homem ainda mais ansioso, mais isolado e alienado, a longo prazo, pois lhe toma, progressivamente, a consciência e a sua própria experiência de si mesmo como uma pessoa centrada e significativa.

Fundamentalmente, o uso autodestrutivo da tecnologia consiste em empregá-la para preencher o vácuo da nossa própria consciência diminuída. E, inversamente, o desafio definitivo que defronta o homem moderno é se ele pode ampliar e aprofundar a sua própria consciência para preencher o vácuo criado pelo fantástico aumento do seu próprio poder tecnológico. Parece-me que isso, e não o resultado de uma guerra em particular, é o problema de que depende a nossa sobrevivência.

Há, contudo, um dilema particular que precisamos mencionar que tornou-se mais difícil com a tecnologia moderna. É o fenômeno do "homem organizacional". Cada vez mais, no nosso tempo – esse é um resultado inevitável da coletivização –, é o homem organizacional quem triunfa. E ele caracteriza-se pelo fato de que *somente tem significação se abre mão da sua significação.* Um paradoxo curioso apresenta-se em alguns pacientes que temos na cidade de Nova Iorque: o preço de obter *status* na Avenida Madison é abrir mão da originalidade. Tornar-se o homem que funciona bem numa organização, o "homem de equipe" harmônico, o trabalhador que mantém uma coloração protetora para não se destacar e ser alvejado. Nessa medida, se é considerado significativo, mas é uma significação adquirida exatamente ao preço de abrir mão da sua significação.

A perda da experiência da sua própria significação leva ao tipo de ansiedade que Paul Tillich chamava a angústia da insignificância, ou o que Kierkegaard chamou a ansiedade como o medo da anulação. Nós costumávamos falar dessas coisas como teorias psicológicas e algumas décadas atrás, quando eu estava fazendo a minha formação psicanalítica, as discutíamos como fenômenos psicológicos apresentados por pessoas "neuróticas". Atualmente, essa ansiedade é endêmica em toda a nossa sociedade. Há algumas dessas considerações que levam-me a sugerir que "não há onde se esconder" no que diz respeito aos dilemas psicológicos do nosso tempo. Então, também podemos enfrentá-los diretamente. É o que tentaremos fazer agora.

3

A identidade pessoal num mundo anônimo

Quando vejo um homem com ansiedade... não posso dizer que ele não é um tocador de lira, mas posso dizer algo mais dele... E, acima de tudo, eu chamo-o um estranho e digo: Esse homem não sabe em que parte do mundo está.

(Epicteto [0-120 d.C.], *A respeito da ansiedade*)

Observamos alguns problemas que decorrem da perda da significação individual em face das enormes e poderosas tendências coletivistas no cenário contemporâneo. Essa perda força-nos a todos a enfrentar a luta para encontrar e preservar a identidade pessoal nesse mundo anônimo, mas a situação impõe uma carga especialmente dolorosa sobre os estudantes. A "dor" da qual falo – e, na verdade, o denominador comum que todos nós vivenciamos em tais dilemas – é a *ansiedade*. Especificamente, é a ansiedade vivenciada na ameaça de diminuição ou perda da identidade pessoal. Nesse capítulo, proponho examinar essa questão, na sua relação com o mundo anônimo da educação; porém essa não é mais que uma expressão do problema mais amplo da identidade pessoal na nossa civilização ocidental.

Eu sou um clínico, e gosto de começar sempre por onde o sapato aperta, onde a questão dói. Acho que podemos fazer isso de modo mais frutífero analisando a natureza e as causas da ansiedade, depois passando à questão da educação e da identidade pessoal.

Vamos primeiro perguntar: O que é ansiedade? Se alguém na sala grita "Fogo!", eu olho ao redor rapidamente, meu batimento cardíaco acelera, a minha pressão sanguínea sobe tanto que os meus músculos podem trabalhar mais eficientemente e os meus sentidos ficam aguçados, de modo que posso perceber melhor as chamas e escolher o melhor caminho para escapar. Isso é a ansiedade normal.

Mas se, quando aproximo-me da porta, vejo que ela está trancada e descubro que não há outra saída – uma situação "sem saída" –, de imediato o meu estado emocional torna-se totalmente diferente. Os meus músculos paralisam-se, de repente os meus sentidos ficam embotados e a minha percepção obscurecida. Não consigo orientar-me; sinto-me como se estivesse num pesadelo; sinto-me em pânico. Isso é ansiedade neurótica.

A primeira é construtiva e ajuda-nos a enfrentar situações ameaçadoras eficientemente. A segunda, a ansiedade neurótica, é destrutiva. *Ela consiste em contrair a consciência, em bloquear a percepção; e, quando prolonga-se, leva a um sentimento de desperpersonalização* e *apatia*. A ansiedade é a perda do sentido de si mesmo em relação ao mundo objetivo. O fato da distinção entre subjetividade e objetividade ser embotada nesse momento é um aspecto da nossa experiência de ficarmos imobilizados, paralisados, quando estamos ansiosos. A ansiedade é perder o mundo e, uma vez que o "eu" e o "mundo" são sempre correlatos, significa perder o eu no mesmo momento.

Essa ansiedade desconstrutiva é o estado, em maior ou menor grau, daqueles que perderam, ou nunca alcançaram, a vivência da sua própria identidade no mundo. Vimos que isso é devido, em parte, às enormes convulsões econômicas, científicas, políticas e morais da nossa época. Não poderia haver situação "sem saída" mais vívida, para muitos jovens, do que a que experimentam a respeito da guerra do Vietnã. Eles defrontam-se com a perspectiva de serem recrutados para uma guerra que ninguém queria, para lutar por objetivos que ninguém conhecia, num terreno em que ninguém realmente acreditava que uma guerra pudesse ser ganha e que, ainda assim, era uma guerra da qual não podíamos nos retirar. A confusão de objetivos nas nossas relações internacionais era, ela própria, produtora da incerteza que colabora para a paralisia da ansiedade.

Mas o problema tem fontes mais profundas do que essas crises sociológicas e políticas. *A ansiedade ocorre por causa de uma ameaça aos valores que a pessoa identifica com a sua existência como eu.* No meu exemplo anterior, o "fogo" é uma ameaça ao valor da vida física. Mas, predominantemente, a ansiedade vem de uma ameaça aos valores sociais, emocionais e morais que a pessoa identifica consigo mesma. E, aqui, descobrimos que uma fonte principal da ansiedade, particularmente na geração mais jovem, é que ela não tem valores viáveis disponíveis na cultura, com base nos quais possa relacionar-se com o seu mundo. A ansiedade, que é inevitável numa época em que os valores estão tão radicalmente em transição, é uma causa central de apatia; e, como indiquei acima, essa apatia prolongada tende a evoluir para a falta de sentimento e para a vivência da despersonalização.

Uma área em que a ansiedade manifesta-se é na sexualidade e na escolha de um parceiro. Nos nossos dias, o sexo é frequentemente usado a serviço da segurança: é o meio mais imediato de superar a própria apatia e isolamento. A excitação do parceiro sexual não é apenas um escape para a tensão nervosa, mas demonstra a nossa própria significação; se um homem é capaz de despertar tais sentimentos noutra pessoa, prova que ele mesmo está vivo. O "par constante" ("monogamia prematura", como tem sido chamada) e a tendência para um casamento precoce em muitos estudantes são frequentemente usados, de modo semelhante, a serviço da superação da ansiedade – a "familiaridade" dá pelo menos uma segurança temporária e um sentimento de significação. Mas a familiaridade torna-se facilmente vazia e aborrecedora, particularmente quando começa tão cedo que os jovens não deram a si mesmos a chance de desenvolver as suas capacidades de ser interessantes como pessoas. O sexo é sempre alguma coisa que podemos fazer quando ficamos sem assunto. Assim, ficar junto tende a desembocar na promiscuidade sem sentido, que é a substituição do *relacionamento pessoal* pela *intimidade corporal.* Quer-se que o "corpo" preencha o hiato deixado quando a "pessoa" abdica. E o casamento precoce, que é o segundo resultado de usar o sexo para segurança, tende para o vazio igualmente frustrante do compromisso prematuro, com a possibilidade sombria de um futuro conjugal entediante. Ambos são meios de "contrair a consciência" na época em que, falando do ponto de vista do desenvolvimento psicológico, o jovem deveria estar explorando e desenvolvendo a sua capacidade de conhecer membros diferentes do sexo oposto, dos quais pode, eventualmente, escolher um com quem tenha alguma possibilidade de uma parceria significativa e duradoura.

O uso do sexo a serviço da segurança tende, compreensivelmente, a torná-lo cada vez mais *impessoal.* Com efeito, o elemento impessoal – deve-se provar que se pode desempenhar sexualmente sem envolver-se, sem compromisso – é o elemento com que mais se preocupam os investigadores e escritores voltados para o problema. A impessoalidade tem o efeito de premiar a sensação sem *sensibilidade*, o *intercurso sem intimidade* e, de maneira estranhamente perversa, fazer da negação de um sentimento um objetivo preferencial. É exatamente essa perda do sentimento de ser um eu em relação com o seu mundo interpessoal, como indicamos, que constitui a ansiedade destrutiva.

Quando eu estava fazendo uma palestra numa universidade da Califórnia sobre sexo e amor, os estudantes informaram-me que eles haviam feito um "baile computadorizado" na noite anterior. Os meus olhos tiveram a visão enigmática de computadores dançando com estudantes. Mas eles prosseguiram para garantir-me que era diferente da minha fantasia: os estudantes haviam preenchido um questionário e o computador havia combinado cada um deles com três do sexo oposto. Na festa, todos circulavam consultando os seus cartões IBM – sem dúvida, como os estudantes no meu tempo inculto circulavam com as suas cadernetas de dança. Eles disseram-me que o baile foi um sucesso extraordinário, porque todos foram aliviados da sua timidez.

Enquanto eu estava no campus, um clube noturno da Califórnia também instituiu o plano computadorizado. Uma noite, a máquina apresentou o cartão de uma mocinha que não era exatamente bem proporcionada. Enquanto ela esperava na frente da máquina, essa processou o cartão do homem compatível. Mas ele, aparentemente pensando que o ego-ideal do computador não estava à sua altura, não apareceu. E a pobre garota foi deixada esperando, se não no altar, pelo menos no centro do salão. Pensamos, então, que o clube deveria ser chamado a casa do computador malvado.

As questões que fiz aos estudantes foram: É tão bom ser "combinado" com três pessoas como você? A sua idade universitária não é a época para encontrar e conhecer muitos tipos diferentes de pessoas do sexo oposto, de modo que gostos, interesses e sensibilidades que você não conhecia possam ser revelados e desenvolvidos? Aceitando-se que a timidez pode ser muito dolorosa (com certeza a timidez neurótica deveria ser superada) e que todos sentem-se, sem dúvida, muito tímidos, é tão bom que a timidez normal seja apagada? *Não é a timidez limiar germinal de novos relacionamentos*? E a timidez não tem a sua função construtiva normal, possivelmente dolorosa, de um lado, mas agradável e divertida, por outro, da abertura de novas áreas de experiência? Efetivamente, não é a timidez, no seu grau normal, a mais *pessoal* das emoções? Eu, por exemplo, teria muitas dúvidas sobre o prazer de passar muitas noites em círculos onde ninguém nunca fosse tímido. E também perguntei aos estudantes se não deveriam, particularmente, ter dúvidas quanto a deixar o computador, com a sua couraça de alumínio, desempenhar por eles todas as suas tentativas e compromissos?

Passando agora às "causas" mais específicas da ansiedade na educação, a mais óbvia é a grande pressão para obter notas altas, a fim de ser admitido na universidade, pressão que continua, depois, para a admissão no mestrado. Os pais importunam e bajulam os estudantes para que obtenham os conceitos A necessários e, atualmente, mesmo os interesses extracurriculares no início do segundo grau são selecionados com vistas a como vão repercutir nas fichas de inscrição da universidade. Consequentemente, no ano em que é calouro, com frequência o estudante sente desânimo e desapontamento: é para isso que ele devotou tanto da sua vida durante doze anos inteiros? E é surpreendente que estudantes, uma vez admitidos na universidade, exibam um franco cinismo acerca da educação e dos objetivos da vida? Numa carta, o Reitor Arthur Jensen, de Dartmouth, expressou-o eloquentemente: "A cada ano, posso ver aumentarem as pressões das exigências para ingressar na universidade. O rapaz brilhante que contenta-se com conceitos B nos cursos formais, para poder explorar a biblioteca, caminhar e olhar as estrelas à noite e 'sondar a sua alma' – o rapaz que tem a 'coragem para ser' de Tillich –, parece cada vez mais ser aquele cujos valores divergem tanto dos de seus colegas que ele torna-se a ovelha negra".

A questão que estou destacando não é, simplesmente, que tal pressão causa ansiedade – todos, em todas as fases da vida, têm que enfrentar pressões. Antes, estou mostrando que *os va-*

lores dos estudantes passam, inevitavelmente, para sinais externos. Ele é validado por pontuações; só se sente digno de valor em termos de uma série de pontos em uma escala técnica. Essa mudança da validação para o exterior contrai a sua consciência e solapa a sua experiência de si mesmo. E, de novo, não se trata, simplesmente, de que os critérios sejam exteriores (todos nós devemos viver, em qualquer estágio que seja, de acordo com muitos critérios exteriores), mas, ao invés, que não sejam *escolhidos pela própria pessoa*, mas impostos a ela por outras, nesse caso, os pais e as autoridades escolares.

Um modo de o estudante enfrentar essa ansiedade consiste, é claro, nele próprio adotar os valores exteriores, com uma salutar mistura de cinismo, e dizer: "OK, vou fazer o jogo do jeito que eles o estabeleceram". Ele adapta-se ao sistema educacional com uma das mãos e, esperançosamente, preserva a sua própria alma e humanidade com a outra. Tal atitude tem a sua utilidade, mas é adquirida pelo preço de um cinismo que deve ser superado pelo desenvolvimento posterior dos seus próprios valores, se não quer acabar na apatia.

Para isso, os procedimentos de admissão dos colégios e faculdades desempenham, é claro, um papel crítico e temo que, às vezes, destrutivo. Se o computador da IBM é o membro principal da comissão de admissão, a faculdade não pode evitar de selecionar aqueles estudantes que melhor se adaptam a ele; e isso torna-se, inevitavelmente, parte da pressão, na educação, para fazer o estudante à imagem da máquina.

Isso leva-nos à causa mais séria da ansiedade dos estudantes, ou seja, certas tendências no próprio processo educacional. O aprender tende a perder-se, cada vez mais, por trás da aquisição exteriorizada de dados. Os nossos campi sofrem pela ilusão de que a sabedoria consiste na pura acumulação de fatos; o estudante empilha dados sobre dados no esforço frenético de obter novos fatos. Mas, apesar da "explosão de conhecimento" atual – apesar dos microfilmes, sumários, infindáveis índices remissivos, novas pesquisas, tudo crescendo em progressão geométrica a cada dia –, o estudante não consegue nunca se atualizar, não importa o quanto seja rápido. Na verdade, geralmente, ele descobre que está cada vez mais atrasado. Assim, o candidato ao PhD tem que trabalhar num ritmo frenético para entregar a sua pesquisa, pois nunca sabe em que manhã ensolarada ele abrirá o *New York Times* na sua porta e verá que uma nova descoberta feita pelo Dr. X, em algum lugar do globo, tornou inválida toda a sua abordagem e varreu para o lixo todo o seu trabalho.

Dwight Macdonald expressou o problema claramente:

> A nossa cultura de massa – bem como boa parte da nossa cultura superior, ou séria – é dominada pela ênfase nos dados e a correspondente falta de interesse pela teoria, pela franca admiração do factual e um desconfortável desprezo pela imaginação, pela sensibilidade e pela especulação. Estamos obcecados pela técnica, encantados pelos fatos, apaixonados pela informação. Nossos romancistas populares devem contar-nos tudo sobre as origens históricas e profissionais dos seus fantoches; os chefões da imprensa fazem milhões dando-nos os nossos fatos de cada dia; os nossos acadêmicos – ou, mais precisamente, os nossos administradores de pesquisas – erguem pirâmides de dados para cobrir o cadáver de uma ideia natimorta...[1]

A ideia que estou destacando é que a exteriorização da educação, nessa ênfase de empilhar fatos sobre fatos por si mesmos, *mina a experiência de identidade do estudante e é uma causa primor-*

---

1. Dwight Macdonald. *Against the American Grain*. Nova Iorque: Random House, 1962, p. 393.

dial de ansiedade. Onde está, nisto, a aventura de pensar, a alegria de exercitar a mente? Na verdade, o anseio de *explorar* do estudante perde-se sob a compulsão de *adquirir.* A própria ênfase na aquisição premia o estudante para que não veja como está se relacionando com os fatos. Tal preocupação não apenas toma muito tempo, mas põe o fato num novo contexto, torna-o parcialmente pessoal; e quem vai dizer (o estudante geralmente tenta!) que isso não desvirtua o fato puro? Então, é melhor manter os seus fatos e os seus sentimentos separados, de outro modo, você meditará muito, parará para refletir e os seus "fatos" ficarão maculados pela subjetividade.

Estudantes que são tomados pelo desejo de aprender, para seguir as suas inclinações originais, sentem então ansiedade pela sua traição a si mesmos. O estudante não apenas se encontra numa linha de montagem e enfrenta, como indiquei acima, quantidades tremendas de dados que, mais cedo ou mais tarde, o derrotarão; ainda mais importante, ele tende a perder contato com o sentido e o significado íntimo do que está estudando. A relação dos dados com ele próprio como uma pessoa, com a sua consciência da vida, está perdida.

Certamente, a originalidade e a argúcia do estudante tendem a ser negadas, porque não são pragmaticamente úteis; e a imaginação tende a ser contornada. Porém, é pela minha imaginação que posso ver, relacionar-me e criar o meu mundo. E é pela minha originalidade, pela minha experiência de mim mesmo como esse padrão único de sensibilidades que, nesse momento, está vivenciando um relacionamento particular com outras pessoas e o mundo ao meu redor, que conheço a mim mesmo como uma identidade. Certamente, todos nós temos muito em comum; a maioria de nós gosta do sabor de bife e, em outros momentos, sente uma emoção estética e espiritual na leitura de uma estrofe de Yeats ou na contemplação dos desenhos num vaso grego. Nós compartilhamos isso. Mas o importante é que sou eu sentindo esse sabor ou essa alegria na poesia ou no desenho grego. E se essa experiência do "eu" é perdida – perdida sob a pressão da minha tentativa de lembrar o que o meu professor disse sobre o poema – logo perderei também, progressivamente, a minha sensibilidade estética e espiritual. Assim, a educação favorece a ansiedade neurótica do estudante e a intensifica.

Uma experiência minha, que ocorreu enquanto estava ensinando recentemente numa universidade, pode ilustrar esse ponto. Quando apresentei a gravação de uma entrevista psicológica para uma grande turma do curso de graduação, os estudantes mostraram-se totalmente capazes de escutar e dizer que o paciente nesse ponto estava enraivecido, naquele ponto triste, e assim por diante. Mas, quando apresentei a mesma entrevista para a pequena turma do meu seminário de mestrado, composto de estudantes com formação profissional, eles mostraram-se, surpreendentemente, menos capazes de ouvir e discernir os sentimentos dos pacientes. Os ingênuos calouros e segundanistas podiam ouvir a comunicação do paciente e perceber o que estava acontecendo; os sofisticados estudantes graduados, que conheciam toda a dinâmica e a mecânica das reações humanas, relataram-me o que haviam lido nos livros, formulações dessa ou daquela dinâmica: o conhecimento deles sobre o comportamento humano como fatos discretos externos interferiram no modo de ouvir e ver a pessoa na fita. Efetivamente, isso tornou as suas reações, falando empiricamente, *menos* precisas. Havia, é claro, o fator competitivo que os deixava ansiosos; os estudantes da graduação, numa turma de cento e cinquenta alunos, não têm medo de ser escolhidos e receber uma nota ruim, mas alguns dos estudantes do mestrado precisavam da minha recomendação para passar ao próximo estágio do mesmo. Todavia, a nossa ideia principal se mantém: na perpétua acumulação de fatos sobre fatos, o estudante perde a sua relação imediata com o assunto; a máquina de fórmulas e testes intervém entre o estudante e os seres humanos que ele pretensamente procura compreender. Há então uma distância cada vez maior entre os nossos sentidos e os nossos dados.

Acredito que há algo fundamentalmente errado nessa abordagem da educação. O Doutor René J. Dubos, do Instituto Rockfeller, disse que havia revisto todas as descobertas científicas importantes dos últimos séculos – como as de Darwin, Freud e Einstein – e nenhuma delas foi feita pela acumulação de dados. As descobertas são feitas, antes, pela percepção, pelos cientistas, da *significação dos relacionamentos*, o *padrão significativo entre os fatos*.

As maçãs têm caído nas cabeças das pessoas desde que, pela primeira vez, o homem ergueu-se sobre duas pernas e caminhou sob macieiras. Mas Isaac Newton foi aquele que percebeu a significação desse evento. E bastou que uma só maçã caísse na cabeça de Newton. O nosso estudante contemporâneo, no seu trabalho de bacharelado, é atingido tantas vezes na cabeça por maçãs acadêmicas e fica tão zonzo que a sua sensibilidade e a sua percepção ficam tão embotadas que tem cada vez menos chances de perceber a significação do que está acontecendo. Assim, tudo o que ele pode fazer é resignar-se em contar quantas maçãs caem e fazer uma bonita fórmula sobre a razão das vezes que elas atingem a sua cabeça. A partir daquilo que dizem os estudantes, aí está, nas cabeças machucadas por maçãs, um comentário melancólico sobre grande parte da educação universitária moderna.

Infelizmente, esses processos despersonalizantes ajustam-se, inevitavelmente, a grande parte do que temos ensinado há vários anos. Temos dito aos estudantes que eles são apenas um reflexo das necessidades e forças sociais e não surpreende que eles tenham vindo a acreditar. Temos dito aos estudantes que eles são meros feixes de reflexos condicionados, que a liberdade e a escolha são ilusões e eles já acreditam. Não deveríamos nos surpreender, então, que eles se sintam despersonalizados e imobilizados e, por conseguinte, sintam ansiedade. Permitam-me dizer, desde logo, que não sugiro que quaisquer teorias psicológicas ou sociológicas particulares sejam responsáveis pelo nosso transe histórico. As teorias e formas de educação são tanto *reflexos* como causas da nossa situação cultural; e, todos nós, quaisquer que sejam os nossos pontos de vista, compartilhamos a responsabilidade pelos problemas que estou examinando. Antes, estou enfatizando que, uma vez que grande parte da ansiedade dos estudantes está vinculada às tendências na nossa cultura que impregnaram a própria educação, não precisamos olhar para muito longe para compreender a ansiedade dos estudantes.

Quando fui convidado a fazer uma palestra sobre esse problema diante dos reitores e diretores das universidades e escolas secundárias da Nova Inglaterra, fui descortês o bastante para mostrar-lhes que o próprio modo como eles haviam definido o tópico que me propuseram reflete as tendências despersonalizantes na nossa cultura. O tópico proposto era: "O que as universidades e escolas podem fazer para reduzir a ansiedade e aumentar a produtividade nos anos de aprendizado?" Tome, por exemplo, a frase "*reduzir* a ansiedade". No meu exemplo do "fogo", no começo desse capítulo, seria muito pouco construtivo, obviamente, *reduzir* a ansiedade, dar à pessoa um tranquilizante sob a influência do qual ela pode ser carbonizada sem dor. O eclipse da consciência que, como vimos, ocorre na ansiedade neurótica tem, exatamente, o efeito de perpetuar a ansiedade ao evadir as suas causas; e penso que o estado de espírito tranquilizante na nossa cultura tem causa e efeito semelhante.

Até onde se trata de ajudar os estudantes, o nosso objetivo deveria ser transferir a ansiedade de uma forma neurótica para uma construtiva, isto é, ajudar o estudante a identificar o que ele genuinamente teme – e o que deveria temer – e, por conseguinte, ajudá-lo a proceder para superar a ameaça. E isso vale para cada um de nós na sua própria relação com a sua própria ansiedade. Seria irracional para o estudante, ou para qualquer um de nós, não ficar ansioso no tipo de mundo em que vivemos. "A ansiedade é o nosso melhor mestre", escreveu Kierkegaard. E continuou: "Eu diria que aprender a conhecer a ansiedade é uma aventura que todo homem tem que enfrentar se não quiser perder-se, seja por não ter conhecido a ansiedade, seja por ter sucumbido a ela. Portanto, aquele que aprendeu corretamente a ficar ansioso aprendeu o que de mais importante há".

Note-se também a frase, no tópico acima: "aumentar produtividade". Tenho tentado dizer que a ênfase excessiva sobre a produtividade na educação é, exatamente, a causa da ansiedade. *É a máquina que produz; o homem cria*. De minha parte, eu veria antes o cultivo, nos nossos campi, da coragem e da possibilidade de enfrentar a solidão, uma redescoberta da meditação, um desenvolvimento de atitudes que valorizem a quietude e a oportunidade do estudante ponderar e pensar, antes que a infindável ênfase na produtividade. Não há evidências suficientes de que você, eu e os nossos estudantes não podemos acompanhar, de qualquer maneira, a produção da máquina, particularmente com a iminente emergência da cibernética? Talvez a própria máquina provar-nos-á que não temos outra escolha senão a de sermos humanos! Então compreenderemos – e espero ajudar os nossos estudantes a compreenderem – que o homem faz algo de muito maior importância: ele pode perceber a *significação*, pode descobrir *significados*. E, com a sua imaginação, pode fazer o que a máquina nunca poderá, isto é, fazer planos e escolher objetivos.

Assim, parece-me que a coisa necessária principal para ajudar os estudantes e qualquer um de nós a enfrentar a sua ansiedade construtivamente é reconsiderar o processo e os fins da educação. Estou argumentando que a ênfase excessiva na doutrina de Bacon, do conhecimento como poder, e a preocupação concomitante de obter poder *sobre* a natureza, bem como sobre nós mesmos, no sentido de nos tratarmos como objetos a ser manipulados, ao invés de seres humanos cuja meta é expandir um viver significativo, resultaram na validação do eu por critérios externos – o que, com efeito, significa a *invalidação* do Eu. Isso tende a contrair a consciência individual, bloquear a sua percepção e, assim, favorecer a ansiedade não construtiva que vimos acima. Eu proponho que a meta da educação é exatamente o oposto, ou seja, *a ampliação e aprofundamento da consciência*. Na medida em que a educação pode ajudar o estudante a desenvolver *a sensibilidade, a profundidade de percepção* e, acima de tudo, a capacidade de perceber *formas significativas* no que está estudando, estará desenvolvendo, ao mesmo tempo, a capacidade dele de lidar construtivamente com a ansiedade.

Vimos acima que a ansiedade não construtiva predomina em virtude da contração da consciência do indivíduo. Logo, a própria ampliação da consciência é a maneira fundamental de enfrentar a ansiedade.

Uma ideia final que quero assinalar tem a ver com a importância dos valores. Eu disse, no começo desse capítulo, que a ansiedade é a reação à ameaça aos valores que identificamos com a nossa existência como um eu. Agora, acrescento um corolário: *uma pessoa pode enfrentar a ansiedade à medida que os seus valores são mais fortes do que a ameaça.* Isso combina, agora, diversas implicações feitas ao longo desse capítulo: a desintegração dos valores na nossa cultura é básica para a prevalência da ansiedade destrutiva nos nossos dias, nos campi, bem como no resto da sociedade.

É a vivência de valores íntimos do estudante que fornece o núcleo em torno de que ele conhece a si mesmo como pessoa e também que lhe dá algo com que comprometer-se. No meu tempo de universidade, encontrávamos certos valores na religião com os quais podíamos comprometer-nos, valores econômicos no novo socialismo, valores no pacifismo, valores na política e valores na defesa do esclarecimento na arte, no sexo e na religião. Infelizmente, o estudante de hoje parece ter apenas duas áreas que o desafiam em algum sentido fundamental: as relações internacionais, na forma do *Peace Corps*, e as relações raciais.

O que podemos fazer para tornar o clima nos nossos campi mais propício ao desenvolvimento de valores? Certamente, não podemos trazer de volta valores antigos, por alguma via exterior. Mas podemos ajudar-nos a nós mesmos e aos nossos estudantes a redescobrir as fontes de escolhas de valor, na sabedoria acumulada do passado do homem. Isso significa, em primeiro lugar, uma nova valorização das ciências humanas. Quando Dean Barzun, da Universidade de Colúmbia, prevê o declínio das graduações nas ciências humanas porque o propósito da graduação tornou-se predominantemente aprender a ganhar a vida, e as ciências humanas foram tecnologizadas junto com o resto da nossa cultura, devemos levá-lo a sério; mas também podemos tentar dar alguns passos para conter essa tendência. Proponho que um novo entendimento da importância crítica da *capacidade de avaliar* do homem ajudaria a redescobrir as ciências humanas, não como "passatempos" de lazer para velhas senhoras ociosas, mas como o próprio sangue e nervos das nossas escolhas de valores que podem converter essas massas de fatos em civilização.

O que é importante, ao lidar com a ansiedade, não é que os professores deem para os estudantes os *conteúdos* dos valores, mas que os estudantes aprendam o *ato de avaliar*. Note-se que enfatizo aqui "valor" como um verbo. No momento da ansiedade, se o estudante será capaz ou não de utilizar e crescer na experiência depende da sua habilidade em escolher os seus valores naquele instante.

Isso aponta, finalmente, para o tema do *engajamento*. A ansiedade é usada construtivamente quando a pessoa é capaz de relacionar-se com a situação, fazer a sua avaliação e, depois, comprometer-se com um curso de ação, um modo de vida. Nos campi desse país, até a última década, notei que éramos comprometidos com uma política de não comprometimento, um questionamento de todas as coisas pelo mero intuito de questionar. Acredito que isso mudou e os estudantes agora anseiam – em níveis muito profundos, no mínimo submersos das suas personalidades – por algumas atitudes, modos de vida, acerca dos quais podem ter uma preocupação fundamental e com os quais podem comprometer-se. Suspeito que os nossos estudantes – novamente em níveis que, frequentemente, podem não ser muito articulados – dão-se conta de que os objetivos comumente aceitos de adaptação e sobrevivência não são suficientes e que Aristóteles estava certo quando disse: "Não a vida, mas a boa vida, deve ser valorizada". Talvez estejamos entrando numa época (confio que a minha esperança não seja uma ilusão) em que professores, artistas e intelectuais de todos os tipos não pedirão desculpas por engajarem-se – quando, como Sócrates, questionaremos corajosamente porque acreditamos ainda mais corajosamente.

PARTE II

As fontes da ansiedade

Uma vez que a ansiedade é o denominador comum da experiência interior dos indivíduos desses dilemas, procuraremos, aqui, uma perspectiva histórica da ansiedade. Exploraremos o curioso relacionamento triangular entre a ansiedade de uma pessoa, o seu grau de consciência e os seus valores.

4

As raízes históricas das teorias modernas da ansiedade

Aventurar-se causa ansiedade, mas não aventurar-se é perder-se. E aventurar-se, no mais alto sentido, é, precisamente, estar consciente de si mesmo.

(Kierkegaard)

Na América, tem sido dito que achamos que a história começa com a leitura das atas da última assembleia. Ou, mais especificamente, na psicologia, a história começa com os resultados do nosso último experimento.

Essa atitude anti-histórica é um fruto inteiramente compreensível dos nossos antecedentes pioneiros, como deverei mostrar mais tarde: todo pioneiro teve que começar do nada. Mas as ciências sociais parecem carecer, em particular, de um sentido dinâmico de como a história as molda e forma, e parecem especialmente truncadas pela suposição de que elas brotam, como Atena, toda paramentada, da testa de algum Zeus do século XIX. E, em especial, a psicologia foi empobrecida pela falta de um sentido de história dinâmico, orgânico. Pois, se não sentirmos concretamente o fato de que as pessoas que estudamos, bem como os nossos próprios métodos e nossos próprios eus, são produtos de vários milhares de anos de arte, linguagem, exploração, reflexão e outros aspectos da consciência humana emergente, ter-nos-emos cortado as nossas próprias raízes. Extirpar a história é amputar a nossa ligação arterial com a humanidade.

Uma visão histórica deveria ajudar-nos a ver como certas forças e eventos culturais definiram e moldaram as atitudes e os padrões de comportamento subjacentes aos nossos conflitos psicológicos contemporâneos. Uma perspectiva histórica também pode ajudar a livrar-nos do perigo sempre presente – especialmente nas ciências sociais – de tomar como absolutos uma teoria ou um método que são, na verdade, relativos ao fato de que vivemos num dado momento do tempo no desenvolvimento da nossa cultura particular. Finalmente, uma perspectiva histórica pode ajudar-nos a ver as fontes comuns dos problemas humanos, bem como os objetivos humanos comuns.

Mas a nossa tarefa, nesse capítulo, não consiste, simplesmente, em reunir fatos históricos. Procuramos, antes, compreender a história como um processo dinâmico que é incorporado e opera nas suposições inconscientes de cada um de nós, assim como opera nas pressuposições inconscientes da nossa cultura como um todo. Como as experiências genéticas da criança são "fundação para o homem", também os padrões que se desenvolveram historicamente na nossa cultura moldaram e condicionaram cada um de nós como membros da sociedade. O paciente que chega ao consultório de um psicoterapeuta traz consigo e incorpora na estrutura do seu caráter os padrões e influências históricas que têm sido dominantes na cultura. Quando um paciente, por exemplo, tenta racionalizar a sua ansiedade, atribuindo-a a essa ou àquela "causa" intelectualmente respeitável, ou quando se recusa a admitir que a ansiedade pode ter origens além das "razões" lógicas que ele dá, não está se comportando, meramente, de acordo com um capricho individual. Ele está agindo como uma criança bem-educada do período histórico moderno – um período que, desde o tempo de Descartes, no século XVII, até o nosso no século XX, pressupõe uma dicotomia entre a razão e a emoção.

Assim, a ansiedade do indivíduo e as suas maneiras de enfrentá-la são condicionadas pelo fato de *ele se encontrar num determinado ponto no desenvolvimento da sua cultura*. De maneira semelhante, as diferentes teorias da ansiedade, sejam as apresentadas por Spinoza, no século XVII, ou por Kierkegaard, no século XIX, ou por Freud no século XX, só podem ser entendidas enquanto cada teoria for vista como desenvolvida para iluminar as experiências geradoras de ansiedade nas pessoas daquele estágio particular no desenvolvimento histórico da cultura. Embora prevista por Dilthey, no século XIX, essa abordagem histórica foi amplamente omitida nas investigações psicanalíticas. Mas as exigências da nossa situação histórica, no século XX – os próprios dilemas que discutimos –, forçaram-nos a compreender que um aspecto profundamente importante do desenvolvimento da estrutura do caráter estava sendo negligenciado nas nossas investigações. Agora que a importância central da dimensão cultural dos problemas psicológicos foi admitida por todas as partes, pode bem ser que a dimensão histórica seja a próxima área a obter reconhecimento nos nossos esforços para entender os problemas psicológicos do homem.

Nas próximas páginas, preocupar-nos-emos, principalmente, com as contribuições dos filósofos para a teoria da ansiedade, uma vez que foram eles que articularam e formularam o significado dos seus períodos históricos. Análises semelhantes poderiam ser feitas dos aspectos econômicos, religiosos e artísticos de um período histórico. E, por causa da relativa unidade da cultura num dado período, confio que tais análises de diferentes abordagens chegariam a conclusões quase semelhantes. Também deveria dizer que não trato as formulações filosóficas como causa ou efeito, mas, ao invés, como uma expressão do desenvolvimento cultural total de um período. Os filósofos determinados cujas formulações tornaram-se importantes para o seu século e os subsequentes são aqueles que tiveram sucesso em penetrar e articular o significado e a direção dominantes do desenvolvimento das suas culturas. É nesse sentido que as formulações feitas pelos líderes intelectuais de um século tornam-se moeda corrente, na forma de pressupostos inconscientes, de uma grande quantidade de pessoas, nos séculos seguintes.

Na Idade Média, o período do qual nasceu a nossa idade moderna, a sociedade era coletivista num sentido normal. Cada cidadão, servo, sacerdote ou cavaleiro sabia o seu lugar na hierarquia da Igreja e do feudalismo; e todas as emoções eram canalizadas nas cerimônias comunitárias e religiosas. Os valores de vida aceitos eram claros, bem como a maneira de alcançá-los. "Todas as emoções requeriam um sistema rígido de formas convencionais, pois sem elas a paixão e a ferocidade teriam devastado a vida"[1]. Veremos, bastante estranhamente, que os problemas que enfrentamos atualmente são quase opostos.

Uma mudança radical ocorreu com a Renascença e a Reforma, no estabelecimento de uma nova e entusiástica crença no poder do indivíduo, junto com um interesse novo e concreto pela natureza física. Essas mudanças tiveram, como um dos seus resultados psicológicos óbvios, o aumento da confiança do indivíduo de que os problemas podiam ser superados pela sua própria coragem, pelo conhecimento que pudesse obter pelo estudo, em viagens e seguindo a orientação da sua própria consciência em assuntos religiosos e éticos. Quando jovem, Descartes, por exemplo, saiu a viajar de maneira algo semelhante àquela com que, nos dias de hoje, aderimos a um programa de mestrado. O método que se tornou o instrumento da nova de-

---

1. Johan Huizinga. *The Waning of the Middle Ages*. Nova Iorque, 1924, p. 40.

voção ao conhecimento e à razão individual foi a matemática, quando a álgebra foi emprestada dos maometanos e introduzida na Europa Ocidental, através da Espanha, no século XIII. O entendimento e o controle da natureza física tornaram-se, então, a preocupação dominante e entusiástica do homem ocidental. Esse empreendimento foi grandemente acelerado pela dicotomia cartesiana entre mente e corpo, com o seu corolário de que a natureza física e corporal podia ser entendida pelas leis matemáticas e mecânicas.

No final da Renascença, isto é, no século XVI, há diversos escritores que, embora raramente estudados em vinculação com os desenvolvimentos modernos da psicologia, apresentavam ideias germinais para o período moderno. Um deles é Giordano Bruno (mais tarde executado na fogueira pela Inquisição), cuja ideia da Criação como círculos concêntricos, com o eu no centro, deu a orientação filosófica original para o Modernismo. Outro é Jacob Boehme, um místico alemão, precursor do pensamento protestante, que escreveu, com profunda lucidez, sobre a relação entre a ansiedade e o esforço criativo individual. E um terceiro é Paracelso, um médico da Renascença que enfatizava a influência da vontade e da decisão próprias do paciente na conquista da saúde. É com Paracelso, segundo Tillich, que o médico começou a assumir, na cultura moderna, o papel que o sacerdote desempenhara medievalmente.

O princípio intelectual orientador dessa revolução cultural que, começando na Renascença, resultou na derrubada do Feudalismo e do Absolutismo e, finalmente, levou à supremacia da burguesia, foi a crença nas *capacidades racionais do indivíduo.* Isso foi denominado como confiança na "razão autônoma" por Tillich, e como "razão matemática" por Cassirer, uma vez que a matemática era concebida como o instrumento principal da razão. Em contraste com o coletivismo medieval, era enfatizado nos séculos XV e XVI que cada homem era um indivíduo racional que podia chegar à autonomia na sua vida intelectual, econômica, religiosa e emocional. No século XVII, após a Renascença, essa ênfase emergente na razão individual recebeu a sua formulação filosófica na obra de Descartes, Spinoza, Leibniz e outros. Esse século, que no seu grupo de poderosos pensadores seminais também incluiu Locke, Galileu e Newton, produziu as ideias que iriam dominar a maior parte do período moderno até nossa época.

O "pai da filosofia moderna", Descartes, foi particularmente interessante, à medida que fez da razão individual a base para a identidade psicológica do eu, no seu famoso princípio: "Penso, logo existo". Conta a lenda que, certa manhã, Descartes rastejou para dentro do seu forno, determinado a elaborar um conceito básico para a sua filosofia e, à noite, saiu dele com o princípio acima. Essa lenda é um símbolo figurativo para o isolamento do indivíduo, que foi sempre um aspecto do racionalismo legado a nós pelo século XVII. Podemos ver as implicações individualistas da asserção de Descartes de que a função do pensar é a base da identidade, comparando-a ao nosso conceito contemporâneo de que o eu *conscientiza-se da sua identidade em um contexto social*: por exemplo, a criança descobre que é um eu quando vê a si mesma como diferenciada e em relação com outras pessoas na sua família.

Descartes fez uma distinção nítida entre a mente e os processos do pensamento, por um lado, e o corpo, pelo outro. O pensamento tem *intenção*, como ele afirma, e o corpo a natureza tem *extensão*. Essa dicotomia perseguiu-nos nos últimos séculos e foi um ponto focal para o problema da ansiedade. Na época, porém, a consequência principal da dicotomia de Descartes era o seu corolário de que o corpo, como tudo de natureza física, era compreensível e controlável por leis matemáticas e mecânicas. O caminho estava pavimentado para a crescente preocupação, na época atual, com fenômenos que são suscetíveis de tratamento matemático e mecânico, e para a crescente supressão da experiência não mecânica, chamada "irracional". Essa supressão de tudo que não fosse mecânico andou de mãos dadas, como causa e efeito, com as necessidades do novo industrialismo que seguiu-se à Renascença. Pois o que pudesse ser calculado e medido tinha utilidade prática na rotina do mundo industrial e o que fosse irracional não.

Ora, a confiança de que o corpo e a natureza física eram matematicamente controláveis teve efeitos de grande alcance na dissipação da ansiedade. Deu esperança de que se superasse as ameaças concretas de natureza física, bem como a promessa da vasta expansão das capacidades do homem de satisfazer as suas necessidades materiais. Ambas essas promessas seriam, mais tarde, totalmente justificadas pelo grande progresso nas ciências físicas e na industrialização. Além disso, abriu-se um caminho para *livrar o homem de medos irracionais, para dissolver as multidões de medos de demônios, de feiticeiros e de formas de magia* que haviam sido os focos da penetrante ansiedade dos últimos dois séculos da Idade Média, bem como na própria Renascença. Como disse o Professor Tillich, os cartesianos, através do pressuposto de que a alma não podia influenciar o corpo, foram capazes de "desencantar o mundo". Um exemplo disso é que a perseguição às bruxas, que ocorrera durante a Renascença até o início do século XVIII, foi superada através das formulações cartesianas.

Spinoza deu o passo final no século XVII: ele procurou *tornar as emoções humanas controláveis através da razão matemática*. Assim, ele apresentou-nos uma ética na forma de geometria. Não tentaremos resumir as astutas conclusões psicológicas de Spinoza, embora possamos assinalar que ele antecipou, quase palavra por palavra, alguns conceitos psicanalíticos e psicossomáticos. Ao invés, consideraremos somente a sua crença de que o medo poderia ser superado pelo uso correto da razão. O medo, acreditava ele, é essencialmente um problema subjetivo: "Eu vi que todas as coisas que temia e que me temiam não tinham nada de bom ou de mau em si mesmas exceto na medida em que a mente fosse afetada por elas"[2]. Ele sustentava que o medo e a esperança sempre andam juntos: "O medo não pode existir sem a esperança, nem a esperança sem o medo"[3]. Ambos esses afetos são característicos da pessoa em dúvida (isto é, a pessoa que não aprendeu o uso correto da razão). O medo, escreveu ele, "decorre de uma fraqueza da mente e portanto não pertence ao uso da razão... Portanto – concluiu – quanto mais nos empenhamos em viver sob a orientação da razão, menos nos empenhamos em depender da esperança e mais nos entregamos a libertar-nos do medo e superar a fortuna, tanto quanto possível; e, finalmente, dirigir as nossas ações pelo conselho certo da razão"[4]. A orientação de Spinoza sobre como superar o medo era consistente com a ênfase racional geral da época: as emoções não são reprimidas, mas, antes, tornam-se tratáveis pela razão. É verdade, sustentava ele, que uma emoção só pode ser superada por uma emoção contrária e mais forte; mas isso pode ser realizado dando-se atenção para "o ordenamento dos nossos pensamentos e imagens... Devemos pensar na coragem da mesma maneira, para pôr de lado o medo, ou seja, devemos enumerar e imaginar os perigos comuns da vida e de que maneira eles podem melhor ser evitados e superados pela coragem"[5].

---

2. "Tratado sobre a correção do entendimento", em '*A ética de Spinoza*', edição Everyman. Londres, 1910, p. 227.

3. "Origin and Nature of the Emotions". Ibid., p. 131.

4. "The Strenght of the emotions". Ibid., p. 175.

5. "Power of the intellect". Ibid., p. 208.

É a palavra "certo" que salta aos olhos nos escritos de Spinoza sobre o medo; a remoção da dúvida, da esperança e do medo só é possível se nos dirigimos pelo conselho *certo* da razão. É óbvio que se acreditarmos, como Spinoza podia acreditar, no seu século, que essa certeza intelectual e emocional pode ser alcançada – se pudéssemos, por exemplo, ter tanta certeza acerca de um problema ético como acerca de uma proposição geométrica – resultaria uma segurança psicológica incalculável. Essa fé pode parecer muito atraente, mas dificilmente atingível para os ansiosos cidadãos do século XX. Portanto, para compreender a confiança de Spinoza, devemos recordar que o clima de expansão cultural do século XVII era radicalmente diferente daquele de Kierkegaard, Kafka e Freud nos séculos XIX e XX.

Outra razão por que Spinoza podia ter uma tal confiança era a base ética e religiosa ampla e profunda do seu pensamento, que salvou-o das dicotomias do racionalismo contemporâneo do século XVII. Mas Spinoza fala do medo, não da ansiedade. A sua análise situa-se apenas no limiar do problema da ansiedade. Ele aponta, por vezes, para a ansiedade, como ao justapor a esperança e o medo, mas não ultrapassa o limiar. Ele parece ter sido capaz de resolver os seus problemas no nível do medo e, por isso, o problema central da ansiedade não intromete-se no seu pensamento. Concluímos que, dada a situação cultural na qual viveu, a confiança de Spinoza na razão serviu-lhe satisfatoriamente.

MAS OUTRA VOZ, discordante, vem do século XVII: a de Blaise Pascal. Embora, como os líderes intelectuais seus contemporâneos, no seu gênio matemático e científico, Pascal foi excepcional por não ter compartilhado a confiança dominante na razão individual e por ter vivenciado diretamente o problema da ansiedade. Ele não acreditava que a natureza humana, em toda a sua variedade e contradição, pudesse ser compreendida pela razão matemática, nem que a certeza racional fosse possível no campo das emoções do homem, em qualquer sentido semelhante à certeza da geometria e da física. Ele questionava a confiança dominante na razão porque ela fracassava em levar suficientemente em conta o poder das emoções. A sua clássica sentença: "O coração tem razões que a razão desconhece", é uma formulação admirável do problema para Freud e a psicanálise, dois séculos depois. Pascal tinha um tremendo respeito pela razão e, com efeito, acreditava que ela era a base da moralidade, mas destacava que a razão, no indivíduo, é influenciável em todos os sentidos na prática concreta. E a razão é usada, muito frequentemente, na racionalização por vaidade, interesse particular e injustiça.

Pascal estava diretamente preocupado com a ansiedade, não apenas com aquela que ele próprio sentia, mas também com a que acreditava observar nos seus semelhantes. Citava como evidência a "inquietude perpétua na qual os homens passam as suas vidas"[6], e o fato dos incessantes esforços das pessoas através de distrações para escapar dos "seus próprios pensamentos". Ele vinculava a ansiedade com a situação precária, contingente do homem. Na verdade, Pascal conhecia bastante sobre o dilema humano. É por isso que as suas palavras, com frequência, soam tão eloquentemente modernas e falam tão diretamente da nossa condição.

Sugerimos que a confiança na razão, como interpretada pelos líderes intelectuais do século XVII, serviu para dissipar a ansiedade. Essa tese tem uma certa confirmação em Pascal, alguém que não compartilhava dessa confiança – e que, na verdade, não havia realmente absorvido a confiança da Renascença

---

6. *Pascal's Thoughts*, traduzido por Carter. Craig. Nova Iorque, 1825, p. 110.

no indivíduo – seria aquele que ao mesmo tempo não podia evitar a ansiedade.

A despeito da refutação de Pascal, a confiança na razão individual triunfou e serviu como um conceito unificador e central nos séculos XVII e XVIII. O problema, na nossa investigação histórica, torna-se agora esse: Como esses pensadores foram capazes de superar as tendências para o *isolamento psicológico inerente à natureza individualista dessa razão*? Se Descartes, como porta-voz da sua época, encontra a sua identidade pessoal no fato de que ele, como indivíduo trancado no seu forno, é capaz de pensar, como ele construirá a ponte com a sua comunidade? Como ele é capaz de escapar a profundos sentimentos de isolamento e a consequente ansiedade? Se Leibniz faz da mônada o seu conceito básico, uma realidade discreta sem comunicação com as outras mônadas, como ele, e como a época pela qual ele fala, serão capazes de escapar a um sentimento de separação individual básica? Na realidade, os sentimentos de isolamento eram disseminados no individualismo nascente da Renascença. Esse problema tinha que ser resolvido, se se quisesse alcançar a comunidade psicológica e dissipar-se a constante ameaça da ansiedade ser expulsa.

Uma resposta clara a esse problema foi dada, no pensamento do século XVII, pela crença na harmonia preestabelecida. Na sua forma econômica, tratava-se da crença de que se cada homem perseguia os seus próprios motivos econômicos individuais, lutava competitivamente pelo seu próprio ganho econômico, a sua luta redundaria, ao mesmo tempo, no benefício do seu grupo social. Esse era o famoso conceito econômico do *laissez-faire*. No nível psicológico, acreditava-se que a livre exploração da razão individual levaria, automaticamente, à harmonia das conclusões do indivíduo com aquelas dos seus camaradas e, daí, à harmonia do indivíduo com a sociedade. No nível filosófico, Leibniz expôs isso mais claramente na sua afirmação de que cada mônada estava em harmonia preestabelecida com as outras mônadas e com a realidade universal. Assim, na teoria, o homem que corajosamente perseguia a razão individual não precisava sentir-se isolado e, portanto, ansioso. Essa teoria era um sólido reflexo do estado cultural dos séculos XVII e XVIII; o empenho econômico individual *laissez-faire*, por exemplo, nos estágios de expansão do capitalismo aumentou tremendamente a capacidade de satisfazer as necessidades materiais de todos. Houve um progresso surpreendente, de longo alcance, na ciência, na difusão do conhecimento e na ampliação da base dos direitos políticos do indivíduo, em harmonia com a crença na razão individual e o seu corolário harmonístico.

Dado o meio cultural no qual Spinoza, Leibniz e outros viveram e professaram, parece que a sua confiança na razão individual serviu-lhes satisfatoriamente. Pois aquela foi uma época – de modo geral paralela ao século V da Grécia Antiga – em que a cultura movia-se na direção da unidade nos seus símbolos básicos. Assim, os cidadãos encontravam na sua sociedade e, particularmente, na religião e na educação, mais apoio psicológico.

MAS UMA CRESCENTE falta de unidade começou a adensar-se em meados do século XIX e, depois, tornou-se aparente e muito mais extensa no século XX[7]. Essa falta de unidade andou de mãos dadas com o grande progresso que havia sido feito na aplicação da razão matemática e das leis mecânicas à natureza física. As realizações de grande alcance das ciências físicas, com a promessa de tornar a natureza servil ao homem, junto com o enorme progresso da industrialização e a sua promessa de satisfazer as necessidades físicas humanas, deu amplo suporte para

---

7. Descrevi isso, com algum detalhamento, no meu livro *O significado da ansiedade* (1950).

a grande confiança que havia sido depositada no esforço de entender e controlar a natureza pelas leis mecânicas. Por volta do século XIX, a confiança inicial na razão individual, como relacionada a todos os aspectos da vida, havia mudado para uma *ênfase nas técnicas* e na aplicação da razão, cada vez mais exclusivamente, a problemas técnicos.

Assim, no século XIX, a crença na razão autônoma, com o seu corolário de confiança na harmonia automática, começou a ruir. Os proféticos pensadores daquele século – Kierkegaard, Nietzsche e Marx, por exemplo – viram o que estava ocorrendo e descreveram as fissuras na cultura contemporânea que iriam, mais tarde, causar ansiedade generalizada. Marx chamou a atenção para o fato de que, enquanto o empenho econômico individual aumentara o bem-estar social durante as fases de expansão da industrialização, ele servia agora a um propósito contrário, na fase do capitalismo monopolista e, na realidade, favorecia a *alienação* e a *desumanização* do homem. Nietzsche advertia para o fato de a ciência estar se tornando uma "fábrica" e temia consequências niilistas. Esse século XIX foi caracterizado por Cassirer como a era das "ciências autônomas". Faltava um princípio unificador. "Cada pensador individual dá-nos o seu próprio quadro da natureza humana", era o comentário de Cassirer sobre o século XIX e, enquanto cada quadro baseia-se em evidências, cada "teoria torna-se uma cama de Procusto na qual os fatos empíricos são esticados para caber num padrão preconcebido"[8]. Cassirer acreditava que esse antagonismo de ideias constituía uma grave "ameaça a toda extensão da nossa vida ética e cultural"[9].

---

8. Cassirer, Ernst. *An Essay on Man*. New Haven: Yale University Press, 1944, p. 21.

9. Ibid., p. 22.

A crescente falta de unidade e compartimentalização na cultura do século XIX pode ser vista claramente no lado psicológico. Reside na tendência para ver o homem como consistindo de diferentes "faculdades" – por exemplo, a razão, a emoção e a força da vontade. Supunha-se que nosso homem do século XIX, como um negociante ou um industrial de sucesso, tomava decisões pela razão prática e, depois, impunha essas decisões pela força da vontade. Assim, vemos esse cidadão do século XIX *tentar resolver os seus problemas psicológicos pessoais pelos mesmos métodos que haviam sido tão eficientes para dominar a natureza física e tão bem-sucedidos no mundo industrial.* A dicotomia entre mente e corpo do século XVII tomava agora a forma de uma separação radical entre razão e emoção, com o esforço voluntarista (a vontade) entronizado como agente de decisão – e isso geralmente resultava na negação das emoções. A crença do século XVII no *controle racional* das emoções tornara-se agora o *hábito de reprimir* as emoções.

Essa falta de unidade cultural e psicológica iria produzir a falta de unidade interior e o trauma e, portanto, a ansiedade, num enorme número de pessoas no século XX. Isso também criou o duplo problema da ansiedade para Kierkegaard e Freud: Como a dicotomia entre razão e emoção pode ser superada, e como o indivíduo isolado pode alcançar a comunidade com os seus semelhantes?

Assim Freud e Kierkegaard, como Nietzsche e Schopenhauer, buscaram, de maneiras diferentes, redescobrir as fontes dinâmicas reprimidas, inconscientes, ditas "irracionais" do comportamento do homem, e uni-las com as funções racionais do homem. Somente em contraste com os antecedentes da compartimentalização, no século XIX, é que as descobertas de Freud relacionadas ao inconsciente, e as suas técnicas desenvolvidas para ajudar o indivíduo a alcançar uma nova unidade, podem ser entendidas. Da mesma maneira, contra esse antecedente histórico, podemos entender as restrições de Freud contra a psicologia e a medicina acadêmicas dos seus dias – ambas as disciplinas que estavam preocupadas com os elementos do comportamento que podiam ser isolados, tabulados e medidos de acordo com os métodos tradicionais do racionalismo matemático. Essas restrições não eram, meramente, a expressão do preconceito ou do destempero de Freud, mas representavam uma questão real, ou seja, a necessidade urgente de superar a dicotomia entre a razão e a emoção.

Uma vez que a obra de Freud, em si, não cabe adequadamente num estudo de raízes históricas, passemos agora àquele espantoso gênio de meados do século passado, Sören Kierkegaard. Kierkegaard só foi reconhecido nesse país nas últimas duas décadas, enquanto, na Europa, é conhecido há meio século como um dos maiores psicólogos de todos os tempos.

O pequeno livro de Kierkegaard, *O conceito de ansiedade*, foi publicado pela primeira vez em 1844[10]. Temos apenas que comparar Kierkegaard com Spinoza para avaliar como o clima cultural do século XIX era diferente daquele do século XVII. Spinoza e Kierkegaard tinham, ambos, bases religiosas e éticas amplas para o seu pensamento e ambos eram notavelmente dotados de lucidez e intuição psicológicas. Mas, enquanto Spinoza, na sua época, buscava, com sucesso considerável, a certeza racional na forma de provas geométricas no seu tratamento do medo, Kierkegaard escreveu, no seu tempo: "no mesmo grau em que aumenta a excelência da prova, a certeza parece diminuir". Aquele que "observou a geração contemporânea não negará, certamente, que a incongruência nela e a razão para a sua ansiedade e inquietude é essa: numa direção, a verdade aumen-

---

10. Traduzido para o inglês por Walter Lowrie e publicado sob o título *The Concept of Dread*. Princeton, 1944.

ta em extensão, em massa e também, parcialmente, em clareza abstrata, enquanto a certeza diminui constantemente"[11]. A certeza, acreditava ele, era uma qualidade interna da integridade, só alcançável pelo indivíduo que pudesse pensar, sentir e agir como uma unidade psicológica e ética.

Kierkegaard rejeitava, enfaticamente, o racionalismo tradicional como artificial. Ele argumentava, veementemente, que o sistema de Hegel, que identificava o pensamento abstrato com a realidade, era uma maneira de enganar os homens e levá-los a evitar a realidade da sua situação humana. "Afastem-se da especulação", apelava, "afastem-se do 'sistema' e voltem à realidade!"[12] Insistia que o pensar não pode ser divorciado do sentir e do querer, que "a verdade existe para o indivíduo particular somente enquanto ele a produz na ação"[13]. Quer dizer, a realidade só pode ser abordada e vivenciada pelo indivíduo total como um organismo que sente e age, bem como pensa. Assim, de uma maneira um tanto semelhante à de Schelling, Nietzsche e mesmo Feuerbach e Marx, pelo lado sociológico, Kierkegaard procurava superar a dicotomia entre razão e emoção voltando a atenção dos homens para a realidade da experiência imediata subjacente à subjetividade e à objetividade.

Atacando especificamente o problema da ansiedade, Kierkegaard observou que escapamos da ansiedade neurótica na medida em que nos libertamos como indivíduos e, ao mesmo tempo, alcançamos a comunidade com os nossos semelhantes. Para ele, a liberdade individual seria radicalmente distinta da mera *liberdade* de restrições e objeções, que havia sido uma concepção dominante de liberdade desde a Renascença; e seria

---

11. Ibid., p. 124.

12. Lowrie, Walter. *A Short Life of Kierkegaard*. Princeton, 1944, p. 116.

13. *Concepf of Dread*, p. 123.

ainda mais distinta da pseudoliberdade mecânica, vazia, do participante típico das nossas modernas rotinas comerciais e industriais burguesas.

Para Kierkegaard, a liberdade significava uma expansão da autoconsciência e da capacidade para agir responsavelmente como um eu. Significava uma capacidade sempre crescente de corresponder às nossas possibilidades, tanto no desenvolvimento individual como no aprofundamento das relações com os nossos semelhantes, juntamente com uma concretização dessas possibilidades. Essa realização das possibilidades é um contínuo aventurar-se em novas áreas, como é visto, muito simplesmente, no caso da criança em crescimento. Por isso Kierkegaard sustentava que a *liberdade sempre envolve ansiedade potencial*. A ansiedade, como ele a colocava epigramaticamente, é "a vertigem da liberdade". Deveríamos enfatizar que Kierkegaard via essa ansiedade como "normal", não "neurótica"; o seu conceito foi um precursor do que Otto Rank descreveu, mais tarde, como a ansiedade inerente à individuação e que Kurt Goldstein descreveu como a ansiedade normal no enfrentamento do indivíduo com os inescapáveis choques do crescimento e da experiência. Um elemento essencial na compreensão da ansiedade humana é que a gama de possibilidades de desenvolvimento do homem é muito maior do que a dos animais[14]. Quanto maior for a liberdade potencial do indivíduo, sustentava Kierkegaard, ou, como poderíamos defini-la por outro ângulo, quanto mais possibilidades criativas tem um homem, maior o seu potencial de ansiedade.

Mas uma característica distinta do homem é a sua capacidade de *conscientização* das suas próprias possibilidades. Isso leva Kier-

---

14. Cf. a descrição da liberdade de movimentos do homem em relação ao seu mundo feita pelo biólogo Portmann – a "abertura para o mundo" do homem – citada antes no capítulo 1.

kegaard ao seu importante conceito da relação do *conflito* com a ansiedade. A ansiedade da criança muito pequena é "ambígua", "irreflexiva"; ela não é consciente da separação entre ela própria e o seu ambiente. Mas, com o desenvolvimento da autoconsciência na criança – o que é expresso em alguns círculos, embora eu considere inadequadamente descrito, como o desenvolvimento das funções do ego e do superego – entra em cena a escolha consciente. A criança torna-se ciente de que os seus desejos e metas podem envolver choques com os pais e o desafio a eles. A individuação (tornar-se um eu), agora, só é obtida ao preço de enfrentar a ansiedade inerente a tomar uma posição *contra*, bem como *com*, o seu ambiente. A autoconsciência torna possível o desenvolvimento individual dirigido pelo eu. Essa autoconsciência é a base para a responsabilidade, o conflito interior e o sentimento de culpa no indivíduo em crescimento.

Não temos espaço para avançar até o tratamento penetrante e frutífero, embora difícil e talvez controverso, dado por Kierkegaard ao conflito, à criatividade e à culpa. É suficiente dizer que ele acreditava que o conflito interior e o sentimento de culpa são sempre concomitantes da criatividade. Eles não devem ser denominados como neuróticos, nem resultam na ansiedade neurótica, desde que o indivíduo possa enfrentar as suas crises criativas e resolvê-las para expandir mais o eu. Por exemplo, toda possibilidade criativa no desenvolvimento envolve algum aniquilamento do passado, algum rompimento com padrões ou formas passadas; avançar faz surgir o inevitável espectro do isolamento dos nossos semelhantes e dos próprios padrões anteriores; tem-se a tentação de permanecer num âmbito familiar e seguro, e não se aventurar. Mas somente avançando se conquista a individualidade, apesar do conflito, da culpa, do isolamento e da ansiedade. Se não se avança, o resultado é fundamentalmente a *ansiedade neurótica*.

Para Kierkegaard, a ansiedade neurótica é o resultado do *retraimento* que ocorre porque a pessoa tem medo da liberdade.

Esse retraimento envolve o bloqueio de áreas de liberdade de experiência ou de consciência. Neste ponto, temos uma enunciação primitiva do processo que foi mais tarde chamado de "repressão" por Freud e de "dissociação" por Sullivan. Como esses dois estudiosos posteriores do homem, Kierkegaard acreditava que, quando tentamos evitar o confronto com um temor "real" ou com uma experiência envolvendo a "ansiedade normal", engajamo-nos num bloqueio da consciência e da experiência, que tem a ansiedade neurótica como consequência ulterior. O termo adequado de Kierkegaard para neurose era *hermetismo*. A pessoa hermética não é fechada *consigo* mesma, mas de si mesma, bem como das outras. A personalidade é caracterizada por várias formas de rigidez, aprisionamento, vacuidade e tédio.

A pessoa hermética não tem comunicatividade, enquanto "a liberdade", escreveu Kierkegaard, "é comunicar-se continuamente". Assim, os círculos concêntricos do eu ampliando-se e aprofundando-se envolvem, ao mesmo tempo, a expansão dos círculos das relações significativas com os seus semelhantes. Ele acreditava que as duas fontes da ansiedade neurótica – a falta de unidade do eu e a falta de concordância com os semelhantes – são superadas por processos simultâneos; superar um é, ao mesmo tempo, superar o outro. Mas nenhum deles pode ser realizado a menos que o indivíduo tenha coragem de confrontar e avançar através das experiências de isolamento e ansiedade que são "normais", no sentido de que não podem ser evitadas se quisermos preencher as nossas possibilidades na realização do ser eu. Assim, é compreensível que Kierkegaard considerasse a ansiedade como uma mestra; na verdade, ele sustentava que a ansiedade é uma professora melhor que a realidade, pois a realidade pode ser temporariamente evitada enquanto a ansiedade é uma educadora sempre presente que você carrega consigo mesmo.

NESSE CAPÍTULO – se me for permitido um gesto tão acadêmico como oferecer um resumo – esbocei brevemente dois problemas na nossa exploração histórica: a dicotomia entre razão e emoção e o isolamento do indivíduo em relação à sua comunidade. Eu mostrei que esses problemas eram e são fundamentais para o problema da ansiedade no período moderno. Indiquei como esses problemas eram enfrentados, e como a ansiedade inerente a eles era, numa medida considerável, dissipada durante a maior parte do período moderno desde a Renascença, por várias formas da crença de que, se o indivíduo perseguisse energicamente o seu próprio ganho econômico e a sua própria razão, disso resultaria, automaticamente, a harmonia com os seus semelhantes e o seu mundo metafísico. Descrevi como essa crença perdeu a sua eficácia, no século XIX, quando a razão individual tornou-se uma repressão intelectualista e a economia de *laissez-faire* tornou-se uma racionalização para a desumanização e a mecanização do indivíduo.

Em conclusão, posso apenas sugerir como esses problemas estão relacionados ao problema da ansiedade no século XX. Primeiro, desejo apresentar a hipótese de que, quando os pressupostos, as suposições inconscientes de valores, numa sociedade são geralmente aceitos, o indivíduo pode fazer face às ameaças com base nesses pressupostos. Ele então reage às ameaças com medo, não com ansiedade. Mas quando os pressupostos, numa sociedade, são eles mesmos ameaçados, o indivíduo não tem bases nas quais orientar-se, quando é confrontado com uma ameaça específica. Uma vez que a *cidadela íntima da sociedade está, ela própria, num estado de confusão e mudança traumática durante tais períodos*, o indivíduo não tem um terreno sólido sobre o qual fazer frente às ameaças específicas que o confrontam. O resultado para o indivíduo é a desorientação profunda, a confusão psicológica e, por isso, a ansiedade e o pânico agudo ou crônico. Ora, não é esse o estado da nossa cultura no século XX? A minha crença é, em outras palavras, que a desintegração dos pressupostos da nossa cultura histórica, que mostrei nesse capítulo, está intimamente relacionada com a ansiedade disseminada no século XX. E também está relacionada às dificuldades particulares do dilema humano que devemos confrontar na nossa época.

Num tal período, quando a sociedade não provê mais o indivíduo com a orientação psicológica e a ética adequadas, ele é forçado, frequentemente em desespero, a olhar profundamente para si mesmo para descobrir uma nova base de orientação e integração. É essa necessidade que gerou a psicanálise e a psicologia dinâmica; com efeito, a ajuda ao indivíduo para descobrir uma nova unidade em si mesmo é a grande contribuição da psicologia, desde Freud. A satisfação dessa necessidade do homem moderno para descobrir em si mesmo o seu significado também é o que gerou o desenvolvimento do existencialismo.

Mas, a respeito do outro e maior problema – a construção de novas formas de comunidade psicológica e ética, de modo que o indivíduo possa relacionar-se significativamente com seus semelhantes num trabalho criativo e no amor – a nossa tarefa apenas começou. Acredito que a solução desse desafio e, assim, a superação de uma fonte primordial de ansiedade, requer o trabalho combinado não apenas de psicólogos e psicopatologistas, mas também dos trabalhadores em todos os campos da ciência social, bem como da religião, da filosofia e das artes. Eu disse que, nos períodos em que os valores têm unidade e coerência, o cidadão tem meios de enfrentar e lidar com a sua ansiedade. Quando os valores estão desunidos, o indivíduo, sentindo-se sem amarras, tende a evadir-se e reprimir a sua ansiedade normal. Assim, ele prepara o terreno para o desenvolvimento da ansiedade neurótica. Por conseguinte, os valores e a ansiedade estão intimamente relacionados. É a isso que passaremos agora.

5

A ansiedade e os valores

Nenhuma pessoa pode viver sem avaliar. Avaliar é criar; Ouçam, ó criadores! Sem a avaliação, a noz da existência é oca. Ouçam, criativos!

(Nietzsche)

A qualidade distintiva da ansiedade humana decorre do fato de o homem ser um animal avaliador, o ser que interpreta a sua vida e o mundo em termos de símbolos e significados e os identifica com a sua existência como eu. Isso será explorado nesse capítulo. Como Nietzsche observava: "O homem deveria ser denominado o 'avaliador'". É a ameaça a esses valores que causa ansiedade. Na verdade, defino a ansiedade como *a apreensão sugerida por uma ameaça a algum valor que o indivíduo sustenta como essencial para a sua existência como um eu.* A ameaça pode ser à própria vida física, isto é, a morte; ou à vida psicológica, isto é, a perda da liberdade. Ou pode ser a algum valor que a pessoa identifica com a sua existência como eu: o patriotismo, o amor de uma pessoa especial, o prestígio entre os seus pares, a devoção à verdade científica ou à crença religiosa.

Uma ilustração clássica e dramática disso é vista no comentário do simplório Tom, a quem Wolf e Wolff[1] estudaram por diversos meses no seu importante trabalho sobre a ansiedade e

1. Stewart Wolf & H.G. Wolff. *Human Gastric Function*. Nova Iorque: Oxford University Press, 1943.

as funções gástricas no Hospital de Nova Iorque. Os leitores do relatório lembrar-se-ão que Tom e a sua esposa ficam acordados durante toda uma noite, preocupados se ele manteria o emprego no laboratório do hospital ou se teria que voltar a viver com o seguro-desemprego do governo. Na manhã seguinte, os registros da atividade gástrica para a ansiedade de Tom foram os mais altos de todos os já encontrados naqueles estudos. O ponto significativo, para os médicos, é o comentário de Tom: "Se eu não pudesse sustentar a minha família, pularia do cais do porto". A ameaça por trás da grande ansiedade de Tom não era, assim, aquela da privação física – ele e a sua família poderiam sobreviver com o seguro-desemprego – mas era, antes, uma ameaça ao *status* que ele, como muitos homens na nossa sociedade, sustentava como mais importante do que a vida: a capacidade de cumprir o seu papel como pai provedor da sua família de classe média. A perda desse *status* equivaleria a não existir como pessoa.

Vemos exemplos semelhantes na área do sexo. A gratificação sexual em si, é claro, é um valor. Mas, a toda vez que tratamos pacientes em psicoterapia, notamos que a gratificação física, em si, é apenas uma pequena parte da questão, pois uma pessoa será envolvida por conflito e ansiedade quando for rejeitada sexualmente por um parceiro, mas não por outro. Obviamente, outros elementos – o prestígio, a delicadeza, a compreensão pessoal – dão à experiência sexual com um parceiro um valor que o outro não tem. É justo dizer, incidentalmente, que, quanto menos madura for a pessoa, mais valor tem a simples gratificação física em si e menos diferença faz quem dá a gratificação; porém, quanto mais madura e diferenciada for a pessoa, mais esses outros fatores, como a delicadeza e o relacionamento pessoal com a outra pessoa, determinam o valor da experiência sexual.

A morte é a ameaça mais óbvia que causa ansiedade, pois a menos que se acredite na imortalidade, o que não é comum na nossa cultura, ela representa a anulação final da existência de alguém como eu. Mas imediatamente notamos um fato muito curioso: algumas pessoas *preferem morrer a ter que renunciar a algum outro valor.* A perda da liberdade psicológica e espiritual era, não raramente, uma ameaça maior que a própria morte para as pessoas sob as ditaduras da Europa. "Dê-me liberdade ou a morte" não é, necessariamente, um lema histriônico ou a evidência de uma atitude neurótica. Na verdade, há razões para acreditar, como observaremos mais tarde, que isso pode representar a forma mais madura do comportamento *distintivamente humano.* Com efeito, Nietzsche, Jaspers e outros dos mais completos existencialistas mostraram que a vida física, em si mesma, não é plenamente satisfatória e significativa até que se possa escolher conscientemente outro valor que se considere mais caro do que a própria vida.

Qual é a origem desses valores que, ameaçados, resulta em ansiedade? Obviamente, o primeiro valor do bebê é o carinho, a nutrição e o amor que ele recebe da sua mãe ou de substitutos parentais; uma ameaça a eles, sendo, de fato, uma ameaça à existência da criança, dá origem a uma ansiedade profunda. Mas, conforme seu amadurecimento prossegue, os valores transformam-se. Eles convertem-se em desejo de ser aprovado pela mãe, por exemplo, depois, em ter "sucesso" aos olhos dos pais ou pares e, mais tarde, de *status* em termos culturais; e, finalmente, no adulto maduro, os valores podem tornar-se devoção à liberdade, a uma crença religiosa, ou à verdade científica. Eu não proponho isso como uma escala exata de amadurecimento; pretendo apenas ilustrar, em termos gerais, que o amadurecimento envolve uma transformação contínua dos valores originais identificados com a existência de alguém, a ameaça aos quais causa ansiedade; e que, no ser humano normal, esses valores tomam um valor crescentemente simbólico.

É um erro pensar nesses valores subsequentes como *meras extensões* do valor original de preservação do carinho e do amor maternos; ou pensar que todos esses valores, simplesmente, são diferentes disfarces da satisfação de necessidades primárias. Na pessoa em desenvolvimento surgem capacidades que lhe rendem uma *nova gestalt*; sobre o padrão da evolução emergente, a pessoa em amadurecimento desenvolve continuamente novas capacidades a partir das antigas, novos símbolos, e valores numa nova forma. Por certo, quanto mais a ansiedade de um indivíduo é neurótica, mais ele está, provavelmente, tentando satisfazer, ano após ano, os mesmos valores que mantinha nos seus estágios primitivos: como sabemos de tantos casos clínicos, ele ainda busca, repetida e compulsivamente, o amor e o carinho da mãe. Mas, quanto mais saudável a pessoa, menos os seus valores como adulto podem ser compreendidos como a soma das suas necessidades e instintos anteriores.

A capacidade emergente mais importante no ser humano é a de relacionar-se com o seu eu. Ela começa em algum momento depois dos primeiros meses e, provavelmente, está bastante desenvolvida na criança aos dois anos. Daí em diante, os valores do amor e do carinho tomam um novo caráter: eles não são, simplesmente, algo *recebido*, mas são objeto de uma reação por parte da criança com algum grau de autoconsciência. Agora, ela pode *aceitar* o carinho da mãe, *desafiá-lo*, *usá-lo* para várias formas de demandas de poder ou o que quer que seja. Um paciente numa clínica relatava que, ainda muito novo, aprendera a colocar as mãos contra a parede e dar um empurrão, desequilibrando a sua cadeirinha para que os seus pais o amparassem. Aqui, o valor envolvido não era a autoconservação, ou seja, ser salvo de cair no chão (ele tinha treinado tão bem os seus pais que essa contingência nunca aconteceu). Antes, o valor obtido era a satisfação e a segurança envolvidas no seu poder de forçar os seus pais a ficar "pisando em ovos", prontos para pular em auxílio dele.

Podemos ver como o valor do amor também desenvolve uma nova característica quando observamos que, na pessoa madura – o adulto com algum grau de autonomia –, é necessária alguma escolha, alguma afirmação consciente, alguma participação deliberada para amar e aceitar amor, caso se queira que a experiência do amor gere satisfação plena. Então, o valor reside em ser capaz de dar para a outra pessoa assim como dela receber. Esse indivíduo maduro pode bem sentir a mais severa ansiedade se a sua oportunidade de dar amor ao parceiro for ameaçada.

Assim, para compreender a origem dos valores – a ameaça aos quais, como vimos, causa ansiedade – devemos evitar dois erros. O primeiro é o erro de não relacionar o valor às necessidades primitivas de amor e carinho. Mas o segundo erro é pensar que a questão é só essa e negligenciar o fato de que qualidades emergentes na pessoa fazem com que o valor ameaçado, em cada estágio de desenvolvimento, seja genuinamente novo.

EXAMINEMOS agora essa capacidade distintiva do ser humano de relacionar-se consigo mesmo, uma capacidade que é crucialmente significativa para compreender a ansiedade humana. É a capacidade do homem de situar-se fora de si mesmo, saber que ele é o sujeito bem como o objeto da experiência, ver-se como o ente que está agindo no mundo dos objetos[2]. Essa qualidade única que distingue o homem do resto da natureza foi descrita, como indicamos antes, de várias maneiras por Goldstein e outros. No início da sua obra, Hobart Mowrer, seguindo Korzybski, cha-

---

2. Já discutimos essa capacidade dialética do homem no capítulo 1, quando a relacionamos ao dilema humano e à obra de Portmann.

mou-lhe qualidade de vinculação temporal do ser humano: "a capacidade de trazer o passado para o presente como parte do nexo causal total no qual os organismos vivos comportam-se (agem e reagem) é a essência da 'mente' e da 'personalidade' indistintamente. Howard Liddell informa-nos que as suas ovelhas podem conservar o tempo por cerca de dez minutos e os seus cachorros por cerca de uma hora. Mas o ser humano pode conservar o tempo até o futuro distante – pode planejar décadas ou séculos; e, deveríamos acrescentar, pode preocupar-se sobre o seu futuro e sentir ansiedade ao antecipar a sua própria morte final. Isso faz de nós os mamíferos históricos que podem "ver o antes e o depois, e ansiar pelo que não é". Por entender o passado, podemos moldar e, numa pequena medida, influenciar o futuro. A neurose, como mostrou Lawrence Kubie, tem a sua fonte na distorção dessas funções simbólicas, como resultado da dicotomia entre os processos conscientes e inconscientes que começam cedo no desenvolvimento de cada criança humana.

Foi Adolf Meyer, assim sugere Sullivan, quem sustentava que o ser humano opera numa hierarquia de organização e que as funções fisiológicas deveriam ser vistas como subordinadas às funções integradoras e, particularmente, à capacidade do homem de usar símbolos como instrumentos[3]. Aqui, o que é importante para compreender a ansiedade é que o homem, o usuá-

---

3. Penso que é muito importante no trabalho experimental com seres humanos, na área da ansiedade e noutras áreas, *definir o contexto* da pessoa particular sendo estudada; ou seja, perguntar que significado simbólico ela dá à situação e quais são os seus valores no experimento, naquele momento particular. Ou se o experimentador está isolando uma reação particular do ser humano autoconsciente, isso também deveria ser evidenciado e definido. Pois o significado real dos dados neurofisiológicos, bem como os dados de outros tipos, só serão compreendidos quando vistos no contexto da pessoa autoconsciente, ou seja, a pessoa como avaliadora.

rio de símbolos, interpreta a sua experiência em termos simbólicos e guarda esses símbolos como valores, os quais, se ameaçados, causam profunda ansiedade. Logo, o entendimento da ansiedade não pode jamais ser separado dos símbolos éticos, os quais não são um aspecto do meio normal do ser humano. Através da sua capacidade social distintiva para ver a si mesmo como os outros o veem, para imaginar-se empaticamente na posição do seu semelhante ou de um estranho, a pessoa pode orientar as suas decisões à luz de valores de longo prazo, que são a base da ética e, portanto, a base da ansiedade moral.

Emprego os termos "símbolos" e "valores" incidentalmente, no sentido de *quintessência* da experiência. Eles são uma "síntese" dos relacionamentos e satisfações mais reais; e, assim, uma ameaça ao valor simbólico, como a bandeira ou o *status* de Tom, pode ter um tremendo poder de causar ansiedade.

Os valores de um indivíduo e a sua ansiedade, como vimos no último capítulo, são condicionados pelo fato de que ele vive numa dada cultura, num momento particular do desenvolvimento histórico daquela cultura. Isso não ocorre, de modo nenhum, apenas porque a pessoa cresceu entre outras e, portanto, reflete as suas opiniões, mas porque é da essência da natureza do homem interpretar os seus valores no contexto da sua relação com outras pessoas e das expectativas dessas. Tom, que acreditava que tinha que ser um macho autossustentável de classe média, estava validando a si mesmo por valores que têm sido dominantes na sociedade ocidental desde a Renascença. Como Fromm, Kardiner e outros deixaram claro há muito tempo, o valor dominante desde então tem sido o prestígio competitivo, medido em termos de trabalho e sucesso financeiro. Se isso é alcançado, a pessoa sente-se uma pessoa e a sua ansiedade é aliviada; caso contrário, ela está sujeita a uma poderosa ansiedade e perda do sentido de ser um eu.

Entretanto, surgiu um fato curioso nas últimas duas décadas: esse valor competitivo dominante foi, aparentemente, revertido. David Riesman conta-nos em *The Lonelly Crowd* – A multidão solitária – que, atualmente, os jovens raramente têm o objetivo do sucesso competitivo; eles não querem ser os primeiros na escola, mas, antes, estar juntos na metade superior. E, reparemos bem, eis que o valor dominante não é mais, então, passar à frente do próximo, mas ser como qualquer outro – ou seja, conformar-se. Logo, a pessoa valida a si mesma ajustando-se ao rebanho; o que a faz presa da ansiedade é ser diferente, destacar-se. Esse desenvolvimento tem sido parte dos problemas especiais, nas décadas recentes, de anti-intelectualismo, caça às bruxas, de desconfiança sobre a pessoa original e criativa, e a tendência geral de evitar a ansiedade assumindo uma coloração protetora.

Chegamos agora à forma especial de ansiedade chamada solidão. Freud, Rank e outros sugeriram que toda ansiedade pode ser, no fundo, ansiedade de separação. E, assim, a solidão – a consciência da separação – pode bem tornar-se a forma mais dolorosa de ansiedade *imediata* e *consciente*. Os valores culturais da conformação, o ajustamento do "tipo radar", que reflete os seus sinais da multidão ao seu redor, estão relacionados à prevalência da solidão nos nossos dias, sobre os quais Sullivan e Fromm-Reichmann escreveram brilhantemente. A solidão é uma experiência comum daqueles que se conformam, pois enquanto, por um lado, eles são levados a conformar-se por causa da solidão, por outro lado a validação do eu por meio de tornar-se como os outros reduz o seu sentido de eu e a sua experiência de identidade pessoal. O processo favorece o vazio interior, causando, assim, uma solidão ainda maior.

Diremos que, desde a Renascença, nessa mudança da competição para a conformidade, o valor dominante e, por isso, o *locus* para a gênese da ansiedade mudou? Sim, em parte. Certamente, uma das razões mais claras para a prevalência da ansiedade na nossa cultura é o fato de que vivemos numa época em que quase todos os valores sociais estão mudando radicalmente, em que um mundo está morrendo e o novo ainda não nasceu.

Mas não há uma explicação mais específica, subjacente a ambos os valores do sucesso competitivo, dominante da Renascença até recentemente, e o seu oposto evidente e atual, a conformidade? Não decorrem ambos de uma só causa: *a ruptura do relacionamento do homem ocidental moderno com a natureza*? Desde a Renascença, o homem apaixonou-se cegamente pelo objetivo de obter poder sobre a natureza. Ele transformou o amplo conceito de razão, dos séculos XVII e XVIII, na razão técnica, nos séculos XIX e XX, e dedicou-se à exploração da natureza. Desde a dicotomia cartesiana, no século XVII, entre a experiência subjetiva e o mundo objetivo, o homem ocidental procurou, progressivamente, ver a natureza como sendo totalmente separada dele, e pensou que poderia melhor estudá-la e "conquistá-la", fazendo-a inteiramente objetiva e impessoal.

A profunda solidão e isolamento que isso acarretou já era sentida por Pascal, no século XVII, que disse:

> Quando penso no breve período da minha vida, envolvido pela eternidade antes e depois dele, o pequeno espaço que ocupo ou mesmo o que vejo, engolfado na infinita imensidão de espaços que não conheço e que não me conhecem, sinto medo e surpreendo-me ao ver-me aqui ao invés de lá; pois não há razão por que eu devesse estar aqui ao invés de lá, agora ao invés de então.

Como os homens modernos foram *bem-sucedidos* em validarem a si mesmos pelo poder sobre a natureza por vários séculos, a solidão e o isolamento inerente a essa situação tornaram-se disseminados somente no nosso século. Particularmente com o advento da bomba atômica, os leigos sensíveis, bem como os cientistas, começaram a vivenciar a solidão de serem estrangeiros no universo; e isso fez muitos homens ocidentais, como Pascal, sentirem medo. A nossa solidão e ansiedade contemporâneas vão, assim, mais fundo que a alienação do mundo natural.

Mas, e a natureza humana, também é parte da natureza? A resposta é que os métodos que foram tão magnificamente bem-sucedidos em medir e dominar a natureza inanimada eram aplicados à natureza humana no século XIX. Concebíamos a nós mesmos como objetos a ser pesados, medidos e analisados. Então era inevitável que nos víssemos como tão *impessoais* quanto a natureza inanimada. A natureza humana tornou-se alguma coisa sobre o que obter poder, manipular e explorar – como exploramos o carvão nas nossas montanhas e o aço que moldamos para as carcaças dos nossos automóveis.

Assim, o homem moderno combatia numa guerra não declarada contra si mesmo. O "conquistar a nós mesmos", do século XIX vitoriano, tornou-se o "manipular a nós mesmos", no XX. O dilema humano de um sujeito relacionando-se com um objeto, que descrevemos no nosso primeiro capítulo, foi pervertido no sujeito "eu", explorando o resto de mim, o objeto impessoal "isso". Então se estabelece um círculo vicioso – do qual um dos resultados é o congestionamento das nossas clínicas psicológicas. O círculo vicioso pode encontrar alívio, desde que continue nessa forma deteriorada do dilema, somente a diminuição do sujeito, ou seja, na redução da consciência. Mas, ai de nós!, não podemos a longo prazo esperar que a cura venha de mais aplicações da mesma doença que procuramos curar.

Diversos indícios mostram movimentos, na nossa sociedade, no sentido de recuperar uma relação compatível com a natureza. A física moderna é um movimento assim. Como disse

Werner Heisenberg, a essência da física moderna é que a visão copernicana de que a natureza deve ser estudada "lá fora", inteiramente separada do homem, não é mais sustentável; a natureza não pode ser entendida à parte do envolvimento subjetivo do homem, e vice-versa[4]. O novo interesse do Ocidente pelo pensamento oriental, nos seus aspectos saudáveis, aponta na mesma direção. O pensamento oriental nunca sofreu a nossa cisão radical entre sujeito e objeto, entre eu-a-pessoa e o mundo "lá fora" e, portanto, escapou ao caráter ocidental de separação da natureza e consequente solidão[5]. Em todo caso, não podemos entender a ansiedade do homem ocidental moderno, exceto se o virmos na sua "vinculação" histórica, como o herdeiro de vários séculos de divisão radical entre sujeito e objeto, com a sua consequente relação desintegrada com a natureza.

Posto que a ansiedade é a reação a uma ameaça aos valores que alguém identificou com a sua existência, ninguém pode escapar à ansiedade, pois nenhum valor é inexpugnável. Essa é a ansiedade normal inevitável. Além disso, os valores estão sempre em processo de mudança e reforma. A única saída evidente – embora frustre o eu – para a ansiedade que ocorre numa época de transformação de valores é cristalizarmos os mesmos em dogmas. E dogmas, sejam da variedade religiosa ou científica, são uma segurança temporária adquirida ao preço da renúncia a oportunidades de aprendizado originais e novos crescimentos. Os dogmas levam à ansiedade neurótica.

AGORA, DEVEMOS diferenciar a ansiedade normal da neurótica, pois sem um conceito de ansiedade normal somos incapa-

---

4. Cf. referência a Heisenberg no capítulo 1.

5. É claro que não estou me referindo, aqui, aos modismos e aos interesses cultuais do pensamento oriental, nem à fuga do homem ocidental para modos de pensar orientais a fim de escapar da realidade de nossa própria ansiedade e alienação.

zes de discernir a forma neurótica. A ansiedade *normal* é a ansiedade que é proporcional à ameaça, não envolve repressão e pode ser confrontada construtivamente no nível consciente (ou pode ser aliviada se a situação objetiva é alterada). A ansiedade *neurótica*, por outro lado, é a reação que é desproporcional à ameaça, envolve repressão e outras formas de conflito intrapsíquico, e é administrada por diversos tipos de bloqueio da atividade e da consciência. A ansiedade vinculada à "solidão da fama" e à "solidão do corredor de longa distância", sobre a qual nos falam os filmes, pode ser vista como ansiedade *normal*. A ansiedade que vem da conformação, para escapar a essa solidão, é a transformação *neurótica* da ansiedade normal original.

Na realidade, a ansiedade neurótica desenvolve-se quando uma pessoa foi incapaz de enfrentar a ansiedade normal, na época da crise concreta no seu crescimento e à ameaça aos seus valores. A ansiedade neurótica é o resultado final da ansiedade normal anteriormente evitada.

A ansiedade normal é mais evidente nos passos da individuação que ocorre a cada estágio do desenvolvimento de uma pessoa. A criança aprende a caminhar e deixa a segurança passada do cercado; sai para a escola; na adolescência, aproxima-se do sexo oposto; mais tarde, sai de casa para ganhar a sua própria vida, casa e, finalmente, terá que separar-se dos seus valores imediatos no seu leito de morte. Não quero dizer que esses eventos são necessariamente crises concretas, embora sempre o sejam *potencialmente*; antes, quero indicar que todo crescimento consiste na renúncia, causadora de ansiedade, de valores passados, conforme eles são transformados em valores mais amplos. O crescimento, e com ele a ansiedade normal, consiste na desistência da segurança imediata em favor de objetivos mais extensos, sendo a morte o passo final nessa sequência. Por isso, Paul Tillich insistiu, eloquentemente, no seu livro *The Courage to Be*

(A coragem de ser) que a ansiedade normal é sinônimo da "finitude" do homem. Cada ser humano sabe que morrerá, embora não saiba quando; ele prevê a sua morte através da consciência de si mesmo. Enfrentar essa ansiedade normal da finitude e da morte pode ser, de fato, o mais eficaz incentivo de um indivíduo para fazer o máximo dos meses e anos, antes que a morte o abata.

A transformação de valores e o enfrentamento da ansiedade concomitante é um aspecto da criatividade. O homem é o avaliador que, no ato mesmo de avaliar, está engajado em moldar o seu mundo, fazendo-se adequado ao seu ambiente e o seu ambiente adequado a ele. Essa inter-relação entre a transformação de valores e a criatividade indica por que a criatividade sempre foi considerada, do mito de Prometeu em diante, como inevitavelmente vinculada com a ansiedade.

Eu desejo sublinhar três implicações para a terapia nessa discussão.

Primeiro, a meta da terapia não é livrar o paciente da ansiedade. Antes, é ajudá-lo a livrar-se da ansiedade neurótica para que ele possa enfrentar a ansiedade normal construtivamente. Com efeito, *a única maneira pela qual ele pode alcançar a primeira é fazer a última*. A ansiedade normal, como vimos, é uma parte inseparável do crescimento e da criatividade; o eu torna-se mais integrado e mais forte, à medida que experiências de ansiedade normal são confrontadas com sucesso. Daí, a famosa frase de Kierkegaard: "Eu diria que aprender a conhecer a ansiedade é uma aventura que todo homem tem que enfrentar, se não quiser perder-se, seja por não ter conhecido a ansiedade ou por ter sucumbido a ela. Portanto, aquele que aprendeu corretamente como ser ansioso aprendeu a coisa mais importante".

Segundo, a nossa discussão contém graves questões sobre o uso de drogas para aliviar a ansiedade. (Excetuo os casos nos quais a ansiedade, se não fosse aliviada, levaria, ela mesma, a um colapso mais sério, ou precisa ser aliviada até o ponto em que a psicoterapia seja possível.) O efeito prejudicial do uso geral de tais drogas é óbvio, pois eliminar a ansiedade é, em princípio, eliminar a oportunidade para o crescimento. Isto é, a possibilidade de transformação de valores, de que a ansiedade é o aspecto inverso. Da mesma maneira, a ansiedade neurótica é um sintoma do fato de que algumas crises prévias não foram enfrentadas e remover o sintoma sem ajudar a pessoa a atingir o seu conflito subjacente é privá-la da sua melhor bússola e motivação para a autocompreensão e um novo crescimento.

Terceiro, esse capítulo implica que há uma relação inversa entre a solidez do sistema de valores de um indivíduo e a sua ansiedade. Ou seja, quanto mais firmes e mais flexíveis os nossos valores, mais seremos capazes de enfrentar a ansiedade construtivamente. Mas, quanto mais formos derrotados pela ansiedade, mais os nossos valores perderão força. Assim, a conquista pelo paciente de valores sólidos é, a longo prazo, uma parte integral do seu progresso terapêutico. De modo nenhum quero sugerir que o terapeuta passe valores prontos para o paciente. Tampouco quero dizer para aliviar o paciente da responsabilidade de elaborar os seus próprios valores permitindo-lhe, simplesmente, assumir os valores do terapeuta. Nem o nosso argumento alivia o terapeuta da sua responsabilidade de ajudar o paciente no processo técnico de, lenta e constantemente, revelar as raízes do seu conflito. Com efeito, isso tem que ser feito na maioria dos casos antes que o paciente seja capaz de chegar aos seus próprios valores duradouros.

Os critérios para valores maduros decorrem das características distintivas do ser humano que discutimos antes: valores maduros são aqueles que transcendem a situação imediata no tempo e abrangem o passado e o futuro. Os valores maduros transcendem também o grupo imediato a que a pessoa pertence e estendem-se para além, no sentido do bem da comunidade, abrangendo, ideal e finalmente, a humanidade como um todo. "Apaixonei-me pelo ir além de mim mesmo", proclama o jovem Orestes depois do seu decisivo ato de autonomia na peça de Robinson Jeffers[6].

Quanto mais maduros são os valores de um homem, menos importa a ele se os seus valores são literalmente satisfeitos ou não. A satisfação e a segurança residem em conservar esses valores. Para o cientista, o religioso ou o artista genuíno, a segurança e a confiança brotam da sua consciência da sua devoção à busca da verdade e da beleza, antes que da descoberta delas.

---

6. Robinson Jeffers. *The Tower Beyond Tragedy*. Nova Iorque, 1925.

PARTE III

A psicoterapia

A psicoterapia não é apenas a arte e a ciência de ajudar pessoas para quem os dilemas da existência tornaram-se especialmente severos e difíceis. E também uma excelente fonte de dados – na verdade, em muitos aspectos, a mais rica – para entender esses dilemas e como eles podem ser enfrentados. Uma vez que a abordagem existencial em psicoterapia tem sido aquela que tem tratado, mais assídua e diretamente – ainda que, às vezes, com mais audácia que elegância – desses dilemas e insistido que sejam confrontados, trataremos, aqui, particularmente, dessa abordagem terapêutica.

6

O contexto da psicoterapia

Macbeth: Não podeis medicar a uma mente adoentada.

Arrancar da memória uma tristeza enraizada,
Apagar do cérebro os problemas gravados,
E com algum doce antídoto esquecido
Tirar do peito apertado essa coisa perigosa
Que pesa no coração?

Doutor: Nisto é o paciente que deve medicar-se...

(Shakespeare, *Macbeth*)

Eu gostaria de esclarecer, de início, a relação das minhas posições com o que é chamado psicologia e psiquiatria existencial. Tenho formação psicanalítica na escola neofreudiana, interpessoal, mas em toda a minha vida tenho sido alguém que acredita que a natureza do próprio homem deve ser compreendida como uma base para a nossa ciência e arte da psicologia. Os desenvolvimentos existenciais na nossa cultura, seja na literatura, na arte, na filosofia ou na ciência, tem, precisamente, como sua *raison d'être* a busca desse entendimento do homem. Portanto, valorizo esses desenvolvimentos muito antes de ouvir sobre a psiquiatria existencial contemporânea na Europa. Mas não sou um existencialista na acepção cultista europeia. Penso que nós, nos Estados Unidos, temos que desenvolver abordagens que sejam compatíveis com a nossa experiência, e que devemos descobrir o que precisamos nas nossas próprias situações históricas – uma atitude em si que, a meu juízo, é a única "existencial".

O desenvolvimento fenomenológico e existencial, na psiquiatria e na psicologia, tem sido proeminente na Europa há várias décadas. Gostemos ou não dos termos, as questões que levaram àquele desenvolvimento são genuinamente importantes e precisam ser confrontadas diretamente. Há diversas ênfases nesse movimento que, acredito, são de especial valor e que bem podem ser de valor crescente no futuro desenvolvimento da psiquiatria e da psicologia. Permitam-me começar por essas três ênfases.

A primeira é uma nova maneira de ver a *realidade do paciente, chamada fenomenologia*[1]. O método fenomenológico recebeu a sua forma contemporânea, no continente europeu, pelo trabalho de Edmund Husserl. Ele é, essencialmente, e nos termos mais simples, o esforço de tomar o fenômeno como dado. Os fenomenologistas opõem-se à tendência na cultura ocidental, particularmente nos países anglo-saxões, de explicar as coisas exclusivamente pelas suas causas. Ao dar aulas para as minhas turmas de psicólogos e psiquiatras, cito um exemplo de comportamento neurótico ou psicótico e pergunto o que significa, as respostas dadas pelos estudantes quase nunca têm a ver com o que a experiência significa, mas porque o paciente age assim. "Ele faz isso

---

1. Hesitei quanto a usar o termo "novo", uma vez que a fenomenologia está presente em William James (ver o capítulo 9) e na obra de alguns psicólogos contemporâneos como Robert McLeod, Gordon Allport e outros. Porém ele não foi utilizado, de modo nenhum, pela importância e valor que pode ter na psicologia e na psicoterapia. Gordon Allport (1955) faz uma distinção entre a tradição leibniziana e a lockeana. Nos países em que a primeira é dominante, a fenomenologia tem sido o principal método; naqueles em que a última mantém-se hegemônica, como a Inglaterra e os Estados Unidos, os métodos dominantes são comportamentais e operacionais.

porque..." e "A causa disso é..." são as frases comuns. Por exemplo, se pergunto: "O que é vergonha?", nove de dez respostas tratarão de como a vergonha desenvolve-se e não de dizer o que quer que seja sobre o que a vergonha é. Tendemos a supor que, se temos uma explicação causal ou se descobrimos como as coisas desenvolvem-se, então descrevemos a própria coisa. Isso é um erro. Os fenomenologistas sustentam que devemos superar a tendência ocidental para acreditar que só entendemos as coisas se sabemos as suas causas e, ao invés, descobrir e descrever o que a coisa é como um fenômeno – a experiência, como nos é dada, na sua condição de "coisa dada". Quer dizer, primeiro devemos conhecer aquilo sobre o que estamos falando. Isso não significa excluir a causação e o desenvolvimento genético, mas, antes, dizer que a questão de por que alguém é o que é não tem significado até que saibamos o que alguém é.

Como terapeuta, penso que eu e os meus estudantes caímos em impasses intermináveis tentando imaginar o padrão de causa e efeito da vergonha do paciente, por exemplo. Mas, se perguntarmos: "O que ele está tentando dizer com esse rubor? Qual é a experiência na sua condição imediata de coisa dada?", descobrimo-nos não apenas livres do círculo vicioso, mas, frequentemente, somos capazes de oferecer uma súbita elucidação sobre a verdadeira natureza da vergonha. A abordagem fenomenológica não apenas acrescenta riqueza e vivacidade aos dados, mas também torna acessíveis padrões de comportamento que, antes, eram uma linguagem estranha.

A segunda ênfase na abordagem psicoterapêutica existencial é o princípio de que todas as maneiras de compreender o homem, todos os métodos de psicoterapia, baseiam-se em alguns pressupostos e cada abordagem necessita examiná-los continuamente. Esse ponto destaca-se claramente numa troca de correspondência que hoje é muito famosa; proponho citar partes dela encontradas no pequeno livro chamado *Sigmund Freud – Reminiscences of a Friendship* (Reminiscências de uma amizade), Binswanger, 1957[2]. Trata-se de uma troca de correspondência entre Ludwig Binswanger, um eminente psiquiatra existencial, e seu querido e íntimo amigo Freud. Binswanger, incidentalmente, foi o único homem com quem Freud manteve uma amizade estreita, muito embora diferissem radicalmente na teoria.

Binswanger fora convidado, pela Sociedade de Psicologia Médica de Viena, a fazer um discurso na celebração do octogésimo aniversário de Freud. Ele apresentou um artigo clássico, só recentemente traduzido para o inglês[3], no qual sustentava que Freud tinha, mais que qualquer outro desde Aristóteles, avançado a compreensão do homem como parte da natureza. Mas ele vai além, para mostrar que Freud ocupava-se do *homo natura*, ou seja, o homem natural, o homem no que os alemães chamam *Umwelt*, o ambiente, o mundo natural de pulsões e instintos. Freud tratava apenas epifenomenalmente do homem no *Mitwelt*, ou seja, o homem como um semelhante, nas relações interpessoais (nos termos de Sullivan); tampouco Freud tratava adequadamente do eu na relação consigo mesmo, a saber, o *Eigenwelt*. Por isso, continuava Binswanger, a arte, a religião, o amor (no seu sentido pleno), a criatividade e outras atividades humanas nas quais o homem transcende o simples ambiente do mundo natural, não são tratadas adequadamente pela psicanálise de Freud.

Por causa da idade e da enfermidade, Freud não foi à reunião. ("As celebrações são muito ao espírito americano!" – escreveu ele ao amigo.) Mas, ao ler o discurso, escreveu uma carta

---

2. Ludwig Binswanger. *Sigmund Freud*: Reminiscences of a Friendship. Nova Iorque, 1957.

3. Ludwig Binswanger. Being-in-the-World, traduzido com uma introdução de Jacob Needleman. Nova Iorque: Basic Books, 1963.

a Binswanger na qual expressava a sua apreciação, acrescentando: "Naturalmente, por causa de tudo o que você não conseguiu me convencer". Depois, Freud afirmou: "Provavelmente, as nossas diferenças só serão eliminadas daqui a alguns séculos". Então, Binswanger assinala no seu livro: "Como pode se ver pela última sentença de Freud, ele via as nossas diferenças como algo a ser superado pela investigação empírica, não como algo exercendo influência sobre as concepções transcendentais subjacentes a toda pesquisa empírica"[4].

Espero que a ideia de Binswanger esteja clara, apesar do fato de a palavra *transcendental* ser uma bandeira vermelha para os psicólogos americanos. Ele quis dizer que um conceito é anterior à pesquisa, e "transcende" a ela no que o conceito já determina que tipo de dado você permitirá a si mesmo ver na sua pesquisa. A visão de homem, própria da ciência natural, que Freud sustentava, junto com o seu modelo econômico, já teria "peneirado" e "selecionado" os dados da "pesquisa empírica" para ajustar-se àquele pressuposto. Isso, de modo nenhum, é uma questão da pesquisa ser pobre; é, antes, uma simples característica da observação humana – você vê o que o seu microscópio ou telescópio está focado para ver. Binswanger afirmava, assim, que as diferenças reais entre ele e Freud tinham a ver com as suposições e pressupostos sobre a natureza do homem e como estudá-lo. E ele está salientando que Freud considera impossível conceber o fato de que toda pesquisa é baseada em pressupostos.

As batalhas críticas entre as abordagens da psicologia e da psicanálise, na nossa cultura, nas próximas décadas, serão, eu proponho, no campo da imagem do homem – quer dizer, sobre as concepções de homem subjacentes à pesquisa empírica.

---

4. Binswanger. *Sigmund Freud*, p. 99.

O erro que Binswanger atacou não é ilustrado mais claramente do que na suposição, tão proeminente nos Estados Unidos, de que, de algum modo, a pesquisa científica é uma coisa que não tem pressupostos! É como acreditar que pudéssemos nos situar fora da própria pele e ficar pendurados em algum ponto arquimediano do qual observássemos toda a experiência; como se tivéssemos uma perspectiva semelhante à divina, que não depende intrinsecamente dos pressupostos que formulamos sobre a natureza do homem ou a natureza do que quer que seja que estejamos estudando; ou, como se pudéssemos ignorar totalmente o fato de que a nossa própria experiência está, a cada momento, moldando o instrumento pelo qual estudamos outra experiência.

Freud era um filho da Idade Moderna ocidental a esse respeito e nesse erro. Toda abordagem em psicoterapia ou pesquisa empírica tem inevitavelmente as suas suposições e pressupostos. Toda abordagem científica é historicamente condicionada, assim como o são as abordagens artísticas ou religiosas de qualquer tipo[5]. E só podemos fazer uma abordagem objetiva na medida em que analisamos os pressupostos em que nos fundamentamos.

O erro que resulta de não observar isso parece-me estar exposto, muito vividamente, na atual forma contraditória de muitos conceitos psicanalíticos. Tome-se, por exemplo, o conceito de ego. Na psicanálise tradicional, esse é o princípio organizador na personalidade, o princípio pelo qual é alcançada, na consciência, alguma união dos seus diferentes aspectos. Mas, nos últimos anos, os psicanalistas na tradição freudiana têm assinalado que há muitos egos diferentes na mesma pessoa. Eles

---

5. As implicações desse ponto são provavelmente negligenciadas, acima de tudo, na psicologia; cf. capítulo 14.

indicam, por exemplo, que há "a porção observadora do ego" e a "porção repressora"; o "ego da realidade", o "ego do prazer" e assim por diante[6]. Alguns dos meus colegas mais inteligentes, em Nova Iorque, agora falam em "egos múltiplos" na mesma pessoa. E estão se referindo a pessoas normais, não a neuróticas. Mas como esses muitos egos *diferentes* podem tornar-se um *princípio de unidade*? Para começar, Freud descreveu o ego como ocupando a mais difícil e frágil posição, fustigado pelo id, por um lado, pelo superego, por outro, e pelas demandas do mundo, por um terceiro lado. Essa compartição contemporânea do pobre ego em camadas sobre camadas de novas roupagens não muda os pressupostos inerentes ao conceito original. Esses pressupostos foram emprestados ao modelo econômico, científico natural de Freud, para descrever a personalidade com base numa "concepção dinâmica que reduz a vida mental à interação de forças que reciprocamente se atraem e repelem". Ora, se o ego resulta de tal suposição, ele não pode, simplesmente, tornar-se um princípio organizador adequado. *Na verdade, nenhum princípio organizador é possível, exceto o jogo de forças impessoais.* O ego está sujeito, quando é pressionado a assumir a organização, a tornar-se um grupo múltiplo de reis, todos relativamente fracos, tentando sentar-se nos mesmos tronos e, igualmente, caindo entre os mesmos[7].

---

6. Karl Menninger. *Theory of Psychoanalytic Technique*. Nova Iorque, 1958.

7. É por isso que salientei, noutro trabalho, a inadequação do conceito de ego para uma compreensão da vontade e da decisão humanas. Cf. o meu livro *Love and Will* – Amor e vontade. Petrópolis: Vozes, 1999, 4. ed. O próprio Freud, deveríamos acrescentar, adotou uma abordagem diferente na sua terapia prática e na sua vida pessoal, nas quais ele agia com a crença de que o ser humano tem uma certa unidade e liberdade pessoal de decisão. Ele parece ter sempre vivido e pensado no dilema entre o seu modelo mecanicista da mente, baseado no determinismo, e a sua experiência existencial de vida, na qual vemos um indivíduo de vontade notavelmente forte.

O quadro de múltiplos egos não é uma contradição em termos? O próprio significado de ego, ou seja, princípio unificador, desvaneceu-se. Ora, o erro não está nas observações clínicas, mas, ao invés, no próprio conceito *a priori*. É nesse conceito que a possibilidade de unidade é destruída.

Tudo isso demonstra que devemos formular a questão num nível mais profundo, isto é: "Em que ponto a própria pessoa está consciente do fato de que é esses diferentes egos". Em que ponto eu posso estar ciente de que sou o homem que possui essas várias tendências – humores, prazeres, realidades e tudo mais? Ora, no ponto em que podemos formular a questão: "Como posso estar consciente do fato de que eu sou o ser de quem esses diferentes egos são uma expressão?", estamos fazendo a questão no nível ontológico, um ponto a que já retornaremos.

Não creio que possamos ter qualquer consistência no nosso desenvolvimento ou pesquisa psicanalítica até que possamos formular a questão nesse nível, pois essa é a questão que subjaz aos distintos componentes da pesquisa. O problema de tratar com componentes de comportamento é sempre *qual é a suposição que você faz pela qual seleciona esses componentes para estudar? E de que forma você propõe uni-los?* Devemos supor alguma forma de relacionamento entre os componentes, e devemos uni-los, de uma maneira ou de outra. Esse é o ponto que requer uma investigação das concepções subjacentes que são assumidas. Com efeito, a minha ideia é altamente positiva: pois o *princípio* pelo qual você seleciona, e a *forma* com que pode esperar unir as observações, são a sua contribuição criativa para o problema. Qualquer um pode fazer a pesquisa, se posso dizer assim, se for cuidadoso, inteligente e consciente; mas a contribuição reside em ver uma nova *forma* para o problema. Não podemos esperar que a nossa matemática e a nossa metodologia assumam o fardo da nossa integridade. Insisto que não há saída para a necessidade de cada um de nós admitir e esclarecer, tanto quanto possível, os princípios e as formas nos nossos próprios pressupostos.

A terceira ênfase da abordagem psicoterapêutica existencial decorre diretamente das duas primeiras e é identificada pelo espinhoso termo de "ontologia". Já o mencionamos acima, quando nos referimos à formulação da "questão antológica". A palavra "ontologia" vem do grego *onto* (ser) e *logos* (ciência) e é a ciência ou estudo do ser. Tudo o que disse até agora, com respeito à fenomenologia e aos pressupostos nos quais estão baseadas a nossa pesquisa e a nossa compreensão da psicoterapia, empurra-nos na direção desse problema. A abordagem existencial sustenta que devemos formular a questão da natureza do homem como homem, quer dizer, a questão antológica. Por hora, quero apenas introduzir o termo e voltarei a ele mais tarde.

PASSEMOS AGORA a uma aplicação mais específica desses princípios. E comecemos com a questão: "Qual é a nossa unidade básica de estudo na psicoterapia?" É uma situação muito curiosa, quando se pensa nisso, que alguém venha ao consultório de um terapeuta, sente-se numa cadeira, num estranho mundo entre quatro paredes, com alguma expectativa de que possa ser ajudado. Como se descreveria a unidade de estudo naquela situação? Descreve-se como um paciente com um problema – um problema de fracasso na universidade, de incapacidade de amar ou casar-se, ou sei lá o quê? Essa seria a maneira antiga de definir um paciente como um problema – a "vesícula no sétimo andar", como os meus pacientes médicos dizem que ainda é o vernáculo em alguns hospitais – e deprecia tanto o paciente como a situação. Deveremos dizer, ao invés, que eis aqui um paciente histérico ou compulsivo, psicótico ou neurótico, com tais e tais sintomas? Essa é a forma comum de identificação nos nossos dias, mas proponho que também é parcial e, portanto, inadequada. Ela implica que não vemos o paciente como uma pessoa, mas como um conjunto de categorias diagnósticas sobre ele, que podem, prontamente, tornar-se as lentes confinantes pelas quais as nossas percepções são filtradas.

Ou deveremos dizer que aqui está uma pessoa que tem um problema e vem ao terapeuta porque quer ficar bem? Isso aproxima-se mais da situação real. Mas, infelizmente, é justo isso o que não sabemos; não podemos estar certos de que essa pessoa quer ficar bem. Na verdade, podemos ter certeza de que ficar bem é, precisamente, aquilo sobre o que o paciente é ambivalente; ele vem necessitando continuar doente até que outros aspectos na sua existência sejam mudados. Ela vem em conflito e os seus motivos são, com toda a probabilidade, muito confusos.

Assim, qual é a nossa unidade de estudo? Eu sugiro que podemos dizer, para começar: temos duas pessoas num dado espaço, num dado mundo. Por "mundo" quero dizer, como no sentido clássico da palavra, uma estrutura de relacionamentos significativos. Essas duas pessoas, paciente e terapeuta, têm motivos diferentes para estar aqui. Não conhecemos os motivos do paciente; entretanto, ele chegou aqui e, portanto, algum ato significativo está envolvido.

É nesse ponto que, como terapeuta, devo formular alguns pressupostos antológicos, admita-o ou não. (E estou argumentando que é muito mais salutar para todos os interessados que o terapeuta possa admitir e esclarecer francamente para si mesmo tais pressupostos.) O meu paciente sentado na cadeira. Eu não sei praticamente nada sobre ele. Mas posso supor que *ele, como todos os organismos vivos, procura preservar algum centro, e suponho que está aqui na cadeira no meu consultório no processo de fazer isso*. Assim, a primeira característica antológica é que todos os seres humanos são potencialmente centrados em si mesmos, não importa o quanto essa centralidade esteja distorcida no conflito[8]. Ao mesmo tempo, suponho que esse homem (como todos os organismos) tem o caráter de autoafirmação, ou seja, a necessidade de preservar a sua centralidade. Eu proponho que essas são características antológicas do homem como homem. Aqui, o conceito de coragem de ser de Paul Tillich (1952) é de importância fundamental. A centralidade da árvore – que é maravilhosamente desenvolvida em balanço e unidade, como qualquer um que olhe para uma árvore frondosa pode confirmar – é dada automaticamente. Mas a centralidade do ser humano depende da sua coragem para afirmá-la – e embora essa coragem a afirme, com frequência, de maneiras altamente neuróticas. Tillich sustenta que, se não tomos coragem, perdemos o nosso ser. O homem é a criatura particular na natureza, cujo ser depende da sua coragem; e, se não é capaz, por causa do grau de patologia ou circunstâncias externas terrivelmente adversas, de afirmar o seu ser, ele perde-o gradualmente.

Outra coisa a ser observada sobre esse paciente que veio ao meu consultório é que, desde logo, há um relacionamento. Mesmo antecipadamente, quando eu ou o paciente pensamos no encontro, já há um relacionamento – o que indica que eu suponho o relacionamento antes mesmo que possa observar se ele olha para mim ou para longe, se escuta atentamente ou não o faz absolutamente. O paciente, como todos os seres, *tem a necessidade e a possibilidade de sair da sua centralidade* para participar em outros seres. Ele está agora lutando com a possibilidade de participar com o terapeuta. Esse sair sempre envolve risco.

---

8. O leitor notará que formulo a minha suposição de centralidade do organismo desde o início – antes que a partir de algum "desenvolvimento de fase do ego". O fato de que a neurose e a psicose – a ruptura da centralidade – são doenças já pressupõe a suposição de centralidade.

Neste capítulo e no seguinte, estou apresentando doença e saúde e, especificamente, a neurose, com um sentido completamente diferente de qualquer um geralmente dado a eles na nossa sociedade. A partir da abordagem antológica que sugeri, vemos *que a doença é, precisamente, o método que o indivíduo usa para preservar o seu ser.* Não podemos supor, da maneira simplificada usual, que o paciente quer ficar bem automaticamente; devemos supor, antes, que ele não pode permitir-se renunciar à sua neurose, a ficar bem, até que outras condições na sua existência e na sua relação com o seu mundo sejam mudadas. A neurose é uma atividade de ajustamento que comporta o potencial criativo do indivíduo e que deve, de uma maneira ou de outra, ser transferida para os objetivos construtivos no seu processo de superar os seus problemas. O neurótico é o "artiste manqué", disse Otto Rank, e a neurose comporta as potencialidades que esperamos serão mobilizadas e redirigidas na psicoterapia.

A próxima coisa que observamos[9] sobre esse paciente, sentado defronte ao terapeuta, é que ele está participando com o terapeuta, num nível de *percepção* (*awareness*) que proponho como a quarta característica ontológica. Eu uso percepção, agora, como uma característica que é compartilhada por outras formas de vida além da humana. Um gato irá fugir se você levantar uma vara; certamente ele percebe a ameaça física à sua centralidade. O biólogo von Uexküll descreveu como organismos diferentes têm esquemas diferentes; ele os chama "planos de ação" e "planos de percepção" a respeito dos seus mundos. As árvores e plantas estão relativamente presas aos seus mundos particulares; os animais possuem um grau de liberdade maior com respeito ao

---

9. Encontro-me usando os termos "notar" e "observar" ao referir-me aos princípios ontológicos sobre a pessoa, enquanto ela está, concretamente, presente. Esses são princípios que eu suponho sobre o organismo humano *qua* organismo e observo especificamente nos indivíduos com quem trabalho.

mundo; e os seres humanos têm o maior grau de liberdade de todos. Esse âmbito aumenta com o âmbito da consciência, ou seja, a abrangência das possibilidades de relação com o mundo.

Mas, por si, o próprio princípio de percepção não é suficiente. Assim, chegamos à forma distintiva de percepção dos seres humanos, ou seja, a *consciência de si mesmo*. Há muito tempo acredito que a tendência para substituir o termo "consciência" por "percepção" (*awareness*) no nosso trabalho psicológico é desaconselhável. Certamente, a percepção ajusta-se mais facilmente ao enquadre científico convencional; é mais suscetível de ser dividida em componentes, ser estudada e experimentada em situações discretas e com modelos mecânicos nos animais e no homem. A consciência, por outro lado, é muito mais difícil de tratar em pesquisa, pois é caracterizada pelo fato de que, se a dividirmos em componentes, perdemos o que estamos estudando. A palavra "*awareness*" vem do termo de raiz anglo-saxã, *gewaer*, que, por sua vez, vem de *waer*, que se refere, com toda essa família de termos, ao conhecimento de ameaças externas – ou seja, o conhecimento do perigo, dos inimigos, um conhecimento que requer estratégias defensivas. Os cognatos dessa palavra, "*aware*" (alerta), são os termos "*wary*" (prudente) e "*beware*" (acautelar-se). A percepção é a categoria correta para Howard Liddell usar, como o faz, nos seus estudos da chamada neurose animal. Ele chama de percepção a *vigilância* deles. Por exemplo, ele descreve a foca no seu habitat natural, erguendo a sua cabeça a cada dez segundos para observar o horizonte e certificar-se de que nenhum esquimó com arco e flecha está se esgueirando. Liddell identifica essa vigilância com a contraparte simples e primitiva, nos animais, do que nos seres humanos torna-se a ansiedade.

A consciência, por outro lado, do verbo latino *conscire* refere-se ao conhecimento que é sentido *interiormente*, ou seja, saber com, não apenas com os outros, mas consigo mesmo, no sentido de consciência do fato de que eu sou o ser que tem um mundo. Eu posso estar *ciente* dessa escrivaninha em que escrevo simplesmente por tocá-la. Mas consciência refere-se, antes, ao fato de que *eu posso estar ciente de que eu sou o ser que tem essa escrivaninha.* A consciência está relacionada à minha concepção de mim mesmo como o ser que usa a escrivaninha enquanto debate-se com essas ideias que tenta esclarecer na escrita. Consciência é um termo que não se deve perder. Ele refere-se à característica ontológica central que constitui o eu na sua existência como eu, isto é, a experiência de poder estar ciente de que eu sou o ser que tem um mundo. Estamos usando o termo no sentido da descrição de Kurt Goldstein (1939) da capacidade de o ser humano transcender a situação imediata, usar abstrações e universais, comunicar-se pela linguagem e símbolos e, com base nessas capacidades, explorar e concretizar, de uma forma ou de outra, o maior leque de possibilidades (maior comparado aos animais e à natureza inanimada) no relacionar-se consigo mesmo, com os seus semelhantes e com o seu mundo. Nesse sentido, a liberdade humana tem a sua base antológica e deve ser pressuposta em toda a psicoterapia.

Proponho que a experiência inconsciente só pode ser entendida com base no nosso conceito de consciência. Devemos postular que o paciente chega como uma unidade potencial, não importa que possamos ver muito claramente que diversos sintomas neuróticos foram bloqueados e, por isso, têm um efeito compulsivo sobre ele. Não estou dizendo que essa unidade é necessariamente boa – como indiquei ao falar da "unidade de ajustamento", ela pode ser muito limitadora. Mas os próprios sintomas do neurótico, desintegradores e disjuntivos como nos parecem, por fora, são expressões do seu empenho para preservar a sua unidade. Para fazê-lo, ele tem que bloquear e recusar-se a concretizar algumas potencialidades de conhecimento e ação.

Ora, a "inconsciência" consiste nas experiências que a pessoa não pode permitir-se concretizar. As questões, no entendimento dos fenômenos inconscientes, são: "Como esse indivíduo rejeita ou aceita as suas possibilidades de ser consciente de si mesmo e do seu mundo?" "Como é possível que ele exclua algo que, num outro nível, sabe, e mesmo sabe que sabe?" A coisa que surpreende continuamente os pacientes na psicanálise e, às vezes, surpreende até o analista, é que quando uma memória ou experiência sepultada, que foi submetida a uma repressão radical, irrompe na consciência, o paciente, com frequência, relatará que tem a súbita e estranha experiência de tê-lo sabido o tempo todo. No nível da percepção, isso não faz nenhum sentido: ele não era capaz de perceber isso. Mas, noutro nível, ele *sabia* disso o tempo todo; isso está presente no fato de que teve que reprimi-lo. Então, o problema que deveríamos colocar para nós mesmos não é, apenas, ou mesmo principalmente, o de ordem mecânica, de que trauma particular bloqueou a experiência. Antes, é a questão do que está acontecendo nessa pessoa que ela não pode permitir-se vivenciar plenamente "Eu sou eu; ou sou esse ser com todas as potencialidades e possibilidades que constituem esse ser, esse eu".

Note-se que eu não sugiro que o trauma original que, hipoteticamente, levou à repressão, deva ser ignorado. Sugiro que ele, por si mesmo, não importa para a *persistência* da repressão, nem é a razão principal por que a pessoa ainda reprime a experiência.

QUERO AGORA explorar o problema do surgimento e do significado da consciência, referindo-me ao mito e ao complexo de Édipo. A situação edípica é considerada básica no trabalho de Freud, como todos sabemos, e está presente em praticamente todas as outras escolas de terapia, de uma maneira ou de outra. Na formulação de Freud, ela refere-se à atração amorosa sexual entre uma criança e o progenitor do sexo oposto. Por isso, a criança sente culpa e medo do progenitor de quem é o rival e, particularmente, no caso do menino, medo da castração. Fromm refere-se ao conflito edípico na criança em crescimento como a luta contra a autoridade dos pais. Adler o vê como uma luta pelo poder.

Ora, Freud supôs, na sua descrição do Édipo, um quadro trágico da experiência humana. O bebê era canibalesco, impelido por demandas instintivas primitivas; a visão de Freud da criança era semelhante à de Santo Agostinho, que disse: "A inocência da criança consiste na fragilidade do membro". A visão trágica de Freud, de que, na situação edípica, há um genuíno conflito entre seres que, em algum nível, estão engajados em destruir um ao outro, está, na minha opinião, mais próxima da verdade da situação edípica do que a visão em geral otimista e excessivamente simplificada dos Estados Unidos. A nossa visão é a de Rousseau – que o bebê não é um canibal, mas nem é um anjo, se é nosso, ou é potencialmente um anjo se é filho de alguém que estamos atendendo. Ele é potencialmente um anjo apenas se essas mães e outros representantes culturais a tratarem com mais carinho, satisfizerem as suas necessidades e o instruírem corretamente. Assim, no conflito de Édipo, como é aceito pelo nosso pensamento, nesse país, o aspecto trágico, em grande parte, é omitido. Mas a qualidade trágica é, precisamente, a razão que Freud sublinhou no mito de Édipo, para começar. Penso que é uma perda considerável que as ênfases trágicas que estão presentes em Freud sejam as primeiras coisas jogadas ao mar quando a psicanálise cruza o Oceano Atlântico.

Quero propor uma terceira abordagem. Trata-se da abordagem da compreensão da situação edípica como o conflito trágico na pessoa e nas suas relações com o seu mundo e outros seres humanos envolvidos, no surgimento e no desenvolvimento da consciência de si mesmo. Se nos voltarmos para o drama de Édipo em Sófocles ou noutras formas que nos foram dadas na sua longa história cultural, descobriremos que não é uma peça teatral sobre conflitos sexuais ou conflitos sobre matar o pai. Todos esses estão há muito ultrapassados. No drama de Sófocles, Édipo casou-se com a sua mãe; é um bom rei e está feliz e confortável em Tebas.

A única questão no drama é: deverá Édipo reconhecer o que fez? O problema trágico é o problema de ver a realidade e a verdade acerca de si mesmo. O drama, recordamos, abre-se com a maldição sobre Tebas. Para anular essa maldição, Édipo, o atual rei de Tebas, deve descobrir quem matou Laio, o rei anterior. Édipo chama Tirésias, o vidente cego. No drama, Tirésias é associado com o papel do psicanalista; não ver externamente é, simbolicamente, relacionado com a capacidade de maior sensibilidade interna. Daí o símbolo histórico do "profeta cego". Os cegos, que não são distraídos pelas coisas externas que eles não veem, são tidos, nessa forma simbólica, como capazes de desenvolver uma sensibilidade maior à verdade num sentido psicológico e espiritual. Acredito que isso pode ser transferido e aplicado aos psicólogos e aos psiquiatras, sem termos de ser, necessariamente, cegos físicos.

Édipo pergunta a Tirésias quem é o culpado. Tirésias responde:

> Não lançarei remorso sobre mim mesmo.
> Nem sobre você. Por que vasculhas esses temas?

Édipo insiste que, a despeito das consequências, deve saber quem matou Laio. Então, passo a passo, ao longo da peça, vemos um espantoso retrato da luta – uma luta definitivamente trágica – do homem, Édipo, batendo-se para descobrir a verdade sobre si mesmo. Primeiro, ele descobre a verdade sobre a sua situação objetiva, a morte do seu pai; e, depois, descobre a verdade interiorizada, tornando-se verdade sobre si mesmo. Logo ele sente que há um mistério que cerca o seu próprio nascimento e que Jocasta, a sua mãe, com quem se casou sem conhecer esse relacionamento, está de algum modo associada com o mistério do seu nascimento. (Recordaremos que ele fora lavado e abandonado nas colinas por Laio, por causa da previsão do oráculo de que ele, Édipo, mataria o seu pai.)

No curso da "análise" dramática, Jocasta dá-se conta, subitamente, que Édipo é seu filho. Então, ela também compreende o conhecimento terrível que o confronta e tenta dissuadi-lo. Ela exclama:

> ...Mas por que deveriam temer os homens,
> sobre quem a Fortuna é regente, e a previsão
> De nada serve? Melhor viver sem preocupar-se,
> Como pode um homem. Pelo casamento maternal,
> Não tenhas medo; pois muitos homens, aqui e agora,
> Sonharam o mesmo; mas ele que por tais sonhos
> não se envolve, tem a vida mais feliz.

Deixem-me interpor aqui que, muito frequentemente, os nossos relacionamentos psicanalíticos, psiquiátricos e psicológicos com os pacientes são da natureza do discurso de Jocasta. O que ela realmente está dizendo é: "Ajuste-se. Não tome os sonhos como realidade. Muitas pessoas, 'aqui e agora, sonharam o mesmo', mas nunca deixa tais coisas te incomodarem".

Édipo, entretanto, não parará nesse ponto; os seus sonhos são o seu ser. Com efeito, ele diz: "Devo ter a coragem de encarar a verdade qualquer que ela seja".

Então Jocasta exclama:

> Não indagues! Estou sofrendo e isso basta... Infeliz, pudesse tu nunca saber quem és!

Mas Édipo replica:

> Eu não escutarei – até saber tudo,
> Em romper qualquer obstáculo, não hesitarei...

Ele conclui: "Devo saber quem eu sou e de onde eu venho".

Próximo do fim da peça, ele procura o velho pastor que o encontrou nas colinas, quando era um bebê, e o manteve vivo. O pastor, intimado a responder a pergunta de Édipo, resmunga: "Oh, estou horrorizado, agora, para falar!" E Édipo responde: "E eu para ouvir. Mas devo ouvir – não menos".

Então ele conhece a verdade trágica: que ele é o que matou o pai e casou-se com a mãe. Depois disso, *ele arranca os seus olhos, o órgão da visão e do reconhecimento*. Finalmente, exila-se. Penso que esse tema do exílio é muito importante: ele foi exilado quando bebê – é aí que começa a tragédia. Agora, ele exila a *si mesmo*. Isso é significativo também por causa do medo do ostracismo do homem contemporâneo. A tragédia do exílio, a tragédia do homem alienado dos seus semelhantes, está muito próxima dos problemas psicológicos centrais dos homens contemporâneos, em meados do século XX.

O drama consiste na tragédia de ver a realidade sobre si mesmo, confrontar o que se é e qual é a nossa origem, a tragédia de um homem saber e encarar com o consciente conhecimento de si mesmo o seu próprio destino. Observamos que os verbos são, o tempo todo, *saber*, *ouvir*, *descobrir*, *ver*.

Permitam-me ilustrar isso citando um sonho de uma paciente minha. O sonho pertence a uma longa série e, portanto, é apresentado de forma truncada, mas espero que clara. É o sonho de uma mulher inteligente e sensível, de trinta anos, que sofria um grande bloqueio na sua atividade profissional e no seu papel sexual (ela fora casada, divorciara-se e tinha uma experiência sexual razoável, mas nunca experimentara o orgasmo). Os seus pais eram intelectuais bem de vida que, do nascimento até os três anos de idade da filha, a tinham abandonado a maior parte do tempo e viajado para a Europa. Ela sofria com sentimentos de isolamento muito fortes, ansiedade e hostilidade e, cedo na vida, tinha aprendido a representar papéis para ser aceita. Ela descrevia uma relação edípica muito óbvia e pronunciada com o seu pai que, já falecido, fora um homem talentoso, mas fraco; e ela também tinha a forte rivalidade costumeira com a sua mãe.

Como uma peça teatral, o sonho ocorria em três cenas que eram progressivas. Na primeira cena ela encontrava o seu antigo marido, que voltara da Europa casado, no consultório de um dentista. Faltavam-lhe os seus dois dentes da frente. Ele a apresentava à sua nova esposa e duas crianças. Ela compreendia que não podia ter sido aquele tipo de esposa para ele, aceitava e afirmava o fato de que, agora, ele estava feliz no casamento. Na segunda cena do sonho ela estava de pé diante de uma pessoa do sexo feminino e estava sentindo e desempenhando um papel masculino; depois ela estava diante de uma pessoa do sexo masculino e desempenhando o papel feminino. No sonho, ela pensava consigo mesma: "Sempre tentei ser essas coisas diferentes". A terceira cena no sonho, ela relatava com essas palavras: "Eu estava com outra pessoa, um homem com quem eu podia ser eu mesma; já não havia papéis. Eu podia ser o meu eu feminino. Era uma experiência tremenda. Então achei-me olhando para um rio e senti uma grande ansiedade; tinha o sentimento de que teria que pular no rio e cometer suicídio".

Na sua mente, as associações com o sonho eram bastante óbvias. A primeira parte implicava que ela agora podia aceitar o casamento do seu marido; os dois dentes que lhe faltavam, ela disse, referiam-se ao fato de que ela o castrara, o que havia feito. Felizmente, os dois dentes faltantes podiam ser repostos. (Penso que o consultório – uma comparação pouco lisonjeira, incidentalmente, que surge não raramente com os pacientes – é o consultório do psicanalista a quem o seu marido consulta.) Na segunda parte do sonho, ela via-se experimentando esses papéis como se me dissesse: "Isso é o que estive fazendo toda minha vida". A terceira cena relata a experiência tremendamente importante de ser ela mesma, jogando fora os papéis com o grande alívio envolvido. Tudo isso ela via no sonho. Mas o que ela não podia entender era a terrível ansiedade, o sentimento de que teria que pular num rio e cometer suicídio. Quando nós tentamos também entender o sonho, necessitamos manter em mente que era um sonho extremamente construtivo, um marco radical na psicoterapia dela. Ele antecipava concretamente um avanço em diversos sentidos, por exemplo, na sua capacidade de ter orgasmo.

Então por que toda a ansiedade? Poder-se-ia dizer que ela estava renunciando às suas defesas, renunciando aos papéis pelos quais ela havia sido capaz de sobreviver desde a primeira infância, papéis que haviam sido absolutamente essenciais para ela. Também poderíamos dizer que ela estava superando racionalizações e ilusões sobre si mesma, por exemplo, ao admitir que havia castrado o seu marido. Mas algo mais estava acontecendo num nível mais fundamental nesse sonho. Era um trágico reconhecimento do seu próprio fado – empresto a palavra "fado" de Freud, e uso-a agora no sentido do drama de Édipo. Quando alguém é capaz de perceber na consciência de si mesmo que ele é a pessoa que é o ser responsável consciente, advém uma ansiedade pronunciada, uma ansiedade potencialmente trágica. Penso que é justo dizer que muitos, se não a maioria, dos terapeutas tenderiam nesse ponto a acalmar o paciente. A ansiedade da paciente é, obviamente, acerca de ser ela mesma e a tendência seria dizer: "Sim, você teve que eliminar todos esses papéis e esses métodos que usou para obter segurança; mas, agora, pode ser você mesma e não precisa ficar ansiosa acerca disso".

Eu proponho, pelo contrário, que ela precisa ficar ansiosa acerca disso; e que esse é, precisamente, o aspecto construtivo da ansiedade madura e trágica que é exposta no drama de Édipo. O símbolo do suicídio, a capacidade de enfrentar a morte, é colocada numa posição central na abordagem existencial na psicologia e na psiquiatria. Essas coisas não são negações, embora sejam um aspecto trágico da vida. A capacidade de enfrentar a morte é um requisito para o crescimento, um requisito para a consciência de si mesmo. Eu tomo o orgasmo, aqui, como um símbolo psicofísico. É a experiência da capacidade de abandonar-se, renunciar à segurança presente em favor de uma experiência mais ampla. Não é por acidente que, simbolicamente, o orgasmo aparece com frequência como uma morte parcial e um renascimento; e não deveria surpreender-nos que essa capacidade para "renunciar a si mesmo", "arriscar-se" devesse ter tido, como uma das suas manifestações, ela ser capaz, depois do sonho, de experimentar o orgasmo sexual.

Se atentarmos mais detalhadamente para esse sonho, veremos um mito fascinante envolvido. Embora seja bastante óbvio que o homem na terceira cena do sonho sou eu (vê-se correr o Rio Hudson pela janela do meu consultório em Nova Iorque), há algo muito mais profundo ocorrendo do que o que pode ser descrito, simplesmente, no contexto da relação comigo. O segundo mito é o de afundar, afogar-se e renascer, um mito que é transmitido em diferentes religiões e culturas – notadamente, o batismo. Ser tragado para nascer de novo – esse é o mito do aspecto integrativo positivo de experimentar a verdade. Esse aspecto integrativo também está presente no mito de Édipo: Sófocles, felizmente, escreveu uma peça subsequente, *Édipo em Colona*, na qual o velho rei medita sobre todos os trágicos eventos que aconteceram a ele na sua tormentosa vida. Ao fazê-lo, Édipo vivencia a reconciliação consigo mesmo, a nova unidade que ocorre depois da trágica experiência da consciência.

Alguns leitores ficarão descontentes com a frase "a trágica experiência da consciência", e prefeririam suavizar o tom da frase. Eu prefiro usar as palavras fortes mesmo que elas tenham conotações que são desorientadoras. Se quisermos indagar, psicologicamente, o que significa esse trágico aspecto da consciência, não é difícil descrevê-lo. Primeiro, certamente envolve admitir o que fizemos: "Se eu sou Édipo, eu matei o meu pai", ou seja, admitir as nossas atitudes e comportamentos destrutivos em relação às pessoas que podemos genuinamente amar. Segundo, significa admitir os nossos motivos atuais de raiva e destrutividade. Terceiro, significa superar as nossas racionalizações sobre a nossa própria nobreza. Nesse ponto, chegamos a um nível existencial, pois superar essas racionalizações implica não apenas assumir a responsabilidade pelo "que eu fiz ontem", mas a responsabilidade pelo que "eu deverei fazer, sentir e pensar amanhã". Essa atitude implica um outro corolário, a saber, a solidão. No ponto em que estou ciente de que eu sou esse ser, esse que está agindo, que matou o seu pai ou castrou o seu marido, estou num lugar onde ninguém mais pode estar. Não importa quais possam ser as circunstâncias atenuantes, esse é o *meu* ódio e a *minha* destrutividade; e, nesse lugar, um homem relaciona-se consigo mesmo num estado de solidão. Eu sou o único que pode assumir essa responsabilidade.

A consciência trágica também implica – e esse é o ponto mais difícil de todos – que a pessoa reconhece o fato de que não pode nunca amar completamente as pessoas a quem é devotado e que sempre permanecerão alguns elementos de destrutividade. As ênfases que Freud deu aqui são de grande importância. Da mesma maneira, nunca podemos saber plenamente se a decisão que tomamos agora é, realmente, a certa; todavia, devemos tomar uma decisão de qualquer maneira. Esse risco é inerente à consciência de si mesmo. Considero que envolve renunciar à onipotência da infância; já não somos Deus, em termos simbólicos. Mas devemos agir como se fôssemos; devemos agir como se a nossa decisão fosse certa. Isso é a penetração no futuro, que torna toda a vida um risco e toda experiência precária.

Nessa mesma linha, creio que encontraremos o significado mais profundo da consciência. Eu o indiquei apenas brevemente, embora pudéssemos discuti-lo interminavelmente. É por isso que há tal relacionamento íntimo entre o desenvolvimento da consciência e a psicose. Quando as pessoas, na terapia, atravessam esses níveis emergentes de consciência, com frequência, temem tornar-se psicóticas. Elas interpretam ser elas mesmas como equivalente a ser psicótico.

EU GOSTARIA de encerrar com alguns comentários práticos sobre os objetivos da terapia. O que eu disse implica que a ansiedade e a culpa nunca são fenômenos totalmente negativos. Implica que alguns dos nossos pressupostos gerais sobre a saúde mental – por exemplo, que a saúde mental consiste em estar livre de ansiedade – são imprecisas. Os nossos objetivos a respeito da ansiedade e da culpa não deveriam ser eliminá-las (como se pudéssemos fazê-lo, se o quiséssemos!), mas ajudar as pessoas, os nossos pacientes e nós mesmos a confrontar a ansiedade e a culpa construtivamente. Às vezes, é dito que, na psicanálise, em determinados momentos, tem-se que injetar ansiedade no paciente, pois, de outro modo, ele aconchega-se para sempre no calor do relacionamento. Mas acredito que só temos que injetar ansiedade se, para começar, a diluímos antes. Penso que grande parte do nosso erro reside na tendência a acalmar a ansiedade, diluí-la e fazer o mesmo com o sentimento de culpa. Acredito, pelo contrário, que a função da terapia é dar às pessoas um contexto no qual sejam capazes de confrontar e vivenciar a ansiedade e a culpa construtivamente – um contexto que é o mundo humano, bem como o mundo real, da existência de uma pessoa em relação com o terapeuta.

As questões podem ser melhor esclarecidas se eu diferenciar entre a ansiedade neurótica e a normal. A ansiedade neurótica é aquela que é inadequada à ameaça de uma situação. Ela envolve a repressão para o inconsciente. Expressa-se na formação sintomática. Tem efeitos destrutivos ao invés de construtivos sobre o organismo. Penso que os mesmos critérios poderiam ser aplicados aos sentimentos de culpa, embora essa área seja mais controversa. A ansiedade "normal" seria agora aceita pela maioria dos psicólogos e psiquiatras, como a descrevi; mas, entre o sentimento de culpa normal e o neurótico ainda há uma linha de batalha. Em geral, os nossos colegas não gostam do conceito de sentimento de culpa normal.

A culpa normal, em contraste com a culpa neurótica, é aquela que é adequada à situação. A mulher cujo sonho eu citei castrou o seu marido e o feriu (bem como ele a ela, é claro). No sonho, ela aceitou a culpa normal. Segundo, não houve repressão para o inconsciente. Isso foi uma mudança salutar – a sua culpa em relação ao seu marido, por muito tempo, havia sido simplesmente reprimida sob a ideia de que "Bem, ele merece, veja o que ele faz para mim". Terceiro, a culpa consciente ou normal não envolve a formação de sintomas. Não envolve, por exemplo, sintomas de farisaísmo. A culpa reprimida mostra-se, muito frequentemente, na insistência de que estamos certos, na falta de humildade, na falta de capacidade de sermos francos com a outra pessoa, etc. A culpa normal está associada com admitirmos que só se pode ter conhecimento parcial e envolve admitirmos que o que dizemos é sempre uma violência parcial à verdade. Só podemos entender uns aos outros parcialmente;

essa é a culpa normal. Ajuda-nos a fazer o melhor que podemos ao expor os nossos pensamentos para outros e também nos dá uma humildade, quando nos comunicamos, que nos faz mais sensíveis e abertos para os outros. Quarto, a culpa construtiva tem um efeito construtivo.

Para esclarecer a nossa discussão desse tópico, que, na melhor das hipóteses, tende a ser confuso, preciso dizer que a minha posição com respeito à culpa é muito diferente daquela de Hobart Mowrer. Mowrer fez uma contribuição real na sua ideia inicial: a de que as pessoas modernas ficam "doentes" não apenas por reprimirem o "id" no sentido freudiano, mas também pela repressão do "superego". O fato de que as pessoas, na nossa cultura, reprimem as suas consciências é, de fato, verdadeiro e importante. Mas, então, a terapia de Mowrer converte-se numa reposição do superego na vida do paciente. Isso constitui um novo autoritarismo. Pois o terapeuta reforçar os costumes da sociedade como uma "solução" do problema do sentimento de culpa é, a longo prazo, tornar o paciente menos autônomo e responsável a respeito de si mesmo e dos conflitos subjacentes ao seu sentimento de culpa. Depois do desenvolvimento da consciência de si mesmo, no indivíduo em crescimento, os conflitos nunca são o problema simples do indivíduo *versus* a sociedade, mas assumem um significado simbólico que é da maior importância. (Os psicopatas são a única entidade clínica que constitui uma exceção a essa regra.) Se a abordagem principal do terapeuta é o fortalecimento dos costumes sociais, acredito que ele prepara o terreno para a geração de culpa neurótica posterior no paciente[10].

---

10. Para uma discussão dos aspectos autoritários da terapia de Mowrer, veja toda a edição da *Pastoral Psychology* de outubro de 1956, vol. 16, n. 157. Veja, especialmente, o artigo desse número "Psychoanalysts, Mowrer and the Existentialists", de Donald F. Krill.

Esclareçamos também a relação entre vergonha e culpa. A vergonha tem para a culpa uma relação bastante semelhante que o medo para a ansiedade. Se o medo é a forma objetificada específica da reação à ameaça, ele pode ser tratado como uma unidade em si mesma e pode ser experimentado como tal; pode ser descrito no nível da percepção, pode ser objetificado. O medo é removido quando a causa específica externa é removida. Mas a ansiedade é o denominador comum geral, subjacente, da capacidade da pessoa de sentir a ameaça, de vivenciar a sua situação precária. A ansiedade, portanto, deve ser o termo genérico e o medo só pode ser entendido como uma forma de ansiedade objetificada. A situação não é paralela à vergonha e à culpa? A vergonha pode ser entendida em relação a um incidente específico, digamos, se eu fosse do tipo compulsivamente correto e errasse uma pronúncia, poderia ficar ruborizado. Mas não podemos entender esse meu ruborizar a menos que sejamos capazes de relacioná-lo com algum estrato subjacente na minha personalidade, que será então o problema da culpa, provavelmente neurótica, nesse caso. Nessa formulação, culpa é o termo genérico e vergonha é forma específica da culpa, objetivada e ligada a um incidente social especial.

Penso que a culpa normal deve ser tratada existencialmente, o que significa que todos os aspectos da experiência devem ser considerados. A culpa normal tem, como um dos seus aspectos, a minha relação com os meus semelhantes. É característica do estado em que não vivemos francamente com eles, uma área para a qual Martin Buber contribuiu significativamente. Ou seja, a culpa normal depende, conceitualmente, de sermos *semelhantes*, francos, humildes, amantes – se podemos usar o termo nesse sentido. Há um outro aspecto da culpa normal que é inerente ao nosso relacionamento com nós mesmos: a extensão na qual traímos ou concretizamos as nossas potencialidades, na qual somos fiéis às necessidades, poderes e sensibilidades em nós mesmos. Em todos os aspectos da experiência, há a possibilidade da culpa normal. Se me permitem expor o problema na sua formulação básica, eu expressaria a minha opinião como segue: quando estamos no processo de confrontar o problema de trairmos alguma coisa significativa para o nosso ser ou concretizá-la, realizá-la, estamos num estado de ansiedade; quando estamos cientes que *traímos* alguma coisa significativa para o nosso ser, estamos num estado de culpa. A culpa *neurótica* – como é o caso com a ansiedade neurótica – é, simplesmente, o resultado final da culpa *normal* não enfrentada, reprimida. Sempre podemos ser específicos sobre os aspectos neuróticos desses problemas, porque a neurose é, por natureza e por definição, uma mutilação da experiência; mas não podemos ser tão específicos sobre os aspectos positivos. Tudo o que podemos dizer é que uma pessoa deve estar aberta ou livre para fazer o que quer que esteja em causa e que a culpa deve ser realizada existencialmente.

Permitam-me, finalmente, dizer uma palavra sobre o encontro no relacionamento terapêutico. Sermos capazes de nos colocar num relacionamento real com outro ser humano que está passando por profunda ansiedade ou culpa, ou pela experiência de uma tragédia iminente, exige o melhor da humanidade em todos nós. É por isso que enfatizo a importância do "encontro" e uso essa palavra ao invés de "relacionamento". Acho que o termo relacionamento psicologiza demais. Encontro é o que realmente acontece; é algo muito além de um relacionamento. Nesse encontro, tenho que ser capaz, em alguma medida, de vivenciar o que o paciente está vivenciando. O meu trabalho como terapeuta é estar aberto para o seu mundo. Ele traz o seu mundo consigo e vamos viver nele por cinquenta minutos. Aprender a fazê-lo pode ser altamente exigente; vivenciar a ansiedade de outra pessoa pode ser extremamente doloroso. É bastante doloroso sentirmos a nossa própria, quando não se tem outra escolha senão suportar o nosso próprio mundo. Falando praticamente, é por isso que a terapia é tão importante para nós mesmos, a minha própria análise ajudou-me, certamente, a ser capaz de aceitar a ansiedade e a culpa nos pacientes, a não tentar pôr de lado a dor ou encobrir as possibilidades trágicas. Além disso, o encontro terapêutico requer que nós mesmos sejamos seres humanos, no sentido mais amplo da palavra. Isso nos traz a um ponto onde não podemos mais falar apenas psicologicamente, de qualquer maneira imparcial, mas devemos "lançar-nos" no encontro terapêutico. Isso ajuda-nos a perceber que também passamos por experiências semelhantes e, embora não estejamos, talvez, envolvidos nelas agora, sabemos o que significam. Isso é parte da grandeza e da miséria do homem e é por isso que ler Sófocles e outros trágicos antigos, eu penso, é de grande ajuda para nós como psicoterapeutas.

A nossa preocupação principal na terapia é com a potencialidade do ser humano. O objetivo da terapia é ajudar o paciente a concretizar as suas potencialidades. A alegria do processo de concretização torna-se mais importante que o prazer da energia descarregada – embora ela mesma, no seu próprio contexto, obviamente também tenha aspectos prazerosos. O objetivo da terapia não é a ausência de ansiedade, mas a transformação da ansiedade neurótica em ansiedade normal e o desenvolvimento da capacidade de usar e viver com a ansiedade normal. Depois da terapia, o paciente pode sentir mais ansiedade do que antes, mas será ansiedade consciente e ele será capaz de usá-la construtivamente. Tampouco o objetivo é a ausência do sentimento de culpa, mas, antes, a transformação da culpa neurótica em culpa normal, junto com o desenvolvimento da capacidade de usar criativamente essa culpa normal.

Eu propus aqui uma série de ideias que, dou-me conta, pairam no ar. Entretanto, não sinto culpa por tê-las deixado pairando no ar. É o que eu pretendia. Espero que essas ideias, ao invés de apresentar respostas concisas, atuarão, como fermento no bolo, para descerrar experiências psicológicas existenciais para outras pessoas.

7

Uma abordagem fenomenológica da psicoterapia

É perigoso mostrar ao homem com muita frequência que ele é igual às bestas, sem lhe mostrar a sua grandeza. Também é perigoso mostrar-lhe muito frequentemente a sua grandeza sem a sua baixeza. É ainda mais perigoso deixar que ele ignore a ambas. Mas é muito desejável mostrar-lhe as duas juntas.

(Blaise Pascal, *Pensées*)

Eu não acredito que haja uma técnica especial a ser classificada numa categoria de "existencial". Como o uso, o termo "existencial" refere-se a uma atitude em relação aos seres humanos e a um conjunto de pressupostos sobre esses seres humanos. Portanto, nesse capítulo, falarei sobre a psicoterapia intensiva, seja ela freudiana, junguiana, sullivaniana, ou de qualquer outra escola.

Devemos admitir, desde já, que ainda não fizemos uma ponte completa entre a fenomenologia e a psicoterapia. Existem os começos dessa ponte; existe o trabalho extraordinariamente importante de Straus e de outros psiquiatras fenomenológicos como Minkowski e Binswanger, cujas obras, acredito, serão cada vez mais importantes para a psicoterapia no futuro. E há psicólogos, como Buytendijk, e filósofos fenomenológicos, como Merleau-Ponty, que fizeram contribuições muito importantes para a psicologia. Mas, como o próprio Binswanger foi o primeiro a dizer, a ligação entre fenomenologia e psicoterapia é, atualmente, apenas indireta. São requeridos diversos passos entre a fenomenologia pura, por um lado, e a psicologia e a psiquiatria, por outro; isso se dá pelo nosso problema existencial antes que pela nossa incapacidade de formulação. Certamente não nego os muitos inter-relacionamentos entre a fenomenologia e os diferentes tipos de terapia. Mas acredito que a nossa tarefa especialmente atual é construir. Quando se constrói uma ponte sobre o Rio Leste em Nova Iorque, parte da ponte avança desde o Brooklyn e parte desde Manhattan; estamos no processo de uma construção semelhante, com a fenomenologia de um lado e a psicologia de outro avançando para um encontro. O que desejo fazer nesse capítulo é explorar alguns dos problemas nessa construção, o que significa, problemas no relacionamento entre a psicoterapia e a fenomenologia.

Jean-Paul Sartre escreve, da mesma maneira, que ainda não estamos prontos para formular uma psicanálise existencial, chegando a essa conclusão, um tanto ironicamente, no capítulo intitulado "Psicanálise existencial", no seu livro *O ser e o nada*. Acho que ele está correto, tanto a respeito de uma psicanálise existencial como de uma fenomenológica. É significativo, diga-se de passagem, que Sartre, no seu livro, considera seriamente a Freud, a psicanálise e os problemas que ela contém – uma atitude que bem podemos recomendar a outros filósofos.

A consideração inicial, na compreensão do relacionamento entre a fenomenologia e a psicoterapia, é que nos defrontemos diretamente à obra de Sigmund Freud. Se tentarmos contornar Freud, seremos culpados de uma espécie de supressão. Pois o que Freud pensou, escreveu e realizou em terapia, concorde-se plenamente ou não, impregna toda a nossa cultura, a nossa literatura e arte, e quase todos os outros aspectos da interpretação que o homem ocidental dá a si mesmo. Obviamente, Freud teve mais influência na psicologia e na psiquiatria do que qualquer outro homem no século XX. A menos que o defrontemos diretamente, consciente e decididamente, a nossa discussão da terapia sempre flutuará no vácuo.

Além disso, não podemos rejeitar Freud simplesmente declarando as nossas discordâncias com ele. Um verão, vinte e cinco anos atrás, eu estava numa ilha no Maine, terminando uma tese sobre psicoterapia. Um amigo que eu fizera lá, um jovem sacerdote católico com que costumava ir nadar e pescar, um dia subiu ao meu quarto e viu nas prateleiras alguns livros de Freud. Imediatamente ele explicou-me, em doze sentenças sucintas, por que Freud estava errado. Como isso foi antes que a psicoterapia fosse estudada em seminários teológicos, tanto protestantes como católicos, imaginei se ele sabia alguma coisa sobre o mestre de Viena. Assim, perguntei se ele tinha lido algum livro de Freud. "Oh, sim", respondeu, "todos, no nosso seminário, são solicitados a ler um livro". Achei isso de muito bom propósito, então perguntei o nome do livro. O título, ele disse, era *Freud refutado*.

Esse incidente sempre me volta à mente quando leio os escritos, especialmente, os das escolas dissidentes: leio uma grande quantidade de textos sobre Freud refutado, mas o que não consigo encontrar é Freud confrontado direta e seriamente.

Acredito que o debate com Freud deve ser travado em duas frentes. Primeiro, precisamos avaliar e indagar o significado das enormes mudanças, equivalentes, de muitas maneiras, a uma verdadeira revolução, que o impacto de Freud teve sobre a imagem que o homem ocidental faz de si mesmo. E, segundo, precisamos encarar o fato de que a imagem de homem que ele conscientemente procurava e em que referenciava o seu trabalho – uma imagem surpreendentemente contraditória, em muitos pontos, com a sua mitologia – é inadequada e deve ser substituída por uma compreensão da natureza do homem que seja adequada ao homem como ser humano[1]. Proponho que uma tarefa que deve ser realizada é a análise fenomenológica de Freud e do significado do seu impacto sobre a cultura ocidental. Só posso oferecer aqui alguns comentários sobre como vejo o significado subjacente desse impacto sobre a nossa imagem do homem.

Primeiro, *Freud ampliou tremendamente o domínio da consciência humana.* O significado da sua elaboração e elucidação do que ele chamou "o inconsciente" (ou o que prefiro chamar "potencialidades inconscientes da experiência") foi uma ruptura radical do racionalismo e do voluntarismo vitorianos. Tratarei mais tarde do problema do "inconsciente". Aqui, quero apenas enfatizar que ele desvendou as enormes áreas nas quais o comportamento e os motivos humanos são influenciados, moldados, impelidos – e, nos casos neuróticos, determinados – por forças que são muito mais vastas, profundas e significativas do que aquelas abrangidas pelo racionalismo vitoriano. A sua contribuição foi alargar a esfera da personalidade humana para incluir as suas

---

1. Foi a mitologia sempre presente em Freud, como o mito de Édipo, e a sua contínua habilidade e coragem para pensar mitologicamente que o salvaram das plenas implicações mecanicistas do seu determinismo. A imagem do homem que procurava – isto é, um que se adequasse às categorias deterministas da ciência natural do século XIX – ele nunca conseguiu alcançar porque a sua mitologia sempre irrompeu para trazer novas dimensões para a imagem. (Acontece uma coisa semelhante, num contexto diferente, quando Platão tenta pensar logicamente sobre o homem; no final das categorias lógicas, o pensamento de Platão entra em órbita nas asas de um mito.) Mas, quando o freudianismo cruza o Oceano Atlântico, a mitologia é a primeira coisa jogada ao mar. Assim, o mecanicismo e o determinismo do freudianismo torna-se um problema mais difícil e embaraçado nesse país do que na Europa; fazendo companheiros de cama o comportamentalismo, por um lado, e o positivismo lógico, por outro.

profundezas, isto é, as pulsões irracionais, as pulsões ditas reprimidas e inaceitáveis, as forças instintivas, as pulsões corporais, a ansiedade, os medos, os aspectos esquecidos da experiência, *ad infinitum*.

A sua elucidação de "desejo" e "pulsão" e o desmascaramento da autossugestão da força de vontade vitoriana também destruíram o moralismo no sentido excessivamente simplificado no qual a maioria de nós o absorveu na nossa infância. Lembro-me que fui ensinado, quando criança no Meio-Oeste, que poderia decidir totalmente o meu destino através de qualquer resolução que tomasse no dia de Ano-Novo ou na igreja, em algum domingo, em que assim desejasse. Essa surpreendente prova de arrogância realmente equivalia a brincar de Deus. Desde então, aprendi que Deus age de maneiras muito mais misteriosas – para dizê-lo em termos religiosos – e que o meu próprio destino e o de outros seres humanos – para colocá-lo psicologicamente – brota de níveis mais profundos do coração e da psique humana, do que fomos levados a acreditar no nosso Ocidente liberalizado e superesclarecido. A crença vitoriana na força de vontade era, realmente, a consagração à manipulação da natureza, à dominação da natureza com mão de ferro (como no industrialismo e no capitalismo) e do próprio corpo com a mesma mão de ferro, e à manipulação do próprio eu de maneira semelhante (o que é evidente não apenas na ética do protestantismo, mas também noutros sistemas religiosos dos nossos dias, e esta particularmente presente na ética não religiosa na Avenida Madison, a qual não é atenuada por um sentido de pecado ou humanizada por um princípio de misericórdia).

Ora, essa manipulação do eu, com base num tal conceito de força de vontade moralista, precisava ser destruída. Estou convencido de que uma das grandes contribuições de Freud foi que, ao elucidar o infinito número de desejos, pulsões e outras motivações, dos quais, em um dado momento, podemos não estar conscientes, tornou esse tipo de força de vontade e moralismo impossíveis. Desde a época de Freud, o problema moral não se perdeu, mas foi posto num nível mais profundo; e os problemas de culpa e responsabilidade têm que ser confrontados nesse nível mais profundo. Corretamente compreendidos, esses terremotos que Freud produziu na cultura ocidental, terremotos que sacudiram a autoimagem do homem ocidental moderno na sua própria base, implicam uma humildade que pode ter um caráter muito libertador.

Indicarei mais tarde por que acredito que as inadequações de Freud deram força a uma degradação do sentido de responsabilidade individual do homem moderno. Mas, aqui, deixem-me dizer que há implicações curiosas no determinismo psicológico de Freud que, geralmente, negligenciamos, implicações que apontam na direção da liberdade psicológica. Observo, nos meus pacientes, o estranho fato de que a reação deles a uma interpretação minha frequentemente não se centra tanto em se a interpretação é verdadeira ou não quanto nas implicações liberadoras do *meu ato* de fazer uma interpretação. O paciente parece estar ouvindo, na minha interpretação, as palavras: "O seu problema tem raízes interiores mais profundas do que você se dava conta; você pode colocar-se de fora e tratar delas". Isso lembra-nos a afirmação de Spinoza: "A liberdade é o reconhecimento do determinismo".

Destas breves indicações de como acredito que uma abordagem fenomenológica de Freud poderia e deveria ser levada a cabo, avancemos para explorar o relacionamento entre a fenomenologia e a psicoterapia.

NÓS, PSICOTERAPEUTAS, esperamos que a fenomenologia nos dê um caminho para a compreensão da natureza fundamental do homem. Precisamos de normas a respeito do homem que tenham algum grau de universalidade. Quando quer que confrontemos um paciente, pressupomos alguma resposta à questão: "O que constitui esse ser como um ser *humano*?" Não podemos obter essa compreensão da natureza do homem a partir do nosso estudo das doenças, pois as várias categorias das mesmas somente podem ser entendidas como distorções na compreensão, pelo paciente, da sua natureza humana, como bloqueios nos seus esforços para concretizar aspectos dessa natureza.

Eu disse "compreensão" do homem. Eu poderia dizer "conhecimento da natureza do homem", ou "conceito" ou "imagem do homem". Mas "conhecimento" soa estático demais, "conceito" intelectual demais, e "imagem" estético demais. Nenhum termo é inteiramente adequado. Escolho o termo *compreensão*, no sentido de um contexto básico no qual podemos nos encontrar e trabalhar com os nossos pacientes.

Abordarei três problemas centrais na psicoterapia que ilustram e exemplificam essa necessidade de uma compreensão da natureza fundamental do homem. Com cada problema, espero mostrar, primeiro, as dificuldades em que caímos por nos faltar essa compreensão; segundo, como a fenomenologia, como a entendo, esperançosamente pode nos dar as normas que precisamos; terceiro, como a neurose é uma distorção dessas normas; e quarto, algumas implicações que daí decorrem para a nossa psicoterapia.

Primeiro, *o problema de definir saúde, doença e neurose*. Nos nossos campi, temos estado na estranha posição de deduzir a nossa imagem do homem normal, saudável a partir da doença e da neurose. As pessoas que não desmoronam não buscam ajuda; e problemas de um tipo que não se ajuste às nossas técnicas, tendemos a não perceber. Uma vez que identificamos a neurose (e muitas formas de psicose) somente em virtude do fato de que os que dela sofrem não ajustarem-se à nossa sociedade, e uma vez que entendemos a doença em virtude das nossas técnicas, tendemos a acabar com uma visão do homem que é um espelho da nossa cultura e das nossas técnicas. Isso resulta, inevitavelmente, numa visão do homem *progressivamente vazia.* A saúde torna-se o vácuo que fica quando a chamada neurose é curada. No nível da psicose, se um homem pode ficar fora da prisão e sustentar-se, chamamos a esse vácuo de saúde.

Essa concepção vazia de saúde (preenchida somente por algumas suposições biológicas vagas sobre "crescimento", "satisfações da libido", etc.) tem muito a ver com as tendências gerais, nos nossos dias, para o tédio, a falta de paixão, o vazio emocional e espiritual. A concepção vazia da saúde frequentemente faz com que a psiquiatria e a psicologia, bem como outras formas de ciência, fiquem ao lado de tornar a vida cada vez mais possível e mais longa ao preço de tornar a existência mais entediante. Desse ponto de vista, podemos entender por que os nossos pacientes mostram, frequentemente, uma estranha falta de zelo pela melhora, pois talvez não seja tão irracional suspeitarem que a neurose é mais interessante que a saúde, e que a saúde pode ser a estrada real para a apatia.

Essa visão negativa e progressivamente vazia da saúde – que, acredito eu, está implícita na psicanálise clássica, bem como noutras disciplinas – levou inevitavelmente a uma passagem para uma definição francamente *social-conformista* de saúde. Nela, as normas de saúde são extraídas das exigências da cultura. Essa é a distorção e, às vezes, o erro real de escolas "culturais" como a de Horney e da minha escola interpessoal: elas pairam, perigosamente, à beira do conformismo, cujo próximo passo é o "homem-organização". Não quero dizer, absolutamente, que isso é o que Freud, Horney ou Sullivan pretendiam. Quero dizer que a falta de um conceito adequado da natureza do homem tornou a definição de saúde inevitavelmente vazia, e nesse vácuo arrojaram-se imposturas como "ajustamento", "adaptação", "ajustar o eu com as realidades da sociedade", e assim por diante. Essa tendência, acredito, aumenta radicalmente com a recente emergência das formas de psicoterapia de "condicionamento operante", que são baseadas numa franca negação de qualquer necessidade de uma teoria do homem, além da suposição do terapeuta de que os objetivos que ele próprio e a sua sociedade tenham escolhido, quaisquer que sejam, são os melhores para todos os homens imagináveis.

Como a fenomenologia pode ajudar-nos a respeito do nosso conceito de saúde? Quando um paciente chega e senta na cadeira diante de mim, no meu consultório, o que posso supor sobre ele? Eu oferecerei alguns princípios que têm sido úteis para mim[2], os quais já mencionei, mas, agora, desenvolverei mais. Eu presumo que essa pessoa, como todos os seres, está centrada em si mesma, e um ataque a essa centralidade é um ataque à sua existência. Ele está aqui, no meu consultório, porque a sua centralidade desmoronou ou está perigosamente ameaçada. A neurose, então, é vista não como um desvio das minhas teorias particulares do que uma pessoa deveria ser, mas, precisamente, como o método que o indivíduo usa para preservar a sua própria centralidade, a sua própria existência. Os seus sintomas são a sua maneira de contrair a abrangência do seu mundo, de modo que a sua centralidade seja protegida da ameaça; uma maneira de bloquear aspectos do seu ambiente para que possa adequar-se ao restante. Agora, vemos por que a definição de neurose como uma "falta de ajustamento" é inadequada. Um ajustamento é

---

2. Eu chamo a esses princípios ontológicos, seguindo a Paul Tillich, a quem devo pela sua formulação filosófica. Esse parágrafo é uma reafirmação de um artigo anterior, no qual tentei elaborar esses princípios com maiores detalhes, intitulado: "As bases existenciais da psicoterapia", publicado em *Existential Psychotherapy*, editado por Rollo May. Nova Iorque: Random House, 1961.

exatamente o que uma neurose é; e isso é, exatamente, o seu problema. É um ajustamento necessário pelo qual a centralidade pode ser preservada; uma maneira de aceitar não ser, de modo que um pouco do seu ser seja preservado. A *neurose, ou doenças de vários tipos, é a distorção dessa necessidade de centralidade.*

Observemos, desde já, a relação desse conceito de centralidade com a fenomenologia de Husserl. Tive a felicidade de discutir esses problemas com o meu colega, o Professor Dorian Cairns, da Nova Escola para a Pesquisa Social, tradutor das *Meditações cartesianas* de Husserl. O Professor Cairns mostrou que o meu princípio de centralidade tem o seu paralelo na ênfase de Husserl sobre a *integração*. Husserl acreditava que é inerente ao homem, e à mente como tal, a "pulsão" para a consistência, a necessidade de aumentar a experiência e a integração dela. Assim, a vida não é, simplesmente, uma série aleatória de eventos e observações, mas tem forma e significado potencial. A atividade mental é *protentiva*.

O SEGUNDO PROBLEMA que desejo citar, para o qual a psicoterapia necessita da ajuda da fenomenologia, é o relacionamento entre as duas pessoas, paciente e terapeuta, no consultório. Isso refere-se ao que na análise clássica é chamado de transferência. O conceito e a descrição da transferência foi uma das grandes contribuições de Freud, tanto no seu próprio juízo quanto no de muitos de nós. Há enormes implicações para a terapia no fenômeno do paciente trazer para o consultório as suas relações passadas ou presentes com o pai, a mãe, o amante, os filhos e passar a perceber-nos como essas criaturas, e construir o seu mundo conosco da mesma maneira que faz com elas. A transferência, como outros conceitos de Freud, amplia enormemente a esfera e a influência da personalidade; vivemos nos outros e eles em nós. Observe-se a ideia de Freud de que, para cada parceiro em todo ato sexual, quatro pessoas estão presentes – o seu eu, o amante, mais os seus dois pais. Pessoalmente, sempre tomei uma atitude ambivalente em relação a essa ideia, pois acredito que o ato do amor, pelo menos, merece alguma privacidade. Mas as implicações mais profundas são o entrelaçamento decisivo da trama humana; os nossos ancestrais, como o pai de Hamlet, estão sempre às margens da cena com vários desafios e imprecações fantasmagóricas. Essa ênfase de Freud sobre como estamos profundamente ligados uns aos outros rompe muitas das ilusões do homem moderno sobre o amor e as relações interpessoais.

Mas o conceito de transferência presenteia-nos com infindáveis dificuldades se o tomamos por si mesmo, isto é, sem uma norma de relacionamento que esteja embasada na natureza do homem como tal. Em primeiro lugar, a transferência pode ser uma defesa cômoda e sempre útil para o terapeuta, como é afirmado por Thomas Szasz; o terapeuta pode esconder-se atrás dela para proteger-se da ansiedade do encontro direto. Em segundo lugar, o conceito de transferência pode abalar toda a experiência e o sentido de realidade na terapia; as duas pessoas, no consultório, tornam-se "sombras", o que também acontece a todas as outras pessoas no mundo. Ele pode corroer o sentido de responsabilidade do paciente e pode retirar da terapia muito da dinâmica para a mudança do paciente.

O que tem faltado é um conceito de *encontro*, no qual, e somente no qual, a transferência tem um sentido genuíno. *A transferência deve ser compreendida como a distorção do encontro*. Uma vez que não havia nenhuma norma de encontro humano na psicanálise e nenhum lugar adequado para o relacionamento eu-tu, tendia a haver uma supersimplificação e uma diluição dos relacionamentos amorosos. Freud aprofundou enormemente a nossa compreensão das múltiplas, poderosas e ubíquas formas nas quais as pulsões eróticas se expressam. Mas o eros (ao invés de voltar à sua função, como Freud ingenuamente esperava) agora oscila entre ser uma química absurda que demanda um escape e um passatempo relativamente banal para machos e fêmeas, quando ficam aborrecidos de assistir TV à noite.

Tampouco tínhamos uma norma *ágape* no seu próprio direito. O *ágape* não pode ser entendido como um derivado ou como o que sobra quando analisamos as nossas tendências canibais e exploradoras. O *ágape* não é uma sublimação de *eros*, mas a sua transcendência numa gentileza duradoura, numa preocupação contínua pelos outros; e é precisamente essa transcendência que dá ao próprio eros o seu significado mais pleno e duradouro.

A abordagem fenomenológica ajuda-nos a formular as questões: Como é possível que um ser se relacione com outro? Qual é a natureza dos seres humanos que possibilita o *Mitsein*, que faz com que dois homens possam comunicar-se, que um possa apreender o outro como um ser, que tenha uma preocupação genuína pelo bem-estar e a realização do outro e sinta uma confiança genuína nele? A resposta a essas questões irá nos dizer do que a transferência é uma distorção.

Quando me relaciono com meu paciente, o princípio que continuo a pressupor é: esse ser, como todos os seres existentes, tem a necessidade e a possibilidade de sair da sua centralidade para participar em outros seres. Antes que esse homem jamais desse os passos hesitantes, e frequentemente adiados, de telefonar-me para marcar uma consulta, na sua imaginação, ele já estava participando em algum relacionamento comigo. Sentou-se, fumando nervosamente, na minha sala de espera; agora olha para mim com um misto de suspeita e esperança; nele luta um esforço em abrir-se contra uma tendência antiquíssima de retirar-se para trás de uma barricada e manter-me distante. Esse esforço é compreensível, pois *participar sempre envolve risco*:

se ele, ou qualquer organismo, sai muito longe, perderá a sua centralidade, a sua identidade. Mas, se ele está tão temeroso de perder o seu próprio centro conflituado – o qual, pelo menos, tornou possível um significado e uma integração parcial na sua experiência – que se recusa absolutamente a sair e contém-se rigidamente, vivendo num mundo estreito e contraído, o seu crescimento e o seu desenvolvimento serão bloqueados. Esse era o padrão neurótico comum nos dias de Freud e era aquilo a que ele referia-se quando falava da repressão e da inibição. A inibição é a relação com o mundo do ser que tem a possibilidade de sair, mas está ameaçado demais para fazê-lo; e o seu medo de que perderá muito pode, é claro, corresponder literalmente aos fatos do caso[3].

Mas, em nossos dias de conformismo e do homem dirigido pelo exterior, o padrão neurótico predominante toma a forma oposta, isto é, sair demais, dispersar o seu eu na participação e identificação com outros até que o seu próprio ser esteja esvaziado. Essa não é mais uma questão de transferência, mas é o fenômeno psicocultural do homem-organização. E parece-me que essa é uma razão, também, porque a castração não é mais o medo dominante dos homens e mulheres nos nossos dias, que é, agora, o ostracismo. Paciente após paciente, tenho visto (especialmente os da Avenida Madison), prefere ser castrado, ou seja, renunciar ao seu poder, de modo a não ser jogado no ostracismo. A ameaça real é não ser aceito, ser expulso do grupo, ser deixado só e abandonado. Nessa superparticipação, a própria consistência da pessoa torna-se inconsistente porque ajus-

---

3. Os pacientes dirão: "Se amo alguém, é como se todo o meu ser fluísse de mim como um rio e não sobrasse nada". Creio que essa é uma *afirmação de transferência* muito precisa. Ou seja, se o amor de uma pessoa é algo que não lhe pertence por direito próprio, então, obviamente, ela será esvaziada; toda a questão é de equilíbrio econômico, como afirma Freud.

ta-se a alguma outra. O próprio significado pessoal torna-se sem significado porque é um empréstimo do significado de alguma outra pessoa.

AGORA, FALANDO mais concretamente do desprezo pelo encontro, quero referir-me ao fato de que, na hora terapêutica, está havendo um relacionamento total entre duas pessoas que envolve níveis diferentes. Um nível é o das pessoas reais: estou contente de ver o meu paciente (variando em dias diferentes, principalmente, conforme a quantidade de sono que tive na noite anterior). Vermo-nos um ao outro alivia a solidão física da qual todos os seres humanos são herdeiros. Outro nível é o dos *amigos*: confiamos – pois vemo-nos bastante – que o outro tem uma preocupação genuína em escutar e compreender. Um outro nível é aquele da *estima* ou *ágape*, a capacidade que, penso eu, é inerente ao *Mitwelt* da preocupação autotranscendente pelo bem-estar do outro. Ainda um outro nível será francamente erótico. Quando eu estava fazendo supervisão com ela, alguns anos atrás, Clara Thompson disse-me, certa vez, algo sobre o que tenho ponderado frequentemente: que, se uma pessoa no relacionamento terapêutico sente atração erótica ativa, a outra também o fará. Os seus próprios sentimentos eróticos precisam ser francamente encarados pelo terapeuta; doutro modo, ele irá, pelo menos em fantasia, atuar as suas próprias necessidades com o paciente. Porém, mais importante, a menos que ele aceite o erótico como uma das maneiras de comunicação, não escutará o que deveria do paciente e perderá um dos recursos mais dinâmicos para a mudança na terapia.

Ora, esse encontro total, que, como eu disse, pode ser o nosso meio mais útil de compreender o paciente, bem como o nosso mais eficaz instrumento para ajudá-lo a abrir-se para a possibilidade de mudança, parece-me ter, frequentemente, o caráter ressonante de dois instrumentos musicais. Se você tange uma corda de violino, as cordas correspondentes noutro violino na sala ressoarão num movimento próprio e semelhante. Isso é uma analogia, é claro: o que acontece com seres humanos inclui aquilo, mas é muito mais complexo.

O encontro, nos seres humanos, sempre, em maior ou menor extensão, *causa ansiedade*, bem como *causa alegria*. Penso que esses efeitos decorrem do fato de que o encontro genuíno com outra pessoa sempre abala o nosso relacionamento pessoal com o mundo: a nossa confortável segurança temporária do momento anterior é posta em questão, estamos abertos e hesitantes por um instante – deveremos nos arriscar, aceitar a chance de sermos enriquecidos por esse novo relacionamento (e mesmo que seja uma pessoa amada ou amiga de longa data, esse momento particular de relacionamento ainda é novo)? Ou deveremos nos fechar, afastar a outra pessoa e perder as nuanças das suas percepções, sentimentos e intenções? O encontro é sempre uma experiência potencialmente criativa; normalmente, deveria resultar na expansão da consciência, no enriquecimento do eu. (Não falo aqui de *quantidade* – obviamente, um encontro breve pode afetar-nos apenas levemente; refiro-me, antes, a uma *qualidade* da experiência.) No encontro genuíno, ambas as pessoas mudam, ainda que ligeiramente. C.G. Jung mostrou corretamente que, na terapia eficaz, ocorre uma mudança tanto no paciente como no terapeuta; a menos que o terapeuta esteja aberto para a mudança, o paciente também não estará.

O fenômeno do encontro precisa muito ser estudado, pois parece claro que está acontecendo muito mais do que quase qualquer um de nós percebe. Proponho a hipótese de que na terapia, admitindo-se o adequado esclarecimento do terapeuta, não é *possível para uma pessoa ter um sentimento sem a outra também tê-lo em algum grau.* Sei que encontraremos muitas exceções a isso, mas quero oferecer a tese para meditação e elaboração.

Um corolário da minha hipótese é que, no *Mitwelt*, há necessariamente alguma ressonância, e que a razão por que não a sentimos, quando não o fazemos, é algum bloqueio da nossa parte. Frieda Fromm-Reichmann costumava dizer com frequência que o seu melhor instrumento para expressar o que o paciente sente – por exemplo, ansiedade, medo, amor ou raiva, que ele, o paciente, não ousa expressar – é o que ela mesma sente. Esse uso do próprio eu como instrumento requer, é claro, uma tremenda autodisciplina por parte do terapeuta. Não pretendo, em absoluto, recomendar aqui que simplesmente se diga ao paciente o que se sente; os nossos sentimentos podem ser neuróticos das mais variadas maneiras, e o paciente tem problemas bastantes sem ser carregado ainda mais pelos nossos. Quero dizer, ao invés, que a autodisciplina, a autopurificação, se preferirmos, a colocação entre parênteses das próprias distorções e tendências neuróticas, na medida em que o terapeuta seja capaz de fazê-lo, parece-me resultar, em maior ou menor grau, na capacidade dele de vivenciar o encontro como uma forma de participar nos sentimentos e no mundo do paciente. Tudo isso precisa ser estudado e acredito que pode ser, de muito mais maneiras do que percebemos. Como já disse, estou convencido de que há algo acontecendo no relacionamento de um ser humano com outro, algo inerente ao *Mitwelt*, que é infinitamente mais complexo, sutil, rico e poderoso do que geralmente temos nos dado conta.

A razão principal por que essas nuanças das quais tenho falado não têm sido estudadas é que não temos tido um conceito de encontro. Desde Freud temos tido um conceito claro de transferência; e, como uma consequência, temos tido todos os tipos de estudos da transferência – que dizem-nos tudo, exceto o que realmente acontece entre dois seres humanos. Para aqueles filósofos que sentem que a fenomenologia pura está sendo poluída pelos psicoterapeutas, permito-me dizer que o que estamos tentando fazer como psicoterapeutas é obter uma compreensão do homem que nos capacitará, pelo menos, a ver o que está acontecendo e, então, estudar isso. Estamos justificados em esperar que a fenomenologia nos ajude a chegar a um tal conceito que nos capacite a perceber o próprio encontro, quando, até agora, só percebemos a sua distorção, a transferência. É especialmente importante, permitam-me acrescentar, que não cedamos à tendência, nas nossas profissões, de evitar e diluir o encontro, tornando-o um derivado da transferência ou da contratransferência.

O terceiro problema é o do "inconsciente". Esse é um problema particularmente intrincado em relação à fenomenologia. Nós todos sabemos as dificuldades inerentes à teoria do inconsciente "porão" – o conceito de que existe um subsolo, onde todos os tipos de entidades estão armazenadas. E sabemos como esse conceito do inconsciente pode ser usado como um cheque em branco no qual qualquer tipo de determinismo de causa e efeito pode ser escrito. O uso negativo do inconsciente é resumido muito bem numa sentença do meu amigo Erwin Straus: "Os pensamentos inconscientes do paciente são geralmente as teorias conscientes do terapeuta". Obviamente a visão do inconsciente "porão" deve ser rejeitada.

Mas os argumentos de Sartre e outros fenomenologistas rejeitando o inconsciente sob qualquer forma, lógicos como são tais argumentos, sempre pareceram-me muito legalistas e verbalistas. Um dos argumentos de Sartre é que o censor de Freud, que se supõe estar na entrada do inconsciente e decidir quais pensamentos podem passar para a consciência, deve "saber" muita coisa; deve "saber" o que o id sabe, bem como o que pode ser admitido na consciência. Isso eu aceito. Mas Sartre está apenas descrevendo aí outro aspecto do fato de que os caminhos da mente são bastante complexos e sutis. Eu concordaria que qualquer experiência da qual estamos inconscientes está em alguma medida presente na percepção, pelo menos potencialmente. O problema real é por que a pessoa não pode se permitir "saber que ela sabe aquilo". Não há dúvida contudo, no meu entender, da existência e da importância do fenômeno que Freud estava tentando descrever quando falou sobre o inconsciente. Se descartássemos essa hipótese, nos empobreceríamos ainda mais por perdermos grande parte da riqueza e da significação da experiência humana.

Como, então, vamos enfrentar o problema? Acho que, aqui, dois princípios me são úteis, um tendo a ver com a percepção e o outro com a consciência. A distinção entre esses dois é crítica para o nosso problema. Eu vou enunciá-los, começando pela percepção (*awareness*), com referência ao meu conceito original de centralidade, isto é, o lado subjetivo da centralidade é a percepção. A capacidade que compartilhamos com os animais e grande parte da natureza é a percepção. De fato, Whithead e Tillich nas suas respectivas ontologias sustentam que a percepção é característica de todas as coisas na natureza, indo até a atração e a repulsão entre partículas moleculares.

A percepção é frequentemente correlacionada nos nossos pacientes com a atuação e o comportamento paranóide. É possível, quer dizer, perceber sem estar consciente. Todos conhecemos o paciente inteligente, frequentemente compulsivo, que pode falar por horas com grande percepção do que está acontecendo nos relacionamentos da sua vida, mas sem qualquer experiência do sentimento de que ele próprio está nos mesmos. Recentemente, num grupo de supervisão, ouvi uma gravação de um homem bem educado que estivera em análise por nove anos e que falava com grande detalhamento e muito astutamente sobre os mecanismos que a sua esposa estava usando nos seus relacionamentos e sobre os mecanismos entre os dois; mas o que impressionou-me foi a sua completa falta de percepção de que ele era a outra metade do relacionamento. Senti-me como se estivesse numa sala assombrada, ouvindo uma voz, mas sem nenhuma pessoa lá. A percepção sem consciência é altamente despersonalizante.

Assim, outro princípio não é apenas relevante, mas necessário. Eu o defino como segue: A consciência é a forma distintamente humana da percepção – a capacidade particularmente humana não apenas de saber algo, mas de saber que o sabe, ou seja, sentir a si mesmo como sujeito em relação a um objeto ou como eu em relação a tu. Acho o trabalho de Erwin Straus, como o seu eterno artigo "The Upright Posture" – "A postura ereta", pertinente e básico para a distinção entre percepção e consciência. O animal que anda de quatro, como o cachorro na nossa família, tem, em muitos aspectos, uma percepção imensuravelmente maior do que a nossa. A vigilância de uma grande distância pelo nosso cachorro pequinês, através dos seus sentidos de olfato e audição, é uma interminável fonte de espanto e faz-me sentir que nós, seres humanos, somos efetivamente espécimes bastante pobres, de um ponto de vista evolucionário. Na nossa fazenda, esse cachorro pode detectar outros animais e pessoas que, a muita distância, alcancem a porteira na estrada, e, sendo um pequinês, ele supõe que aqueles que não são da nossa família são evidentemente para ser devorados sem hesitação.

Mas quando o homem ergue-se nas duas pernas, fica ereto, e vê, ele não sente à distância, mas tem a percepção de uma distância entre ele e o mundo. Essa distância, eu acredito, é correlata da consciência. O artigo do Dr. Plessner, "On Human Expression – Sobre a expressão humana", tem muito a dizer de significativo nesse ponto[4]. O mesmo fenômeno é o que dá con-

4. Helmut Plessner. "On Human Expression". *In*: Erwin Straus (ed.). *Phenomenology*: Pure and Applied. Pittsburg: Duquesne University Press, 1964.

teúdo ao "Man – The Questioning Being – O homem, o ser questionador"[5]. Não poderíamos questionar sem termos a percepção da distância entre nós e o mundo. Questionar implica que posiciono-me num relacionamento significativo com o mundo e, assim, é uma expressão distintiva da consciência.

Agora, retorno ao problema do inconsciente. Como interpretaremos os fenômenos inconscientes, que são tão ricamente evidentes nos sonhos, tão significativamente presentes em todo o espectro dos sentimentos e ações dos nossos pacientes e nos nossos próprios? Devemos, de saída, redefinir o conceito. Não se pode dizer o inconsciente, pois nunca é um lugar. Nem são *coisas* no sentido de entidades inconscientes; coisas não são reprimidas; antes o são os processos e potencialidades. Eu proponho como definição o seguinte: *A experiência inconsciente são as potencialidades de ação e percepção que a pessoa não pode ou não irá concretizar.* Essas potencialidades podem, todavia, ser concretizadas corporalmente; desejos sexuais negados e potencialidades são expressos em sintomas somáticos, como Freud sabia tão bem. Mas o ponto importante é que o indivíduo não pode ou não irá permitir-se ter consciência do desejo.

É criticamente importante, como já indiquei, manter a distinção entre percepção e consciência. O paciente bem pode ter "percebido", em algum nível, a experiência que é negada e da qual, por conseguinte, ele está inconsciente. Assim, quando ele diz, "eu sabia disso o tempo todo", a sua afirmação é correta. Mas o seu termo está errado: ele bem pode ter *percebido* a experiência reprimida, mas não podia permitir-se saber que *ele sabia*.

Penso que, quando Sartre argumenta que o censor sabia disso o tempo todo, está falando sobre percepção e não consciência. O conceito "inconsciente" deve ser entendido com base

---

5. Erwin Straus. *Phenomenological Psychology*. Nova Iorque: Basic Books, 1966.

no "consciente" e como dele derivado, e não o inverso, como os pensadores evolucionistas são propensos a fazer. Se desejamos falar em termos evolucionários, deveríamos dizer que a consciência e a capacidade para negá-la, isto é, o inconsciente, emerge de uma percepção indiferenciada. A inconsciência é uma descrição das formas infinitas e multiformes da consciência.

Ora, é frequentemente argumentado que a fenomenologia, particularmente na sua forma husserliana, tem a ver somente com a consciência. Isso não é inteiramente verdadeiro. O Professor Cairns, numa discussão comigo, expunha a sua opinião de que é "como se" Husserl deixasse um lugar para a inconsciência, ao confinar-se à descrição da consciência. Também era sua opinião que as minhas redefinições da inconsciência são, pelo menos em alguma medida, compatíveis com a fenomenologia de Husserl, como ele a entende.

As implicações dessa análise da experiência inconsciente para a terapia são significativas. Foi dito por Freud que a tarefa do analista é fazer consciente o inconsciente. Eu diria, antes, que a tarefa do terapeuta é ajudar o paciente a converter a percepção em consciência. Esse processo envolve todas as potencialidades que descrevi como inconscientes, mas que estão em alguma medida presentes na percepção ou, pelo menos, potencialmente presentes. A consciência consiste na experiência, "eu sou aquele que tem esse mundo e estou fazendo algo nele". Isso implica responsabilidade, "*responder*" ao mundo.

Assim, ao converter a percepção em consciência, temos uma dinâmica para a mudança, isto é, aumentar a esfera de consciência e experiência do paciente, que é diretamente inerente ao próprio ser dele. O impulso e movimento para a mudança e a realização não precisa ser trazido de fora para dentro, pelo voluntarismo vitoriano, pelo condicionamento ou pela moderna moralização conformista. Ela vem diretamente do próprio ser do paciente e da sua necessidade de preencher esse ser.

8

A terapia existencial e o cenário americano

E livremente os homens confessam que esse mundo está gasto,
Quando nos planetas e no firmamento
Buscam tantos novos mundos; ...
Tudo em pedaços, finda toda a coerência;
Tudo é só suprimento, e tudo é relação:
Príncipe, Súdito, Pai, Filho, são coisas esquecidas,
Pois cada homem, sozinho, pensa que tem de Ser uma Fênix...

(John Donne [1573-1631], An Anatomie of the World, "The First Anniversary" [*O primeiro aniversário*])

O nosso problema é estabelecido por um paradoxo que confronta-nos tão logo enunciamos o tópico da análise existencial e o cenário americano. Por um lado, a análise existencial tem muitas afinidades importantes e profundas com traços subjacentes do caráter americano. Mas a psicologia e a psiquiatria americanas têm sido decididamente ambivalentes em relação a ela. Ao perguntar as razões para essa curiosa contradição, devemos não ocultar o fato de que as traduções das obras básicas dos psiquiatras e psicólogos existenciais não têm sido disponíveis nos Estados Unidos (ou em inglês) até meia dúzia de anos atrás; pois as traduções seguem o interesse ao invés de simplesmente o interesse seguir as traduções.

Nesse capítulo desejo, primeiramente, mostrar o relacionamento entre alguns princípios fundamentais da psicoterapia existencial e traços subjacentes no caráter e no pensamento americano. Segundo, desejo mostrar alguns aspectos da nossa situação americana que lançam luz sobre o paradoxo de que, embora sejamos, de diversas maneiras, um povo muito existencial, nós desconfiamos do existencialismo. Em terceiro lugar, quero enfatizar alguns elementos na análise existencial que alguns de nós acham de especial significação na nossa psicoterapia. E, quarto, proponho citar diversos problemas irresolvidos e críticas feitas à análise existencial pelos psicoterapeutas americanos.

Uma ênfase central que percorre toda a abordagem existencial, isto é, a ênfase em *saber pelo fazer*, é particularmente próxima do pensamento americano. Quando Kierkegaard proclama: "A verdade existe para o indivíduo somente se ele próprio a produz na ação", as palavras têm um apelo familiar para aqueles de nós criados na tradição pragmática americana. Paul Tillich, um filósofo que representa uma ala do pensamento existencial, expressou excelentemente no seu livro *The Courage to Be* – A coragem de ser[1], a atitude existencial latente numa multidão de americanos. No seu clássico artigo sobre a filosofia existencial, Tillich escreveu:

> Como os filósofos americanos William James e John Dewey, os filósofos existenciais estão reclamando das conclusões do pensamento "racionalista" que equiparam a realidade com o objeto do pensamento, com relações e "essências", defendendo a realidade como o homem a vivência imediatamente na sua vida concreta. Consequentemente, eles tomam o seu lugar com todos aqueles que consideraram a experiência imediata do ho-

1. Paul Tillich. *The Courage to Be*. New Haven: Yale University Press, 1952.

> mem como reveladora mais completa da natureza e dos traços da realidade do que a experiência cognitiva do homem[2].

Também são muito importantes, no pensamento e nas atitudes americanas, a desconfiança das categorias abstratas ou da teorização por si mesma, uma desconfiança manifestada veementemente por Kierkegaard, assim como a rejeição da dicotomia sujeito-objeto.

Se alguém lê William James, particularmente, descobre uma surpreendente afinidade com os pensadores existenciais. Além dos pontos citados acima, James apresenta uma *ênfase apaixonada sobre a imediatitude da experiência.* Ele sustentava que ninguém pode conhecer a verdade sentando-se numa poltrona desinteressado, mas só na experiência que inclui a vontade. Quer dizer, a decisão, no eu, é uma preliminar necessária para a revelação da verdade. A sua epistemologia tem semelhanças impressionantes com a de Nietzsche na primeira parte de *A vontade de poder*, quando ele sustenta que a verdade é o modo pelo qual um grupo biológico se concretiza. Finalmente, William James tinha uma grande humanidade e, através da sua enorme tolerância como homem, era capaz de trazer a arte e a religião para o seu pensamento sem sacrificar nada da sua integridade científica. Quase sozinho, ele salvou a psicologia americana da virada do século de perder-se filosofando numa poltrona, por um lado ou, por outro, nas minúcias do laboratório psicofisiológico. Ele é, de muitas maneiras, o nosso mais típico pensador americano.

---

2. P. Tillich. "Existential Philosophy". *Journal of the History of Ideas*, 5:1, 44-70. 1944. É claro que não pretendo igualar o pragmatismo e o existencialismo americanos. Só quero apontar que eles têm diversas ênfases em comum, como a rejeição da dicotomia sujeito-objeto, a negação da identificação das categorias lógicas com a verdade, etc.

Porém, pelo mesmo paradoxo que discutimos acima, William James foi geralmente rejeitado com compassivo desprezo nas universidades americanas, no período entre as duas guerras mundiais. A psicologia e a psiquiatria nas últimas três décadas têm sido esmagadoramente comportamentalista e positivista. James é representativo das atitudes subjacentes nos Estados Unidos que estão logo abaixo da superfície consciente; e é altamente significante que um renascimento do interesse nele e a admiração pela sua grande importância como pensador esteja acontecendo atualmente nas nossas universidades. De modo paralelo, o interesse na análise existencial, nos Estados Unidos, tem estado latente e suprimido, mantendo-se logo abaixo da superfície consciente do pensamento americano.

Qual é a fonte desse paradoxo? Eu convido o leitor a acompanhar-me num rápido olhar em certos dilemas na nossa situação americana que lançam luz sobre isso. A preocupação do homem ocidental com os métodos mecanicistas e a sua apoteose técnica atingiram de modo particularmente duro a nós, nos Estados Unidos; e, de alguns modos, os nossos conflitos refletem os dilemas mais críticos e portentosos do homem ocidental.

Proponho que a melhor maneira de compreender o caráter americano é vê-lo através do símbolo da *fronteira*. A maioria de nós está literalmente há apenas uma ou duas gerações da fronteira, do estado concreto de pioneiros. E mesmo que, como filhos de famílias imigrantes, não tenhamos sido criados na fronteira geográfica, estamos há apenas uma geração da fronteira econômica ou educacional. Na fronteira, era essencial que se enfatizasse a *prática*, que se fosse capaz de roçar a própria terra e construir a própria casa. A autoconfiança era de importância primordial, pois o indivíduo e a sua família com frequência tinham que viver por si mesmos, em lugares isolados nas pradarias e florestas. É fácil ver como a subjetividade e a introspecção seriam uma ameaça real para essas pessoas fisicamente isoladas, e como elas precisavam reprimir radicalmente a sua subjetividade para escapar ao colapso. Daí a nossa desconfiança em relação à teorização, à especulação abstrata, à intelectualização por si própria.

Além disso, a fronteira era sempre móvel; havia sempre algum lugar para ir horizontalmente. O indivíduo não precisava, como na Europa, ir verticalmente na sua própria experiência. Por isso a grande ênfase no espaço e nas categorias espaciais nos Estados Unidos, em contraste com o interesse europeu no *tempo*. A coragem americana para mudar de empregos – o que os sociólogos chamam de motilidade econômica – não deve absolutamente ser compreendida como materialismo crasso ou somente como fome de ganhos econômicos: mostra uma autoconfiança situada a meio caminho entre os polos material e espiritual. Como assinala Paul Tillich, é uma atitude espiritual de coragem arriscar-se, tomar-se o destino nas próprias mãos. Isso é associado com a convicção, nos Estados Unidos, de que todos podem mudar a sua vida, o que tem sido chamado, às vezes, de nosso "existencialismo otimista". Daí a grande preocupação, nos Estados Unidos, de ajudar as pessoas com os seus problemas. A enorme expansão de clínicas matrimoniais, centros de ajustamento e a popularidade generalizada da psicoterapia estão parcialmente ligados a essa convicção de que cada um deveria ser capaz de tornar-se algo novo.

Não poderia ser levantada frutiferamente a questão de se a nossa ênfase no racionalismo pragmático e em controles práticos, bem como o nosso modo de pensamento comportamental, não são uma defesa contra elementos irracionais que estavam presentes na maior parte da nossa sociedade há apenas uma centena de anos atrás, nas fronteiras? Esses elementos irracionais estão sempre vindo à tona, com frequência para nosso grande embaraço – desde as fogueiras revivalistas dos movimentos emocionais do século XIX até à Ku Klux Klan e o próprio movimento anti-intelectual. Uma boa parte do nosso trabalho psicológico pode ser visto como um esforço para controlar esse irracionalismo.

Mas penso que, aqui, há um ponto especial sobre o nosso interesse e preocupação, nos Estados Unidos, com o "comportamento". As nossas ciências do homem são chamadas "ciências comportamentais"; os programas nacionais de televisão da Associação Americana de Psicologia são chamados "Accent on Behavior" ("O comportamento em destaque") e a nossa contribuição principal, mais extensa e original para o desenvolvimento da psicologia ocidental é o *comportamentalismo*. Praticamente, todos nós, na nossa sociedade, ouvíamos o tempo todo quando crianças: "Comportem-se! Comportem-se!" A nossa ênfase no comportamento não é também um resquício do nosso puritanismo de pioneiros? A hipótese da íntima relação entre o nosso puritanismo moralista herdado e a nossa preocupação com o comportamento, no estudo do homem, culminando nas nossas "ciências comportamentais", não é de nenhum modo absurda, e o estudo dessa tese poderia produzir alguns resultados interessantes. Estou, é claro, totalmente ciente do argumento de que temos que estudar o comportamento porque é tudo de que dispomos com qualquer grau de objetividade. Mas não será isso o nosso preconceito paroquial, bastante determinado pelo nosso momento histórico particular, elevado ao nível de princípio psicológico?

As virtudes de fronteira, no caráter americano, trouxeram com elas perigos sérios, e é aqui onde o paradoxo da supressão da atitude existencial torna-se clara. Pois a ênfase na "prática" e na mobilidade espacial levou a uma excessiva ênfase nas *técnicas*, ao culto da técnica como uma maneira mecânica de controlar a natureza, e à necessidade, logo como um corolário, de ver a personalidade humana como um objeto de controle, à semelhança do resto da natureza. Nesse ponto a tragédia peculiar do homem ocidental cobra o seu tributo especial nos Estados Unidos. A crença na técnica pode ser um eficiente método para aliviar a ansiedade; e bem pode ser que, nós, nos Estados Unidos, tenhamos reagido principalmente com esse método às perturbações da catastrófica situação da sociedade ocidental. Essa crença acompanha a esperança frenética, embora ilusória, de que, de algum modo, não teremos que encarar a ansiedade devastadora dos apuros do mundo atual, se conseguirmos a técnica certa.

As virtudes citadas acima têm igualmente favorecido um excessivo otimismo sobre a natureza humana, um otimismo que casou-se, compreensível mas infelizmente, com a fé nas técnicas. Um dos nossos perigos mais sérios nos Estados Unidos é a tendência para acreditar que a técnica *em si* muda as pessoas, que qualquer um pode mudar desde que ache o método certo. Essa fé pode servir, frequentemente, como um substituto para a coragem interior de confrontar a própria existência nas suas possibilidades trágicas tanto quanto felizes. *Fazer é*, com frequência, mais fácil, e pode aliviar a ansiedade mais rapidamente do que ser.

Um outro problema resulta do fato de que, na fronteira, todos os homens começavam do zero. Na teoria, todos os homens construíram a sua própria história. Daí, tende a faltar-nos um sentido de história, bem como as experiências mais profundas de *tempo* no ser. Mas, mais sério ainda, no meu entender, é a nossa falta de sentido de tragédia na existência humana.

Gabriel Marcel disse que a característica do moderno homem ocidental é a sua *repressão do sentido antológico*, a sua fuga da percepção do seu próprio ser. Marcel sugere, corretamente, que é precisamente essa repressão antológica, antes que a repressão dos instintos, que subjaz aos aspectos mais profundos da neurose do homem ocidental moderno. A repressão do sentido antológico, por exemplo, é o que realmente queremos dizer com a expressão, um tanto vaga, "perda do ser pessoa", e está por trás dos enormes movimentos de conformismo e das tendências de perda da autoconsciência nos nossos dias. Muitos americanos preocupam-se profundamente com essa repressão do sentido ontológico, pois até a nossa boa sorte faz-nos particularmente vulneráveis a essa perda. Os nossos enormes recursos e a nossa posição geográfica capacitaram-nos a evitar os trágicos choques à existência que forçaram os povos, na Europa, a preocuparem-se com a ontologia, quisessem ou não, e os forçou a confrontarem diretamente a ansiedade, a morte e outros dilemas existenciais da vida.

Agora, chego exatamente ao ponto em que está acontecendo a mudança mais significativa nos Estados Unidos. Está surgindo uma forte atitude no pensamento americano, que eu chamaria "fome antológica". Isso foi exposto, na sua forma popular, no reflorescimento religioso disseminado nos anos 1950. Mas também aparece nas questões de sentido existencial feitas por líderes científicos e religiosos de todos os tipos nos Estados Unidos. Quanto ao reflorescimento religioso, eu tenho sérias dúvidas, por causa do seu caráter conformista. Mas não pode haver dúvidas quanto à significação da nova preocupação entre psiquiatras, psicólogos e outros intelectuais sobre o sentido da existência humana. Embora eu suspeite que a ênfase positivista na psiquiatria e na psicologia americanas serão dominantes durante algum tempo, há sinais claros de que a ênfase existencial terá uma profunda influência, como um fermento, uma levedura no pão.

Portanto, alguns dos aspectos particulares da psiquiatria e da psicologia existenciais que nós achamos de especial valor e significação são os seguintes: Primeiro, a insistência apaixonada de que o homem seja tratado, mesmo pela ciência, como algo mais do que *homo naturans*, e a insistência de que as condições distintivas da humanidade do homem sejam a nossa preocupação especial – uma ênfase central na obra de Binswanger. Segundo, a ruptura da "solidão epistemológica" da nossa situação moderna e a corrosão da estreita e ultrapassada causalidade ocidental – uma contribuição fenomenológica feita com muita elegância e clareza na fenomenologia de Minkowski e Straus. Terceiro, a ênfase em que toda psicoterapia é baseada em pressupostos filosóficos, e só podem derivar danos e confusão do obscurecimento desses pressupostos. Concordo com a advertência de Zilboorg contra vincular muito intimamente a psicoterapia com qualquer filosofia particular. Contudo, no meu entender, o ponto crucial é diferente daquele de Zilboorg. O meu argumento é que a maioria das escolas psicoterapêuticas não admitiu que necessitam, em todo caso, de uma filosofia – elas necessitam apenas "olhar objetivamente para os fatos", ignorando deleitadamente que esse mesmo processo de olhar para os fatos envolve as mais radicais e profundas suposições filosóficas. É essencial que esclareçamos as bases *antológicas* nas quais se fundam os dinamismos da psicanálise. Não posso enfatizar em demasia a importância desse empreendimento, pois penso que tais dinamismos, como a transferência, a resistência e outros, pairam no ar e não podem ter nenhum significado duradouro a menos que as suas bases ontológicas, na situação do homem como homem, sejam compreendidas[3].

Além disso acredito que a abordagem existencial pode e deveria ter efeitos profundos e de grande alcance sobre a prática terapêutica com os pacientes, embora essa contribuição ainda não

---

3. Empenhamo-nos em fazer isso no capítulo 7.

tenha sido adequadamente desenvolvida. A abordagem existencial deveria romper a artificialidade de grande parte da psicoterapia tradicional e trazer um sentido de realidade mais dinâmico para o processo. Então, a psicoterapia não será um tratamento no sentido estreito, mas um encontro da pessoa com a própria existência de uma forma imediata e quintessencial. Um aspecto específico dessa nova dinâmica, por exemplo, é visto no princípio de que *a decisão precede* o *insight* e o *conhecimento*. Era costume supor que, quando o paciente tinha *insight* suficiente, tomaria as decisões corretas. Agora, vemos que isso é apenas meia-verdade e, concretamente, convida o paciente a renunciar à sua própria existência. A outra, e inteiramente necessária, metade da verdade é que o paciente nunca terá *insights*, nunca será capaz de ver a verdade, *exceto quando estiver pronto para tomar decisões sobre a sua própria existência*. A significação da relação pessoal entre terapeuta e paciente não é apenas que ela dá ao paciente um novo, e agora bom, pai ou mãe, mas, mais basicamente, que lhe dá um novo mundo pessoal, caracterizado pelo interesse estável, no qual ele torna-se capaz de tomar uma orientação decisiva para a sua própria existência.

Além disso, a ênfase existencial muda os objetivos da terapia. Agora, não estamos mais seduzidos pela ideia ubíqua de ajustamento, a qual na nossa sociedade pode ser, muito frequentemente, um nome para o conformismo e a perda concreta da própria existência. Ao invés, o objetivo é o confronto pleno com a própria existência, muito embora se possa, então, ser *menos* ajustado à sociedade, e muito embora se possa sofrer *mais* ansiedade consciente, ou seja, a ansiedade existencial normal, do que antes. Essa mudança de objetivos capacita-nos a lidar com as realidades mais importantes da vida que, geralmente, tinham apenas uma posição obscura na terapia, até agora, isto é, a ansiedade, a culpa, a alegria, o amor e a criatividade *normais*.

Desejo agora citar diversos problemas e críticas que me impressionam. O primeiro tem a ver com a negação, em grande parte da psiquiatria existencial e fenomenológica, do que é chamado o "inconsciente". Eu proponho, modestamente, a acusar muitos dos nossos colegas existencialistas, particularmente na Europa, de serem *não-existencialistas* ao tratar do "inconsciente". Ora, é verdade, como já vimos, que o conceito do inconsciente na psicanálise favoreceu notoriamente a tendência para a causalidade mecanicista excessivamente simplificada. Mas a nossa reação a isso deveria levar-nos, não a uma negação, mas a uma nova formulação dos enormes e profundos domínios de experiência simbolizados pelo conceito de inconsciente. Terapeutas e pacientes, frequentemente, falam de algo no inconsciente do paciente "causando" esse ou aquele sintoma ou comportamento. Essa é a noção de experiência inconsciente "porão" e, é claro, deveria ser rejeitada.

Mas o significado histórico real da formulação do inconsciente por Freud tem uma significação totalmente diferente. O seu grande significado é uma *ampliação* da dimensão da personalidade, a ruptura do racionalismo e do voluntarismo estreito do homem vitoriano. A ideia de experiência inconsciente dá à personalidade dimensões profundas que a cultura vitoriana procurava negar, as profundezas do que nós chamamos as ideias, impulsos, e outros aspectos primitivos, reprimidos ou esquecidos da personalidade, os quais estão intimamente vinculados a muitas das potencialidades trágicas do homem. Essa dimensão é o significado histórico da emergência desse conceito de experiência inconsciente entre os pensadores existenciais do século XVIII, Schopenhauer e Nietzsche, e em Eduard von Hartmann, de quem Freud leu o livro. Embora o próprio Freud erre ao usar esse conceito como um cheque em branco, de maneira simplificada, o seu gênio real é mostrado no significado mais amplo do termo, isto é, a ampliação radical das dimensões profundas da personalidade humana. No meu entender, muitos dos argumentos dos escritores existenciais e fenomenologistas contra o "inconsciente" são eles próprios muito legalistas, tratando da lógica verbal e fracassando em tomar o termo no seu significado dinâmico, existencial. Seguramente, é sempre impreciso falar de o inconsciente, o preconsciente ou o subconsciente: eles nunca são *lugares*. Mas devemos ser capazes de incluir a experiência inconsciente. Esse problema ainda não foi adequadamente tratado. Paradoxal como possa soar, espero que alguém contribua com uma *fenomenologia da experiência inconsciente*.

O segundo problema é a tênue ênfase posta na dimensão genética em grande parte da análise existencial. Estou inteiramente ciente dos abusos da causalidade genética na psicanálise, exposta nas tendências a dizer que um paciente faz alguma coisa porque isso ou aquilo lhe aconteceu na infância. É um perigo real, especialmente nos Estados Unidos, que nos interessemos tanto em imediatamente perguntar *por que* uma pessoa comporta-se dessa ou daquela maneira que acabemos nunca entendendo *o que* ela está fazendo. Certamente, essa causalidade excessivamente simplificada impossibilita a genuína compreensão do paciente. Entretanto, não podemos duvidar do grande poder formativo das experiências da primeira infância. Essas experiências não são causais de uma maneira excessivamente simplificada, mas têm uma quintessência de poder que, mais tarde, é expresso em símbolos; elas são as forças formadoras do que Adler chamou o "estilo de vida". Um renomado colega meu observou, recentemente, que existe o perigo de a fenomenologia poder tornar-se apenas duas dimensões. Não é evidente que a existência de um indivíduo nunca pode ser vista na sua plenitude sem a dimensão da gênese histórica, e que deve ser encontrada uma maneira para resgatar a riqueza e a dinâmica das experiências infantis, numa base diferente da antiga causalidade?

Um terceiro problema que os meus colegas levantam é a falta de interesse terapêutico em alguns escritos psiquiátricos existenciais europeus. Posso ser acusado, aqui, da velha preocupação americana com a ciência aplicada, a nossa vontade de mudar a todos. Não peço desculpas pelo nosso interesse em ajudar qualquer um que sofra, embora isso possa, às vezes, parecer quixotesco. Entretanto, a minha defesa vai além disso. Pois nunca poderemos apreender a outra pessoa na sua existência real a menos que a vejamos a cada instante no processo de tornar-se alguma coisa. O seu eu, como insistia Kierkegaard, é apenas aquilo que a pessoa está no processo de tornar-se. O crescimento e a mudança moral são um aspecto sempre presente na experiência de viver – e a negação pela pessoa dessa mudança moral apenas a prova de um ângulo diferente. Além disso, só podemos ver as pessoas reveladas em situações críticas; nenhuma pessoa passará pelas agonias de desnudar os aspectos mais profundos do seu sofrimento psicológico e espiritual, a menos que tenha alguma esperança de encontrar ajuda para encontrar uma saída da sua agonia. Proponho que a psicologia e a psiquiatria são duas ciências que não podem conhecer o seu material, isto é, as pessoas, exceto quando orientam-se direta ou indiretamente para ajudar essas pessoas.

9

Jean-Paul Sartre e a psicanálise

Orestes: Deixe ruir! Deixe as pedras insultar-me e as flores murcharem na minha chegada. Todo o seu universo não é suficiente para provar-me errado. Tu és o rei dos deuses, rei das pedras e estrelas, rei das ondas do mar. Mas não és o rei dos homens.

Zeus: Cria impudente! Então eu não sou o teu rei? Quem, então, te fez?

Orestes: Tu. Mas tu cometestes um grave erro; não devias ter me feito livre.

(Jean-Paul Sartre, *As moscas*)

Tenho dois pontos de vista contrastantes a respeito do trabalho de Sartre. Um é que o seu pensamento precisa ser tomado com seriedade genuína como uma das contribuições inquestionavelmente mais importantes, do nosso tempo, para a autointerpretação do homem ocidental moderno na filosofia, na psicologia e na literatura. A minha outra opinião é que alguns dos princípios subjacentes de Sartre estão basicamente errados. E também me parece que levar em conta aos dois pontos de vista é a maneira mais construtiva e frutífera de Sartre ser abordado pelos estudantes universitários e outros pensadores modernos.

Para avaliar a contribuição de Sartre, devemos, é claro, primeiro dissociá-lo das interpretações superficiais das suas ideias pelos extremistas do Café Deux Magots e da margem esquerda do Sena e do Hudson. É verdade que Sartre estimulou tais interpretações equivocadas com as suas declarações superficialmente arrojadas como a que encerra o capítulo III de *Psicanálise existencial* – "O homem é uma paixão inútil". Mas "inútil", aqui, pode ser tomado como significando "para não ser usado". Por trás das implicações niilistas de alguns dos seus termos, existe, realmente, a insistência apaixonada e contínua de Sartre de que o homem não é um objeto para ser *usado*, seja por Deus, pela psiquiatria ou pela psicologia, ou manipulado pelos computadores gigantes do industrialismo moderno, ou convertido num consumidor passivo mecânico pela comunicação de massa.

Tampouco o homem é para ser usado na sua própria manipulação de si mesmo, como uma máquina psicológica para ser ajustada, ou moldado pelo "pensamento positivo" de Norman Vincent Peale num homem-organização para obter sucesso na Avenida Madison. O homem não é um objeto para ser forçado no "papel demandado pela sociedade moderna – para ser *somente* um atendente, um condutor ou uma mãe, *somente* um empregador ou um trabalhador", como a Sra. Hazel Barnes escreve na introdução à sua tradução de Sartre[1]. Corretamente, ela diz, ainda: "Na minha opinião, esse aspecto do existencialismo de Sartre é uma das suas contribuições mais positivas e de máxima importância – a tentativa de fazer com que o homem contemporâneo olhe para si mesmo novamente e recuse ser absorvido por um papel no palco de um teatro de bonecos".

Ao longo de todas essas páginas, o leitor encontrará os ataques categóricos de Sartre à psicologia contemporânea, que vê

---

1. Miss Barnes foi a tradutora do maior livro de Sartre, *O ser e o nada*, do qual *A psicanálise existencial* é uma parte. Os capítulos sobre a psicologia de Sartre, intitulados "Uma psicologia da liberdade", no livro de Hazel Barnes. *The Literature of Possibility*. Lincoln: Universidade of Nebraska Press, 1959, são recomendáveis.

o homem como um objeto de condicionamento ou sustenta que "o indivíduo é apenas a intersecção de esquemas universais"[2]. Sartre escreve que, se "considerarmos o homem capaz de ser analisado e reduzido a dados originais, a determinadas pulsões (ou 'desejos'), sustentados pelo sujeito como as propriedades de um objeto", podemos acabar, de fato, com um imponente sistema de substâncias que chamaremos, então, de mecanismos, dinamismos ou padrões. Mas, inevitavelmente, nos defrontamos com um dilema. O nosso ser humano tornou-se "um tipo de barro indeterminado que teria que receber (os desejos) passivamente – ou seria reduzido a um simples fardo dessas pulsões ou tendências irredutíveis. Em qualquer caso, *o homem* desaparece; não podemos mais achar 'aquele' a quem aconteceu essa ou aquela experiência"[3].

Assim, Sartre presenteia-nos com a mais enfática afirmação da liberdade humana e da responsabilidade individual. "Eu sou as minhas escolhas", ele proclama repetidas vezes e de várias formas. Nas suas peças teatrais, ele afirma contínua e poderosamente esse princípio: Orestes, o principal personagem em *As moscas*, brada contra um Zeus manipulador e diletante: "Eu sou a minha liberdade!" Alheio às advertências de Zeus sobre o grande desespero e ansiedade que perseguem os passos do homem livre, Orestes clama: "A vida humana começa no ponto mais distante do desespero!" Na sua visão da liberdade como a potencialidade única e central que constitui o homem como o ser humano, Sartre faz a declaração a mais extrema do existencialismo moderno.

---

2. Jean-Paul Sartre. *Existential Psychology*. Chicago: Régnery, 1953, p. 44.

3. Jean-Paul Sartre. *Being and Nothingness*, traduzido por Hazel Barnes. Nova Iorque: Biblioteca de filosofia, 1956, p. 561.

Mas o homem sartreano, também é verdade, torna-se uma criatura individualista, solitária, erguendo-se sozinho na base no seu desafio contra Deus e a sociedade. A base filosófica desse princípio é dada na famosa afirmação de Sartre: "A liberdade é existência e, nela, a existência precede a essência". Quer dizer, não haveria essências – nenhuma verdade, nenhuma estrutura na realidade, nenhuma forma lógica, nenhum Logos, nem Deus, nem qualquer moralidade – exceto na medida em que o homem, ao afirmar a sua liberdade, faz essas verdades.

Isso leva-nos ao que, no meu entendimento, é a crítica fundamental do pensamento de Sartre. Desejo apresentar essa crítica nas palavras de Paul Tillich, que vê com equilibrada sabedoria o significado do movimento existencial moderno e também a posição de Sartre no mesmo:

> Em contraste com a situação... depois da Segunda Guerra Mundial, quando a maioria das pessoas identificava o existencialismo com Sartre, agora é de conhecimento comum nesse país que o existencialismo começou na história intelectual ocidental, com Pascal, no século XVII, tem uma história clandestina no século XVIII, uma história revolucionária no século XIX e uma vitória extraordinária no século XX. O existencialismo tornou-se o estilo do nosso período em todos os domínios da vida. Mesmo os filósofos analíticos pagam tributo a ele, recolhendo-se para os problemas formais e deixando o campo dos problemas materiais para os existencialistas, na arte e na literatura.
>
> Contudo, somente em raros momentos desse desenvolvimento monumental foi alcançado um existencialismo quase puro. Um exemplo é a doutrina sartreana do homem. Refiro-me a uma sentença na qual todo o problema do essencialismo e do

> existencialismo fica claro, a sua famosa afirmação de que a essência do homem é sua existência. O significado dessa sentença é que o homem é o ser de quem nenhuma essência pode ser afirmada, pois tal essência introduziria um elemento permanente, contraditório com o poder do homem de transformar-se indefinidamente. De acordo com Sartre, o homem é o que ele faz para ser.
>
> Mas se perguntamos se a sua sentença não fez, contra a sua intenção, uma asserção sobre a natureza essencial do homem, devemos certamente dizer que sim. A natureza particular do homem é o seu poder para criar a si mesmo. E se levantarmos a questão posterior de como tal poder é possível e como deve ser estruturado, necessitaremos uma doutrina essencialista plenamente desenvolvida para responder; devemos saber sobre o seu corpo e a sua mente, em suma, sobre aquelas questões que, por milênios, foram discutidas em termos essencialistas.
>
> Somente com base numa doutrina essencialista da liberdade é que a sentença de Sartre tem qualquer significado. Nem na teologia, nem na filosofia, o existencialismo pode viver por si mesmo. Ele só pode existir como elemento contrastante num enquadro essencialista[4].

Em outras palavras, não podemos ter liberdade ou um indivíduo livre sem uma estrutura na qual (ou no caso de desafio, *contra* a qual) o indivíduo age. A liberdade e a estrutura implicam-se uma à outra. E Sartre, seguramente, tem uma estrutura. No meu entendimento, ele pressupõe muito mais da tradição

---

4. Paul Tillich. "Existentialism and Psychotherapy". *Review of Existential Psychology and Psychiatry*, vol. 1, n. 1, p. 9.

humanista do pensamento ocidental, e mesmo muito mais dos conceitos judaico-cristãos de significação e valor da pessoa, do que ele parece perceber ou declarar explicitamente. Ele também pressupõe a crença judaico-cristã no significado moral da história. Os profetas Amós e Isaías, por exemplo, clamam contra a perversidade com base em princípios de justiça aos quais até mesmo Deus devia submeter-se. Sartre pressupõe princípios morais semelhantes ao desafiar tais princípios. Há uma suposição ao longo de toda a obra de Sartre – uma suposição que deve muito a Descartes e ao racionalismo francês e ganha em convicção com as crenças apaixonadas de Kierkegaard e Nietzsche – de que há uma estrutura significativa na vida e mesmo na sociedade burguesa ocidental, para tornar possível que alguém como Sartre possa lutar tão enfaticamente contra elas. Ser um Anticristo, como Nietzsche, pressupõe Cristo.

A mesma coisa pode ser dita, certamente, sobre a abordagem da psicanálise por Sartre. Nesse volume, ele pressupõe Freud para lutar impressionantemente contra ele. O fato de que a psicanálise seja possível, que o homem possa superar problemas psicológicos e que uma pessoa (o terapeuta) possa ajudar outra (o dito paciente), pressupõe uma estrutura significativa na psique humana e nos relacionamentos humanos, seja essa estrutura revelada em sonhos, em atos falhos, em memórias da história infantil, em sintomas neuróticos, ou o que quer que seja. Essa estrutura Freud tentou descrever e, depois, sistematizar. É claro que há erros fundamentais no sistema resultante do esforço de Freud. E acredito que Sartre conseguiu, nesse livro, penetrar com o seu afiado e incisivo bisturi uma série desses erros. Mas ele não poderia tê-lo feito, exceto se aceitasse, para começar, como pressuposto o sistemático esforço essencialista de Freud.

Um lugar em que Sartre pressupõe demasiadamente Freud é no título do seu livro. O nome *Psicanálise existencial* sugere que

Sartre oferecerá uma forma alternativa de psicanálise. Isso ele nem faz, nem procura fazer; com efeito, ele reconhece corretamente que uma genuína psicanálise existencial ainda não pode ser formulada ou escrita. Antes, o seu livro faz críticas básicas da psicologia moderna, em geral, e do determinismo de Freud, em particular, e expõe as análises frequentemente brilhantes de Sartre desses erros, bem como as suas propostas para a correção deles. Ele também indica em que direção uma psicanálise existencial poderia ser desenvolvida. Sartre faz tudo isso com base na sua compreensão existencial do homem e na sua convicção inabalável de que o ser humano não pode, simplesmente, ser compreendido se vemos nele apenas o que os nossos estudos de formas de vida sub-humanas permite-nos ver, ou se o reduzimos a determinismos naturalistas ou mecânicos, ou o fragmentamos em instintos separados ou conjuntos de estímulos e respostas ou de qualquer outra maneira que retire do homem que tentamos estudar a sua liberdade e responsabilidade individual básicas.

Permitam-me mencionar, agora, alguns dos pontos centrais e, no meu entender, altamente significativos que Sartre desenvolve em *A psicanálise existencial*. Eu não tentarei fazer isso lógica ou sistematicamente, mas, antes, de uma maneira que eu espero indicará algo da natureza e do significado da contribuição de Sartre.

Primeiro, Sartre destaca que as formas usuais de "explicação" que dominam a maior parte da psicologia e da psiquiatria não explicam, simplesmente, nada. Usando o caso de Flaubert e a questão de como ele tornou-se um escritor, Sartre mostra que a "explicação" de Bourget em termos de padrões emocionais gerais e da alegada necessidade de Flaubert de evadir-se para formas menos violentas de expressão escrita encobre a própria coisa que precisamos entender. As "explicações" também nos alienam da pessoa. Perdemos Flaubert.

Os mecanismos freudianos como a "projeção", a "introjeção", a "transferência" também não explicam, uma vez que nunca podemos passar de uma lei abstrata geral para uma pessoa particular única. Como muitos de nós descobrimos na psicanálise, o problema crítico é sempre saber se a lei geral pode ser *aplicada* a essa pessoa particular, nesse dado momento na sua história. Esse é o calcanhar de Aquiles de todas as leis gerais usadas para explicar os seres humanos individuais e que é, com frequencia, ignorado cegamente nas nossas crenças excessivamente simplificadas e apressadas, na nossa abordagem especial da ciência.

Sartre tampouco aceitará qualquer "explicação" em termos de determinismo pelo passado. Ele é inteligente demais para não saber que todos nós estamos sujeitos a influências determinantes a cada momento. Somos determinados, pelo nosso nascimento, numa certa família com um *status* cultural e econômico particular; determinados pelos nossos corpos, por necessidades instintivas, por traumas emocionais passados e assim por diante, *ad infinitum*. O único problema é, argumenta ele, que nenhuma dessas explicações jamais nos dizem o que queremos saber – por que uma dada pessoa, como Flaubert, num dado ponto da sua história, escolhe tornar-se uma escritora. E por que ele afirma essa decisão de mil e uma maneiras e graus em mil e uma vezes diferentes? A realidade humana, insiste Sartre, "identifica-se e define-se pelos fins que persegue"[5], não por alegadas "causas" hipotéticas no passado.

Tampouco podemos explicar o "mais alto" pelo "mais baixo" em termos evolucionários. O problema crucial no entendimento do homem não é que atributos ele compartilha com o ca-

---

5. Sartre. *Existential Psychoanalysis*, p. 41.

valo, o cachorro ou o rato, mas o que o constitui, singularmente, como homem.

Além disso, não podemos explicar a pessoa recorrendo a falar sobre o ambiente. Sartre insiste, e penso que muito corretamente, que "o ambiente pode agir sobre o sujeito somente na extensão exata em que ele o abrange, que o transforma numa situação"[6]. Eu depreendo que, por "abrange", Sartre quer dizer que o indivíduo tem um relacionamento significativo com o esse "ambiente", essa situação presente. Muitos de nós incluiríamos (mas Sartre não) elementos dos quais o indivíduo está inconsciente nesse relacionamento significativo.

O psicanalista, Sartre continua, não será capaz de aplicar símbolos específicos de pessoa a pessoa, mas terá que "redescobrir, a cada passo, um símbolo funcionando no caso particular que está examinando". Sartre acha que a cisão da pessoa em ego e id não nos ajuda. Uma pessoa é o seu id somente quando adota uma atitude passiva em relação a ele, ou seja, para com as chamadas forças inconscientes, impulsos, etc., que Freud postulou.

Em todos esses tópicos, Sartre coloca-se, como outros psicólogos fenomenologistas, firmemente ao lado das psicologias "compreensivas" ao invés das "explicativas". Contudo, a psicologia existencial não é, em absoluto, uma anarquia ou uma forma de misticismo; mas terá os seus princípios e a sua estrutura.

Agora, passemos ao lado positivo da psicanálise de Sartre. O princípio central da psicanálise existencial não será a *libido* ou a *vontade de poder*, mas a escolha de ser do indivíduo. "O objetivo da psicanálise existencial é redescobrir, através desses projetos empíricos, concretos, o modo original no qual cada homem es-

---

6. Ibid, p. 83.

colheu o seu ser"[7]. Novamente, "a psicanálise existencial é um método destinado a trazer à luz, numa forma estritamente objetiva, a escolha subjetiva pela qual cada pessoa, na vida, faz de si mesma uma pessoa"[8]. Se admitimos que a pessoa é uma totalidade, argumenta Sartre, obviamente não poderemos chegar a essa totalidade somando, simplesmente, diversas parcelas. Nós a encontraremos, antes, numa "escolha de um caráter inteligível", pois "não sou nada além da escolha do meu eu como uma totalidade"[9] num relacionamento concreto com o mundo.

Subentendido nisso tudo, é claro, está a insistência de Sartre na responsabilidade individual: "eu sou as minhas escolhas". O leitor entenderá melhor isso se considerar as escolhas não, simplesmente, como as "grandes" resoluções feitas no dia de Ano-Novo, mas como a maneira específica, intencional com que me relaciono com o meu mundo, nesse dado momento. De fato, mesmo a associação livre, na psicanálise, se quisermos que seja frutífera e viável, depende dessa entrega de si mesmo ao processo, dessa aceitação de um risco; mesmo recordar uma memória infantil reprimida exige tal orientação intencional para o mundo do qual a memória é uma parte. Acho que Sartre simplifica excessivamente o problema da liberdade, como disse acima. Mas não penso que possamos evitar a irrefutabilidade investigativa da sua penetrante interrogação: *Não é essa escolha, por excelência, o ponto no qual encontramos revelada a totalidade do ser humano?* Como Paul Tillich observa noutro contexto: "O homem só se torna verdadeiramente humano no momento de decisão".

Essa escolha não deve ser pensada somente no nível da consciência, ou consistindo somente de decisões reflexivas, vo-

---

7. Ibid., p. 155.

8. Ibid, p. 37.

9. Ibid., p. 59.

luntárias. Sartre fala de "determinações espontâneas do nosso ser" e, certamente, acredita que, em cada escolha, a totalidade do eu – sonhos, desejos, gostos, poderes, experiência passada e esperanças futuras – está envolvida. Assim, no seu conceito de escolha, ele parece incluir alguns aspectos do que os freudianos chamam o "inconsciente".

O leitor de Sartre também ficará impressionado pela sua penetrante discussão da "má-fé". A má-fé significa a autossugestão, o autoiludir-se. O ser humano distingue-se pelo fato de que pode mentir para si mesmo. E fazer essa coisa extraordinária requer que eu saiba, em algum nível, que eu sou aquele que está mentindo para mim mesmo; de outro modo, eu não poderia fazê-lo. "A mentira é um comportamento de transcendência", bem observa Sartre[10]. Estar de má-fé significa ser culpado de não aceitar a si mesmo como uma pessoa livre, mas tomar-se como um objeto. Sartre sustenta que a psicanálise clássica retira, justamente, esse centro crucial de responsabilidade pela própria autossugestão; a psicanálise clássica, ele acusa, é baseada na ideia de uma "mentira sem um mentiroso"[11].

Sartre é constrangido a negar a existência do "inconsciente", uma vez que, mesmo na autossugestão, eu sei que sou aquele que está me ludibriando; e o chamado "censor" que Freud postulou como estando na porta do inconsciente também deve ser consciente, para saber o que reprimir. Na sua negação do "inconsciente", Sartre situa-se na linha geral dos psicólogos e psiquiatras fenomenologistas como Goldstein, Binswanger e Boss.

Enquanto Sartre ataca a ideia do inconsciente como um "cheque em branco" ou um "porão" – a ideia de que podemos explicar qualquer coisa pela hipótese de que há algo no "in-

---

10. Ibid., p. 207.

11. Ibid., p. 215.

consciente" –, estou com ele. Mas creio que ele vai longe demais na sua rejeição.

Finalmente, deveríamos notar a ênfase de Sartre na *ontologia* – o estudo do ser, do que constitui o homem como homem – como a base necessária para a psicanálise. Onde a ontologia para, a psicanálise começa; as "descobertas finais da ontologia são os primeiros princípios da psicanálise"[12]. A ontologia é um conceito difícil, mas, dada a definição certa, creio que a ideia principal de Sartre é inteiramente correta e muito importante, nesse ponto.

Nós repetimos a advertência de Sartre no encerramento de um dos seus capítulos: não se deve supor que a sua "Psicanálise" seja um sistema técnico recentemente elaborado. Ele afirmava, como já dissemos, que não acreditava que uma psicanálise existencial ainda pudesse ser escrita; mas, sugere que os seus primórdios estão presentes em vários documentos humanos. O próprio Sartre acredita no grande valor das biografias, por exemplo, para elaborar esses princípios. Como Allport, Maslow, McKinnon e Murray, entre os psicólogos nesse país, Sartre estudaria as "ações de vida ajustadas de maneira bem-sucedida", o estilo do escritor e outros aspectos criativos construtivos do comportamento. Eles revelam – se pudermos entendê-los – o significado central tanto da experiência humana quanto (e, em alguns casos, mais do que) da neurose e da psicose.

---

12. Ibid., p. 91.

10

Os perigos na relação do existencialismo com a psicoterapia

E a história trágica do pensamento humano é simplesmente a história de uma luta entre a razão e a vida – a razão voltada para racionalizar a vida e forçá-la a submeter-se ao inevitável, à mortalidade; a vida voltada para vitalizar a razão e forçá-la a servir como um suporte para os seus próprios desejos vitais.

(Miguel de Unamuno, *O sentido trágico da vida*)

Ainda não houve tempo para a abordagem existencial na psicologia e psiquiatria encontrar a sua forma particular nesse país. Até recentemente, os escritos e discursos sobre a psicoterapia existencial nos Estados Unidos pareciam ser uma "Torre de Babel", uma confusão de línguas. Havia vozes que diziam que a psicologia existencial era adleriana, outras diziam que estava tudo em Jung, outras que ela estava abrangida em Freud, outras ainda que ela era idêntica ao psicodrama, e assim por diante. A psiquiatria existencial era identificada com o zen-budismo e tendências anti-intelectuais, por um lado; ou com uma filosofia superintelectual composta de termos alemães intraduzíveis, por outro. Dizia-se que era a terapia que todos faziam quando estavam fazendo uma boa terapia e também que era – especialmente na sua ala fenomenológica clássica – uma análise filosófica que não tinha nada a ver com a prática da terapia como tal. Esses porta-vozes pareciam ignorar ingenuamente as suas contradições patentes: se a psicoterapia existencial é uma dessas coisas, não pode ser as outras.

Na história da Torre de Babel, no Livro do Gênesis, bem lembramos, o Senhor enviou a confusão para castigar o orgulho e a ostentação dos construtores. Suspeito que outro propósito, ou pelo menos outra oportunidade, que essa confusão de vozes lança sobre nós, atualmente, consiste em forçar-nos a superar as tendências ao modismo e a propaganda que fascinam qualquer novo movimento de ideias e a perguntar a nós mesmos, tão incisivamente quanto possível, quais são os aspectos negativos e positivos da relação atual do existencialismo com a psicoterapia.

Uma vez que, noutro ponto, concentrei-me nos aspectos positivos, citarei aqui algumas das tendências negativas nesse relacionamento.

Uma primeira tendência que, no meu entender, não é construtiva e é a propensão anticientífica de parte da psiquiatria e da psicologia existencial. Essa propensão vinculou-se à tendência anti-intelectual no nosso país. Certamente, um dos abusos dos quais o movimento existencial, em certas partes da Europa, tornou-se o infeliz herdeiro foi a tendência anti-intelectual. Mas não se pode ser contra a ciência ou a razão como tais. Recordo-me da pomposa afirmação de Margaret Fuller: "Eu aceito o universo", e da famosa réplica de Carlyle: "Deus, ainda bem que ela aceita!" Pois a ciência é parte do nosso universo e não faz sentido não aceitá-la. O fato de que muitos psiquiatras e psicólogos sensatos, e outras pessoas sensíveis e inteligentes na nossa cultura, reconheçam as inadequações do método científico atual para um estudo do homem não deveria nos levar a uma tendência anticientífica, mas ao esforço de descobrir *novos métodos científicos que serão mais adequados para revelar a natureza do ho-*

mem. Os esforços dos nossos colegas europeus, como Binswanger, Buytendijk e Van den Berg para desenvolver um contexto fenomenológico para uma ciência do homem está na direção construtiva.

O mesmo ocorre com o anti-intelectualismo. A tendência para desacreditar a razão como tal, na nossa cultura, surgiu do fato de que as alternativas apresentadas por pessoas inteligentes e sensíveis pareciam ser apenas o racionalismo e o positivismo áridos, por um lado, nos quais salva-se a mente perdendo-se a alma ou, por outro lado, um romantismo vitalista, em que parecia haver, pelo menos, uma chance, por enquanto, de salvar-se a alma.

Os existencialistas – de Kierkegaard, Nietzsche e Schopenhauer até os modernos psicoterapeutas – são, num certo sentido, anti-intelectualistas construtivos. Eles levantam-se contra a tendência racionalista compartimentalizada no pensamento ocidental dos séculos XIX e XX. De modo nenhum quero compará-los com os macartistas, os caçadores de bruxas e outros anti-intelectuais políticos que esforçam-se para fomentar a ansiedade do nosso tempo, gerando hostilidade e raiva por propósitos do seu próprio poder. Os macartistas mantêm a mesma relação com os pensadores de que estou falando que o Nacional Socialismo de Hitler com os verdadeiros socialistas, ou que o coletivismo fascista tem com a comunidade política e econômica cooperativa, ou que qualquer sintoma neurótico com uma necessidade genuína. Mas, quando desenvolvimentos destrutivos e neuróticos acontecem numa sociedade, como numa pessoa, é quase sempre porque existe alguma necessidade autêntica e desesperada como causa subjacente.

Será útil, aqui, ver a diferença entre intelectualização – contra a qual os existencialistas revoltam-se – e anti-intelectualismo. Que nós, intelectuais, somos propensos a aderir às tendências compartimentalizantes atuais, pode ser demonstrado todos os dias no trabalho psicoterapêutico com intelectuais. Como pacientes, os intelectuais, frequentemente, usam as ideias como substitutos para a experiência e a efetiva vivência. Falar sobre os problemas – e geralmente eles são bons oradores – é, com frequência, a sua defesa contra a ansiedade que o problema engendra. Comumente, eles operam com a hipótese de que, se um problema pode ser formulado, algo mudou; enquanto, na realidade, pode não ter acontecido nada, exceto o favorecimento de um falso sentido de segurança baseado na ilusão de que uma ideia tem realidade intrínseca. É verdade, a formulação, com frequência, ajuda uma pessoa a ver o seu problema mais claramente. Mas isso nunca pode ser um substituto para meditar, sentir, vivenciar o problema. Também é verdade que a compreensão genuína envolve uma certa mudança na pessoa. Sócrates não foi ingênuo quando disse que o conhecimento é virtude; mas ele aludia ao conhecimento que penetra nas emoções da pessoa, envolvendo tanto a experiência racional como a irracional, o chamado material "inconsciente", a decisão ética, etc. No nível cultural, esse tipo de conhecimento tampouco é meramente intelectualista, mas envolve a mitologia, as crenças religiosas e as convicções econômicas e políticas.

Pode bem ser verdade que, se podemos formular totalmente um problema na natureza inanimada – ou seja, matematicamente – ao mesmo tempo, chegamos à conclusão; a formulação e a solução podem ser idênticas. Mas isso não é verdade com pessoas; aqui, o envolvimento, a participação e o comprometimento pessoal são sempre necessários se a verdade particular é para ser real para aquela pessoa. Penso que a principal razão por que muitas psicanálises de intelectuais não tiveram sucesso é que os seus problemas tendem a ser intelectualizados e a imparcialidade pseudocientífica toma o lugar do envolvimento emocional.

Na psicoterapia, temos tendido a cometer o erro de colocar muito peso na verbalização. A verbalização, como formulação na sessão psicoterapêutica, só é útil enquanto é parte integral do experienciar. As pessoas em terapia falam, frequentemente, por que têm medo do silêncio ou têm medo de vivenciar diretamente a si mesmas e à outra pessoa, o terapeuta. De fato, quando uma pessoa tem um *insight*, ela pode falar muito e com entusiasmo sobre ele, precisamente para diluí-lo e, assim, evitar o impacto total das suas consequências.

Esses pontos são de importância especial porque, atualmente, na psicoterapia, tendemos a ter relativamente poucos pacientes dos tipos histéricos acerca dos quais escreveu Freud, que traziam uma profusão de emoções reprimidas para o consultório. Antes, temos cada vez mais dos tipos esquizóides, que aprenderam a encobrir a sua solidão e isolamento falando com grande facilidade sobre os relacionamentos e que sentem de acordo com regras e planos ao invés de diretamente. Muitas dessas pessoas que vêm às nossas clínicas não são intelectuais, em qualquer sentido sério ou profissional, mas leram sobre psicoterapia, complexos de Édipo e o diabo a quatro e, frequentemente, já estão acostumadas a discutir os seus problemas detalhadamente. Parece que todos, na nossa época esquizoide, estão tentando ser intelectuais no mau sentido, ou seja, tentando safar-se da vida falando, e acreditam que são bem-sucedidos se têm uma conversa científica e racionalmente respeitável.

O perigo de que a abordagem existencial na psicologia e na psiquiatria possa favorecer a imparcialidade e a intelectualização é particularmente sedutor, porque o uso de termos existenciais aparenta tratar da realidade humana quando pode não estar fazendo nada disso. Muitos de nós temos criticado a psicanálise ortodoxa porque a sua técnica pode ser usada como uma cortina conveniente, por trás da qual o terapeuta pode esconder-se no chamado "espelho impessoal", evitando o encontro pleno, a presença plena na relação com a outra pessoa. Tal encontro tem o poder de abalar-nos profundamente e causa ansiedade, bem como causa alegria. Por isso, os terapeutas devem estar cientes de todas as tendências para evitá-las, incluindo a tendência para o desprendimento e a imparcialidade, tanto filosófica quanto tecnicamente.

Ora, a abordagem existencial não pretende ser racionalista ou antirracionalista, *mas procurar o fundamento subjacente, na experiência humana, na qual tanto a razão como a não razão estão baseadas.* Não devemos ser "misólogos", alerta-nos Sócrates; mas o "logos" deve ser feito carne.

O ensaio de Paul Tillich, "Existencialismo e Psicoterapia"[1], é um exemplo esplêndido da profunda união da razão com a investigação existencial que vai além do mero racionalismo. Tillich é existencial sem rejeitar as essências e a estrutura lógica. Parece-me que o trabalho acadêmico de R.D. Laing também mostra esse empenho.

A SEGUNDA tendência negativa é a de identificar a psiquiatria existencial com o zen-budismo. O interesse disseminado no zen, especialmente entre os intelectuais nesse país, tem sido um sintoma do questionamento religioso construtivo dos nossos dias. Permitam-me afirmar, imediatamente, que tenho grande respeito pelo zen-budismo representado por aqueles que devotam-se genuinamente a ele, como Suzuki. Também aprecio as sérias interpretações do zen feitas por escritores ocidentais, apesar da minha discordância com algumas das suas ideias. O zen-budismo tem uma importância genuína como corretivo para a nossa superatividade; as suas ênfases na imediatitude da ex-

---

1. Paul Tillich. "Existentialism and Psychotherapy". *Review of Existential Psychology and Psychiatry*, vol. l, n. 1, 1961.

periência, em ser antes que meramente fazer, são um grande alívio e oferecem uma orientação significativa para muitos ocidentais competitivos e sujeitados, fortemente oprimidos.

Mas a identificação do zen-budismo com a psiquiatria existencial é uma questão diferente. Ela simplifica demasiadamente a ambos. Um dos meus colegas, fazendo pesquisas numa clínica de saúde mental, sustenta que tem alcançado o satori repetidas vezes através do uso do ácido lisérgico. Então "trabalhando a partir da experiência com drogas", ele escreve, "finalmente alcancei, repetidas vezes, o satori sem a droga". Ora, o satori é o resultado de anos de disciplina. Se podemos alcançá-lo facilmente pelas drogas, por que precisamos do zen-budismo ou qualquer outra religião? E se podemos superar o desespero, a agonia, a *angústia* da vida dessa maneira, certamente não precisaremos qualquer psicoterapia. Como William Barrett perguntava, na sua crítica de um livro de Allan Watts, no *New York Times*, referindo-se a uma afirmação semelhante de Watts de que alcançara o satori por meio de drogas: "em que critérios irão quais autoridades decidir quem recebe a droga e quem não recebe"?

A ligação entre o zen-budismo supersimplificado e a psiquiatria existencial contém, como observei, a tendência a contornar e evadir a ansiedade, a tragédia, a culpa e a realidade do mal. Uma das contribuições duradouras do movimento psicoterapêutico em todas as suas formas tem sido ajudar as pessoas a admitir e confrontar francamente a sua *angústia*, a sua hostilidade e a sua culpa e a encarar, tanto psicológica como culturalmente, a realidade da destrutividade e do mal no mundo. A abordagem existencial é a conquista da individualidade, não por evitar as realidades conflitantes do mundo em que nos encontramos (que é, para nós, forçosamente, a cultura ocidental), mas por confrontá-las diretamente e através desse enfrentamento alcançar a individualidade e relações interpessoais significativas.

E importante fazer essas críticas para que a contribuição positiva do pensamento ocidental ao nosso paroquialismo não se perca. O zen-budismo teve e continuará a ter (se os seus adeptos não o arruinarem) uma significação radical como corretivo para a consciência e a vontade ocidental superindividualizada.

Uma palavra final sobre o LSD e outras drogas alucinógenas. É difícil ter uma percepção equilibrada desse tópico na atmosfera fóbica e contrafóbica contemporânea. Aqueles que tomaram a droga tendem a falar dela como uma experiência religiosa e são irracionalmente "pró", enquanto aqueles que são contra o uso das drogas – e eles incluem uma boa parte do oficialismo desse país, no momento – são irracionalmente temerosos das ameaças à sua própria racionalidade. Eu farei alguns comentários sobre as drogas baseado na extensa pesquisa desenvolvida no Instituto William Allanson White –, o grupo profissional ao qual estou vinculado – sobre o uso do LSD na psicoterapia.

Parece não haver dúvidas de que, de forma geral, os terapeutas que realizam pesquisas acreditam que o LSD é útil na terapia. (Eles dão uma dose muito menor do que a tomada com o propósito de uma experiência mística e religiosa.) Os pacientes, quando recebem a droga, parecem caracterizar-se pela maior emocionalidade, a diminuição na defensividade, o relaxamento das associações e a capacidade de se envolverem pela situação imediata e tornarem-se intensamente preocupados consigo mesmos. A maioria das pessoas que a tomam parecem relatar uma experiência positiva, que abrange da euforia ao êxtase. Mas as pessoas que têm uma tendência para a desorganização podem tornar-se definitivamente desorganizadas e passar a um estado dolorosamente psicótico. O termo "ampliador mental" é um mau nome para a droga. Na Europa, onde tem sido usada há mais tempo, é chamada de "solvente mental" ao invés de "ampliador mental" (psicolítica ao invés de psicodélica) e o primeiro termo é mais preciso. Pois a própria droga não põe nada na pessoa: simplesmente torna possível, derrubando certas funções mentais, experimentar o seu eu e o mundo com uma intensidade telescópica. O campo de visão da pessoa é magnificado e concentrado, e ela pode sentir-se em contato com experiências primitivas e originais que, supostamente, antecedem a dicotomia sujeito-objeto. Mas não é desejável, nem possível, viver permanentemente em tal nível. O uso promíscuo e diletante da droga parece, com frequência, entorpecer a relação da pessoa com a realidade, resultando numa atitude ingênua e grosseiramente simplificada em relação à vida. A questão real é: qual é a nova estrutura do eu que a pessoa constrói?

Os meus colegas que trabalham intensamente nesse campo relatam que não há evidências de que tomar LSD aumenta as capacidades criativas das pessoas *criativas*[2]. Pode ser muito impressionante, para pessoas não criativas, descobrir algumas possibilidades criativas nas suas vidas. Mas o valor ou a falta de valor de tomar a droga reside na preparação da experiência e na sua elaboração posterior. Pessoas que fizeram análise por bastante tempo, mas estão com dificuldades, e as pessoas que tiveram ensino religioso, parecem as mais ajudadas. Eu proponho uma atitude positiva em relação às possibilidades de tais drogas. Mas, da mesma maneira, proponho que a "fé religiosa" de que essa ou aquela droga será a panaceia que nos eleva a um admirável mundo novo, livrando-nos do dilema humano, é uma ilusão ingênua e equivocada. Na devoção às drogas, ouço

2. Parece haver razoável concordância que o livro *Admirável mundo novo*, de Aldous Huxley, por exemplo, é uma grande obra e que aquela que o acompanha, uma novela escrita depois que Huxley tornou-se interessado por drogas, *A ilha*, como a maior parte da sua produção nesses anos finais, não é muito boa como novela. Até que ponto podemos relacionar a sua produção literária com o seu uso de drogas é, evidentemente, uma questão aberta.

um apelo angustiado contra a nossa sociedade esquizóide e despersonalizada: "Precisamos de alguma coisa – qualquer coisa – que nos capacite a nos sentirmos *pessoais* novamente!"[3]

UM TERCEIRO PERIGO na psiquiatria e na psicologia existencial decorre diretamente do que foi visto acima. É a tendência a usar termos como "transcendência", "encontro" e "presença" como um modo de contornar uma realidade existencial. Vemos em debates e artigos, por exemplo, essas referências à "transcendência" que supostamente ocorre na psicoterapia como a "transcendência da dicotomia sujeito-objeto entre o terapeuta e o paciente", a "transcendência da dicotomia corpo-mente", a "transcendência do pensamento dualista" e a "transcendência da barreira epistêmica entre o homem e a Realidade Última (Deus)". O termo "encontro" é usado – ou, antes, mal usado – com um tipo de aura para adornar os difíceis problemas dos relacionamentos interpessoais e a sua distorção; e o termo "presença" é erroneamente usado para encobrir o fato de que compreender genuinamente outra pessoa, na melhor das hipóteses, é um processo muito difícil e nunca é possível num sentido completo.

O que acontece em tal abordagem é que, praticamente, todos os velhos problemas da existência humana, com os quais os pensadores têm lutado desde que a consciência humana surgiu, são contornados por uma palavra. Tem sido argumentado que, na "transcendência do pensamento dualista", por exemplo, o terapeuta usa um modo de pensar que está "além da linguagem e das imagens simbólicas"; que ele está livre de conceitos que dificultam "a capacidade de ver o que realmente é", e que em tais "momentos de compreensão não há o que compreende".

---

3. Podemos solidarizar-nos com esse apelo angustiado sem negligenciarmos a ironia da situação, que o apelo pelas drogas comete o mesmo erro que a tecnologia, ou seja, que algo introduzido de fora do indivíduo possa salvá-lo.

Mas os símbolos, a linguagem de uma forma ou outra, são sempre a forma e o conteúdo de qualquer pensar. Não é manifestamente impossível usar um modo de pensamento que vai além das imagens simbólicas? A abordagem fenomenológica de Husserl é, com frequência, equivocadamente aplicada para significar que o psicoterapeuta observa um paciente sem absolutamente ter em mente quaisquer conceitos pressupostos. Mas isso também é impossível. Os conceitos são a orientação pela qual a percepção ocorre. Sem alguns conceitos pressupostos, o terapeuta não veria o paciente que está lá, nem qualquer coisa sobre ele.

Certamente, deve haver "o que compreende" para que haja compreensão. Estou totalmente ciente dos argumentos, frequentemente baseados no budismo e outras religiões orientais, de que, em momentos de compreensão profunda, é "como se" as duas pessoas estivessem em completa fusão. Mas essa é uma dimensão religiosa e apenas confunde ciência e religião para torná-las idênticas à psicoterapia. A experiência subjetiva de "fusão" que ocorre justamente entre paciente e terapeuta é a alternação instantânea com o polo objetivo, isto é, a percepção, pelo terapeuta, de que ele é, de fato, o terapeuta, não o paciente, e de que ele ajudará genuinamente o paciente na medida em que, na sua própria integridade, não renuncie à sua identidade.

Há outro valor, terapêutico e moral, em manter clara a distinção entre as duas pessoas. Pois, se o terapeuta dá-se conta que está sempre vendo o paciente através dos seus próprios olhos, compreendendo o paciente do seu próprio modo, não importando o quanto ele seja sábio, ou bem analisado, ou liberal, ele perceberá que a sua compreensão sempre será, em alguma medida, limitada e parcial. Isso favorece a humildade, uma qualidade de misericórdia e perdão nas relações humanas que é altamente terapêutica. Se o terapeuta não assume isso, mas toma a sua própria percepção e compreensão como absolutas, ele dominará automaticamente o paciente pela sua própria subjetividade, um perigo contra o qual Sartre advertiu-nos. Então o terapeuta está seguramente fazendo o papel de Deus como se dispusesse de uma técnica absoluta. O terapeuta existencial pode superar, tanto quanto possível, a sua própria tendência para imobilizar o paciente pela subjetividade, admitindo, em primeiro lugar, as suas próprias inclinações e limitações. Uma vez que essas sejam admitidas, a abordagem fenomenológica pode ser de grande ajuda, como muitos de nós já descobrimos, para vermos e relacionarmo-nos com o paciente como ele realmente é.

Um último perigo é fazer da psiquiatria existencial uma escola especial. No meu entender, há sérios erros numa tal abordagem. Um deles é que não pode haver nenhuma "psiquiatria existencial" especial, como bem destacou Leslie Farber, mais do que pode haver uma psiquiatria hegeliana, platônica ou espinosiana. O existencialismo é uma *atitude*, uma abordagem dos seres humanos, ao invés de uma escola ou grupo especial. Como qualquer filosofia, tem a ver com os *pressupostos* subjacentes à técnica psiquiátrica e psicanalítica.

É duvidoso, por exemplo, se faz algum sentido falar de um "psicoterapeuta existencial", num sentido técnico, nesse estágio de desenvolvimento do movimento. A abordagem existencial não é um sistema de terapia – embora faça contribuições importantíssimas a ela. Não é um conjunto de técnicas – embora possa criá-las. É, antes, uma preocupação em compreender a estrutura do ser humano e a sua experiência que, em maior ou menor medida, deveriam estar presentes em *todas* as técnicas. Muitos daqueles que autodenominam-se psicanalistas existenciais já pressupõem uma formação longa e complexa em psicanálise ou alguma outra forma de terapia[4].

---

4. A minha própria formação foi no William Alanson Psychoanalytic Institute. Identifico-me como um psicanalista dessa abordagem – o que não faz de mim menos existencial que os meus pressupostos.

Obviamente, não estou sugerindo que a abordagem existencial deva estar aliada àquela forma particular de psicoterapia chamada psicanálise. Tampouco nego que as atitudes e pressupostos sobre os seres humanos serão mais determinantes (como os estudos de Rogers mostraram) do sucesso da psicoterapia do que a escola técnica particular à qual pertence o terapeuta. Mas não devemos cair na visão sentimental, com frequência supersimplificada, que conclui que, na psicoterapia, basta a mera benevolência.

Há uma outra ênfase que, na minha opinião, é um erro – a "análise psicológica do ser". Ora, não se pode analisar o ser, e, se pudéssemos fazê-lo, seria uma coisa danosa. O ser deve ser pressuposto na psicoterapia, não analisado. O ser de um indivíduo manifesta-se, por exemplo, no seu direito de existir como pessoa, nas suas possibilidades de respeito por si mesmo e na sua liberdade fundamental de escolher o seu próprio modo de vida. Tudo isso deve ser pressuposto quando trabalhamos com um paciente e, se não podemos pressupor isso sobre uma determinada pessoa, não deveríamos trabalhar com esse paciente. Tentar analisar essas evidências do ser é violar o ser fundamental da própria pessoa. Fazer que as nossas atitudes técnicas influam no próprio ser é repetir o mesmo erro pelo qual os existencialistas criticaram justamente não apenas os psicanalistas clássicos, mas toda a nossa cultura, isto é, submeter a pessoa às técnicas. Analisar a "psique", como na psicanálise, é bastante difícil e só pode e deveria ser feita dentro de limites. Os bloqueios que a pessoa sofre, que não permitem a ela conquistar uma autoestima adequada, por exemplo, podem ser analisados. Mas isso é muito diferente de analisar a ontologia, pondo em questão as qualidades fundamentais que constituem a pessoa como ser humano. Analisar o ser é paralelo a reprimi-lo, no sentido de que subordina o ser a uma atitude técnica; com a diferença de que analisar é uma atitude um pouco mais nociva, por permitir ao terapeuta uma bonita racionalização para a sua repressão e aliviá-lo da culpa pelo seu fracasso em exibir a reverência e a humildade com as quais o ser deveria ser justamente considerado.

Outra maneira de expressar a nossa crítica à ênfase na "análise psicológica do ser" é que a psicanálise começa onde a ontologia termina. Como bem coloca Sartre: "As descobertas finais da ontologia são os primeiros princípios da psicanálise"[5].

Tendo citado essas críticas, termino dizendo que acredito que o movimento, no pensamento moderno, chamado existencialismo, fará uma contribuição única e altamente significativa para o futuro da psicoterapia.

---

5. Jean-Paul Sartre. *Psicanálise existencial*, 1953, p. 91.

PARTE IV

A liberdade e a responsabilidade

Existe acordo entre muitos psicanalistas de que a ampliação da liberdade responsável do indivíduo é um dos objetivos, se não o objetivo central, da terapia. Aqui, proporemos que a ampliação de tal liberdade responsável é essencial para o confronto construtivo dos dilemas inevitáveis do ser humano.

11

O homem que foi enjaulado

Que obra é o homem! Como é nobre a sua razão! Como são infinitas as suas faculdades! Em forma e movimento, que preciso e admirável"... O modelo dos animais!

(Shakespeare, *Hamlet*)

Atualmente, temos diversas informações distintas sobre o que acontece a uma pessoa quando é privada desse ou daquele elemento da liberdade. Temos os nossos estudos de privação sensorial e de como reage uma pessoa que é posta em diferentes tipos de atmosferas autoritárias, e assim por diante. Mas, recentemente, tenho imaginado que padrão surgiria se reuníssemos essas diversas informações. Em resumo, o que aconteceria a uma pessoa real, viva, se a sua liberdade total – ou tão total quanto possamos imaginar – lhe fosse tirada? Durante essas reflexões, uma parábola tomou forma na minha mente.

A HISTÓRIA COMEÇA com um rei que, enquanto divagava na janela do palácio, certa noite, notou um homem na praça embaixo. Aparentemente, era um homem comum, indo para casa à noite, que fazia o mesmo caminho cinco noites por semana, anos a fio. O rei seguiu esse homem na sua imaginação – imaginou-o chegando em casa, beijando a sua esposa descuidadamente, fazendo a sua refeição noturna, perguntando se estava tudo bem com as crianças, lendo o jornal, indo para a cama, talvez fazendo sexo com a sua esposa ou talvez não, dormindo, acordando e saindo para o trabalho, novamente, no dia seguinte.

E uma súbita curiosidade assaltou o rei, banindo por um momento a sua fadiga: "Imagino o que aconteceria se um homem fosse posto numa jaula, como os animais no zoológico". A sua curiosidade talvez não fosse, em alguns aspectos, diferente daquela dos primeiros cirurgiões que imaginavam como seria fazer uma lobotomia no cérebro humano.

Então, no dia seguinte, o rei chamou um psicólogo, contou-lhe a sua ideia e convidou-o a observar o experimento. Quando o psicólogo objetou, dizendo: "É uma coisa impensável manter um homem numa jaula", o monarca replicou que muitos governantes tinham, com efeito, se não literalmente, feito isso, desde o tempo dos romanos e de Gengis Kan até Hitler e os líderes totalitários; então por que não descobrir cientificamente o que aconteceria? Além do mais, acrescentou o rei, ele tinha decidido fazê-lo, quer o psicólogo concordasse ou não; ele já obtivera uma grande quantidade de dinheiro para o experimento junto à Fundação para as Grandes Pesquisas Sociais e por que desperdiçar o dinheiro? Nesse momento, o psicólogo também estava sentindo uma enorme curiosidade sobre o que aconteceria se um homem fosse mantido numa jaula.

Então, no dia seguinte, o rei mandou trazer uma jaula do zoológico – uma grande jaula que, quando era nova, fora ocupada por um leão, depois por um tigre; recentemente, havia sido o lar de uma hiena que morrera na semana anterior. A jaula foi posta num pátio interno privado, no terreno do palácio, e o homem comum que o rei havia visto da janela foi trazido e posto nela. O psicólogo, com os seus testes de Rorschach e de Wechsler-Bellevue na sua maleta para administrar em algum momento apropriado, sentou-se fora da jaula.

No início, o homem estava simplesmente desorientado, e ficava dizendo para o psicólogo: "Eu tenho que pegar o trem, tenho que ir para o trabalho, veja que horas são, vou atrasar-me para o trabalho!" Porém, depois, à tarde, o homem começou a dar-se conta, sobriamente, do que acontecia e protestava veementemente: "O rei não pode me fazer isso! É injusto! É contra a lei!" Sua voz era forte e os seus olhos estavam cheios de ódio. O psicólogo gostou do homem pelo seu ódio e percebeu, vagamente, que esse era o humor que ele, frequentemente, encontrava nas pessoas com quem trabalhava na sua clínica. "Sim", ele observou, "esse ódio é a atitude das pessoas que – como os adolescentes saudáveis de qualquer época – querem combater o que está errado, que protestam diretamente contra isso. Quando as pessoas chegam na clínica com esse humor, é bom – elas podem ser ajudadas".

Durante o resto da semana, o homem continuou com os seus protestos veementes. Quando o rei visitava a jaula, como fazia diariamente, o homem fazia os seus protestos diretamente ao monarca.

Mas o rei respondia: "Veja bem, você está recebendo comida farta, tem uma boa cama e não tem que trabalhar. Tratamos você muito bem, do que está reclamando?"

Depois de passarem-se alguns dias, os protestos do homem diminuíram e, depois, cessaram. Ele ficava quieto na sua jaula, geralmente recusando-se a falar. Mas o psicólogo podia ver o ódio brilhando nos seus olhos. Quando ele dizia algumas palavras, elas eram curtas, definidas, proferidas com sua voz forte, vibrante, mas calma, como a voz da pessoa que odeia e sabe a quem odeia.

Quando quer que o rei entrasse no pátio do palácio, havia um fogo profundo nos olhos do homem. O psicólogo pensou: "Esse deve ser o jeito que as pessoas agem quando são dominadas pela primeira vez". E lembrou-se que também havia visto aquela expressão nos olhos e ouvido aquele tom de voz em muitos pacientes na sua clínica: o adolescente que fora acusado injustamente em casa ou na escola e não podia fazer nada sobre isso; o universitário de quem era solicitado, pela opinião pública e no campus, ser um astro nas canchas esportivas, mas que era intimado, pelos seus professores, a passar em cursos para os quais não podia preparar-se se quisesse ter sucesso nos esportes – e que, depois, foi expulso da universidade por colar nos exames. E o psicólogo, olhando para o ódio vivo nos olhos do homem, pensou: "Ainda está bom; uma pessoa que tem essa luta no íntimo pode ser ajudada".

Todos os dias, o rei, quando caminhava pelo pátio, continuava lembrando o homem na jaula que ele recebia comida, abrigo e cuidados, então, por que não gostava? E o psicólogo notava que, enquanto, no início, o homem fora inteiramente impenetrável às afirmações do rei, agora parecia que, cada vez, ele fazia uma pausa depois do rei falar – por um segundo o ódio demorava a voltar aos seus olhos – como se ele estivesse se perguntando se o que o rei dizia podia ser mesmo verdade.

E, depois de poucas semanas mais, o homem começou a discutir com o psicólogo, como era útil receber comida e abrigo; e como um homem tinha que viver de acordo com o seu destino, de qualquer jeito, e a parte da sabedoria era aceitar o destino. Logo, ele estava desenvolvendo uma extensa teoria sobre a segurança e a aceitação do destino, que soava para o psicólogo muito semelhante às teorias filosóficas que Rosenberg e outros elaboraram para os fascistas na Alemanha. Ele estava muito volúvel nesse período, falando continuamente, embora a fala fosse na maior parte um monólogo. O psicólogo notou que a sua voz estava monótona e sem expressão, como as vozes das pessoas na televisão que fazem um esforço para olhar o espectador nos olhos e tentam, arduamente, parecer sinceras quando dizem que ele deve ver o programa que estão divulgando, ou os anunciantes no rádio que são pagos para persuadir o ouvinte a gostar de música clássica.

E o psicólogo também notou que os cantos da boca do homem estavam sempre caídos, como se ele estivesse extremamente amuado. Então o psicólogo lembrou repentinamente: era como as pessoas de meia-idade, de classe média, que vinham à sua clínica, os respeitáveis burgueses que iam à igreja e viviam moralmente, mas que estavam sempre cheios de ressentimento, como se tudo o que fizessem fosse concebido, gerado e criado em ressentimento. Isso lembrou ao psicólogo o dito de Nietzsche de que a classe média era consumida pelo ressentimento. Então, pela primeira vez, ele começou a preocupar-se seriamente com o homem na jaula, pois sabia que, uma vez que o ressentimento cria bases, é bem racionalizado e estruturado, torna-se como o câncer. Quando a pessoa não sabe mais a quem odeia, é muito mais difícil ajudá-la. Durante esse período, a Fundação para as Grandes Pesquisas Sociais teve uma reunião do Conselho de Diretoria e foi decidido que, como estavam fazendo gastos para manter um homem numa jaula, seria melhor se representantes da Fundação, ao menos, visitassem o experimento. Assim, um grupo de pessoas, formado de dois professores e alguns estudantes de graduação, foi um dia ver o homem na jaula. Um dos professores fez uma palestra para o grupo sobre a relação do sistema nervoso autônomo e as secreções das glândulas endócrinas com a existência humana numa jaula. Mas ocorreu a um outro professor que as comunicações verbais da própria vítima poderiam, bem possivelmente, ser interessantes, assim ele perguntou ao homem como se sentia vivendo numa jaula. O homem foi amistoso com os professores e estudantes, e explicou a eles que escolhera esse modo de vida, que havia grandes valores em ter segurança e receber cuidados; que eles veriam, é claro, como era sensata a sua conduta, e assim por diante.

"Que estranho!" pensou o psicólogo, "e que patético! Por que ele esforça-se tanto para fazê-los aprovar o seu modo de vida?"

Nos dias seguintes, quando o rei passeava pelo pátio, o homem reverenciava-o por detrás das grades da sua jaula e agradecia-lhe pela comida e pelo abrigo. Mas quando o rei não estava no jardim e o homem não percebia que o psicólogo estava presente, a sua expressão era totalmente diferente – sombria e taciturna. Quando a sua comida era alcançada através das grades pelo tratador, ele, com frequência, derrubava os pratos ou derramava a água, e depois sentia-se embaraçado por causa da sua estupidez e atrapalhação. A sua conversa tornou-se cada vez mais monótona; e, ao invés das teorias filosóficas sobre o valor de receber cuidados, ele decaíra para sentenças simples como "É o destino", que repetiria sem cessar, ou murmuraria para si mesmo: "É isso". O psicólogo estava surpreso que o homem fosse, agora, tão atrapalhado que derrubasse a sua comida, ou tão estúpido que só dissesse aquelas sentenças estéreis, pois ele sabia, pelos seus testes, que o homem tinha originalmente uma média boa de inteligência. Então, o psicólogo despertou: esse era o tipo de comportamento que ele tinha observado em alguns estudos antropológicos entre os negros no Sul – pessoas que foram forçadas a beijar a mão que as alimentava e escravizava, que não podiam mais nem odiar, nem rebelar-se. Cada vez mais, o homem na jaula ficava, simplesmente, o dia todo, sentado ao sol, quando esse cruzava a grade; o seu único movimento era mudar de posição, de tempos em tempos, da manhã até a noite.

Era difícil dizer, com exatidão, quando começou a última fase. Mas o psicólogo percebeu que a face do homem parecia não ter agora nenhuma expressão particular; o seu sorriso já não era servil, mas, simplesmente, vazio e sem significado, como a careta que um bebê faz quando tem gás no seu estômago. O homem comia a sua comida e trocava algumas palavras com o psicólogo de vez em quando; mas o seu olhar era vazio e distante e, embora ele olhasse para o psicólogo, parecia que nunca o via *realmente*.

E agora o homem, nas suas conversas desconexas, já nunca usava a palavra "eu". Ele tinha aceito a jaula. Ele não tinha raiva, nem ódio, nem racionalizações. Mas estava louco agora.

Na noite em que o psicólogo deu-se conta disso, sentou-se no seu apartamento tentando escrever um relatório final. Mas era difícil para ele encontrar as palavras, pois sentia um grande vazio dentro de si. Ele ficava tentando tranquilizar-se com a frase: "Eles dizem que nada se perde, que a matéria simplesmente torna-se energia e de novo matéria". Mas ele não podia evitar sentir que alguma coisa *tinha* se perdido, que alguma coisa tinha desaparecido do universo nesse experimento.

Afinal, ele foi para cama sem terminar o relatório. Mas não conseguia dormir; havia alguma coisa corroendo-o por dentro que, em épocas menos racionais e científicas, teria sido chamada de consciência. Por que eu não disse ao rei que esse é o experimento que nenhum homem pode fazer – ou, pelo menos, porque não gritei que não teria nada a ver com todo esse negócio sujo? É claro, o rei teria me demitido, as fundações nunca mais dariam dinheiro nenhum e, na clínica, todos diriam que eu não era um verdadeiro cientista. Mas talvez pudesse viver numa fazenda, e talvez pudesse escrever ou pintar alguma coisa que fizesse os homens, no futuro, mais felizes e mais livres...

Mas ele deu-se conta de que essas divagações não eram, pelo menos no momento, realistas, e tentou voltar para a realidade. Entretanto, tudo o que ele conseguia era esse sentimento de vazio dentro de si e as palavras: "Algo desapareceu do universo, só restou um vazio".

Finalmente, adormeceu. Algum tempo depois, na madrugada, foi despertado por um sonho. Uma multidão de pessoas se reunira, no sonho, defronte da jaula, no pátio, e o homem enjaulado – que já não mostrava-se inerte e estúpido – estava gritando através das grades da jaula, num discurso apaixonado: "Não fui só eu que perdi a liberdade!", ele exclamava. "Quando o rei coloca a mim ou a qualquer homem numa jaula, a liberdade de cada um de vocês também é tirada. O rei deve cair!" As pessoas começaram a cantar: "O rei deve cair!", quebraram a jaula e tomaram as barras das grades como armas quando invadiram o palácio.

O psicólogo acordou, tomado pelo sonho com um grande sentimento de esperança e alegria – uma sensação de esperança e alegria que, provavelmente, não era diferente da que sentiram os homens livres que forçaram o Rei João a assinar a Magna Carta. Mas não fora em vão que o psicólogo tivera uma análise ortodoxa durante a sua formação psicanalítica e, enquanto estava deitado cercado por essa aura de felicidade, uma voz falou dentro dele: "Ah, você teve esse sonho para sentir-se melhor; é só a realização de um desejo".

"Que bom que é!" disse o psicólogo enquanto pulava da cama. "Talvez alguns sonhos sejam para ser realizados".

12

A liberdade e a responsabilidade reexaminadas

Sim! a esse pensamento apego-me com firme persistência;
O *resultado final da sabedoria cunha-o verdadeiro;*
Só ganha a sua liberdade e existência aquele
Que diariamente as reconquista.

(Goethe, *Fausto*)

Os problemas da liberdade e da responsabilidade são fundamentais de uma série de maneiras, no aconselhamento e na psicoterapia. Mas, nos anos recentes, descobrimo-nos presos em diversos dilemas prementes e críticos a respeito dessas questões. Os dilemas são parte e parcela da mudança radical e da transição de valores nas últimas três ou quatro décadas na cultura ocidental, particularmente nos Estados Unidos. É claro, não é em absoluto acidental que também sejam exatamente essas as décadas em que o aconselhamento, a psicoterapia e a psicanálise passaram a desempenhar papéis importantes na nossa sociedade. Pois é, precisamente, a ruptura e a transição radical dos valores numa sociedade, fazendo que os indivíduos nessa sociedade naufraguem em mares tempestuosos sem ancoradouros sólidos e nem mesmo boias e faróis de que possam depender, que faz as profissões de ajuda pessoal tão necessárias.

Surgiram diversas "soluções" para os dilemas que enfrentamos acerca da liberdade e da responsabilidade. Desejo citar algumas dessas soluções que acredito serem inadequadas e, depois, voltar para o que, espero, será um exame mais profundo dos problemas da liberdade e da responsabilidade.

Uma solução inadequada era a suposição, popular uma ou duas décadas atrás, de que a nossa tarefa no aconselhamento e na terapia era, simplesmente, "libertar" a pessoa e, portanto, os valores sustentados pelo terapeuta e pela sociedade não faziam parte do processo. Essa suposição era estimulada e racionalizada pela então popular definição de saúde mental como "estar livre de ansiedade". Os terapeutas, a maioria sob a influência dessa suposição, transformaram em dogma nunca fazer um "juízo moral" e consideravam que a culpa era sempre e, portanto, um "sentimento" que devia sempre ser atenuado e eliminado no aconselhamento e na terapia. Lembro-me que, no meu tempo de estudante de psicanálise, no início dos anos 40, era argumentado por analistas experientes e competentes que se o paciente fosse um *gangster* ou um membro responsável da sociedade, isso não era problema deles – a sua tarefa era ajudá-lo a tornar-se livre para fazer melhor o que quer que desejasse.

Provavelmente, a maioria dos terapeutas tinha suficiente bom senso e simples humanidade para nunca seguir essa suposição ingênua às suas últimas consequências. Mas os efeitos sutis da suposição de que "valores não importam" eram, no meu entender, prejudiciais e são, em parte, responsáveis pelas reações contra a psicanálise e o aconselhamento. Um efeito nocivo foi a implicação de que a sexualidade era, como Kinsey denominou-a, uma questão de "descarga" num "objeto sexual". O destaque sobre a promiscuidade sexual – que desenvolveu-se, bastante paradoxalmente, num novo dogma de que, para ser saudável, deveríamos ser completamente permissivos sexualmente – levou a nova ansiedade e insegurança em toda área do comportamento sexual entre os nossos contemporâneos. O excesso de casamentos precoces que temos testemunhado entre os estudantes universitários, na última década, parece-me ser, pelo menos em parte, uma reação à insegurança, à ansiedade e à solidão envolvidas na doutrina da promiscuidade sexual. Pois a suposição da "liberdade total", que estamos descrevendo, separa e aliena, concretamente, a pessoa do seu mundo, remove qualquer estrutura que ela tivesse para agir contra ou a favor e a deixa sem orientação numa existência solitária e irreal.

Os erros na suposição da "liberdade total" não eram apenas que ela levava ao aumento da ansiedade entre aconselhados e pacientes, mas também que era sutilmente desonesta. Pois não importa quanto o terapeuta ou o conselheiro possam protestar que não assumiam valores na sua prática, o paciente ou aconselhado sabia, mesmo que não ousasse expressar o seu conhecimento, que o protesto não era verdadeiro; e que o terapeuta estava insinuando os seus próprios valores de modo ainda mais pernicioso pelo fato mesmo de não admiti-los.

Outra "solução" oferecida para o nosso dilema surgiu, na última década, como uma reação àquela mencionada acima. Trata-se da *descrença na liberdade* tão presente nas discussões psicológicas e psiquiátricas. É uma excessiva ênfase na "responsabilidade", mas posto na forma de controle social e moral da outra pessoa. As tendências contemporâneas para o conformismo e as tremendas pressões para a padronização, que acompanham inevitavelmente a televisão e a comunicação de massa, dão ímpeto a essa tendência para o controle. William H. White no seu *O homem organizacional* é bastante preciso nas suas graves advertências aos psicólogos e psiquiatras nesses pontos. Ele afirma sucintamente que os inimigos do homem moderno podem tornar-se "grupos de terapeutas de aparência afável que... estariam fazendo o que fizeram para ajudar você". Ele refere-se à tendência inevitável de usar a ética social do nosso período histórico particular. E assim o próprio processo de ajudar as pessoas pode, concretamente, torná-las mais conformistas e destruir a individualidade.

Vários outros críticos sociais mostraram, recentemente, que estamos testemunhando o nascimento, na psiquiatria e na psicologia, de um "novo puritanismo" e de uma nova ênfase no "controle comportamental". O novo puritanismo tem sido, até recentemente, mais evidente na psiquiatria, mas, agora, as ênfases moralistas vêm dos psicólogos no campo terapêutico. Enquanto uma profusão de livros, saídos das editoras psiquiátricas, duas décadas atrás, intimavam-nos a "descarregar as nossas tensões sexuais" e "expressarmo-nos plenamente", nos últimos cinco anos, os livros dizem-nos "Divorce Won't Help – O divórcio não vai ajudar" e alertam-nos que "a monogamia é o novo dogma da ciência". O novo moralismo entre os psicólogos é ilustrado pelos trabalhos sobre terapia de Hobart Mowrer e de Perry London, e pelo que é denominado "Terapia da realidade"[1]. Como indicarei adiante, acredito que tanto a solução da liberdade exagerada como a identificação da terapia e do acon-

---

1. Vejam a crítica de Thomas Szasz do livro *Reality Therapy*, William Glasser, M.D. O Dr. Szasz mostra que o Dr. Glasser reclassifica tudo o que hoje é chamado de "doença mental" como "irresponsabilidade". A partir daí, a distinção não é feita entre os padrões morais do paciente e os do terapeuta: o terreno está preparado para que, na pior das hipóteses, os valores do terapeuta sejam impostos ao paciente e, na melhor, que os costumes da sociedade sejam transmitidos a ele sob o rótulo de "ajustamento" e "saúde mental". A terapia do Dr. Glasser foi elaborada, originalmente, na sua função como psiquiatra numa instituição para meninas delinquentes. Faz sentido: a personalidade psicopática é o tipo clínico em que se concorda que não existe "consciência" e que não pode ser abordada sem que o paciente desenvolva algum sentido social. Mas estender esse tipo de terapia para todos os tipos de pacientes é confundir, incorrigivelmente, todo o problema da neurose e da doença mental e transformar o terapeuta num agente social de destruição da autonomia, da liberdade, da responsabilidade interior e da paixão do paciente.

selhamento com os controles morais e sociais da sociedade são inadequados.

Assim como o novo puritanismo é representado na psiquiatria e na psicologia, a nova ênfase sobre o "controle da mente e da personalidade", como uma negação da liberdade da pessoa, talvez esteja mais presente na psicologia acadêmica. Essa fase do dilema é graficamente ilustrada por um debate entre Carl Rogers e B.F. Skinner, que desejo citar. Acerca da forma mais extrema disso no condicionamento operante de Skinner, Rogers escreve:

> Junto com o desenvolvimento da tecnologia, desenvolveu-se uma filosofia subjacente de rígido determinismo, como é ilustrado por um breve debate que tive com o professor B.F. Skinner, de Harvard, numa recente conferência. Um artigo exposto pelo Dr. Skinner levou-me a fazer-lhe essas observações: "Pelo que entendi o Dr. Skinner dizer, a sua ideia é que, embora ele possa ter pensado que escolheu vir a essa reunião, possa ter pensado que tinha um propósito ao fazer o seu discurso, esses pensamentos eram, na verdade, ilusórios. Concretamente, ele fez certas marcas no papel e emitiu certos sons porque a sua constituição genética e o seu ambiente passado haviam condicionado operantemente o seu comportamento de tal modo que era recompensador fazer esses sons, e que ele, como pessoa, não faz parte disso. De fato, se eu entendi corretamente o seu pensamento, do seu ponto de vista estritamente científico, ele, como pessoa, não existe". Na sua réplica, o Dr. Skinner disse que não entraria na questão de se ele tinha qualquer escolha no assunto (presumivelmente porque todo o problema era ilusório), mas afirmou: "Eu aceito a sua caracterização da minha própria presença aqui". Não preciso detalhar a ponto de que, para o Dr.

Skinner, o conceito de "aprender a ser livre" seria totalmente sem sentido[2].

Poderíamos, é claro, multiplicar extensamente as nossas ilustrações para apoiar a ideia de que as questões da liberdade e da responsabilidade, escolha e determinismo são centrais e críticas na psicologia americana.

DESEJO COMEÇAR o meu reexame da liberdade e da responsabilidade considerando essa ênfase atual sobre o controle. As frases "controle do comportamento" e "controle da mente e da personalidade", que eu deverei usar um tanto como sinônimos nessa discussão, levantam questões inquietantes. Quem controlaria a mente? A própria pessoa? Nesse caso, algum aspecto da sua mente ou de seu eu estaria fazendo o controle. Mas essa visão é inaceitável, porque, então, nos encontramos assumindo uma visão fragmentada do eu que dificilmente é sustentável e só torna mais confuso o nosso problema. Ou pretendemos dizer que a sociedade controla a mente? Mas a sociedade é simplesmente constituída por nós, pessoas cujas mentes devem, supostamente, ser controladas.

A frase significa que algum grupo especial – psiquiatras, psicólogos ou outros cientistas – controlarão a mente, quer dizer, as mentes de outras pessoas? Infelizmente, penso que essa é a suposição subconsciente e não premeditada de muitas pessoas que usam a frase, ou seja, que o seu grupo fará o controle, como se nós soubéssemos como as mentes dos outros devem ser controladas. Recentemente, participei de uma conferência de emergência de psiquiatras e psicólogos a respeito do problema pre-

---

2. Carl Rogers. "Learning to be Free", artigo apresentado na Conference on Evolutionary Theory and Human Progress: Conference C, The Individual and the Design of Culture, 2 a 14 de dezembro de 1960. Transcrição mimeografada, p. 15-16, 79.

mente da guerra e da paz. Vários dos artigos apresentados na conferência propunham que psiquiatras e psicólogos fossem enviados para os focos de conflito no mundo, entrevistassem diplomatas ao redor do globo e fizessem relatórios para os seus respectivos ministérios para que as autoridades públicas com tendências paranóides e sérios desajustes fossem dispensadas. O problema com esse plano é que tais "diagnósticos", se podem ser chamados assim, sempre pressupõem alguns critérios e objetivos como base daquilo que se julga. Felizmente, não parece haver chances de que qualquer departamento sério jamais venha a permitir que algum grupo arrogue para si esse tipo de controle. Eu digo "felizmente" porque não há razão para acreditar que os juízos a respeito dos objetivos de vida sejam melhores entre psiquiatras e psicólogos, como grupo, do que entre filósofos ou entre as próprias autoridades públicas, ou teólogos, escritores ou artistas.

Notamos que a palavra "objetivos" agora introduziu-se na nossa discussão. É impossível mantê-la fora. Pois controle sempre implica não apenas o controle por alguma coisa, mas para alguma coisa. Para que propósitos, ou seja, com base em que *valores*, a mente será controlada e para que fins esse controle será dirigido? Essa questão desconcertante foi, no passado, geralmente descartada nas discussões psicológicas com a resposta categórica de que, como cientistas, tratamos apenas de meios, não de objetivos. Mas essa não é uma atitude extremamente dúbia e possivelmente perigosa? E essa separação entre meios e fins não faz mesmo parte da razão dos nossos apuros na civilização do século XX, isto é, que possuímos esses meios poderosos de controlar a natureza e a nós mesmos – drogas, poder atômico, etc. –, mas não acompanhamos o ritmo em analisar para o que estamos controlando?

Ou, se aceitamos a proposta feita, às vezes, nas conferências psicológicas, de que os computadores podem estabelecer os nossos objetivos e os nossos técnicos determinar as nossas políticas, estamos, no meu entender, cometendo o erro mais sério de todos. Pois estamos abdicando em face da nossa falta de objetivos e valores. O que os nossos computadores não podem nos dizer é quais deveriam ser os nossos objetivos. Atualmente, quando nós e todas as pessoas contemporâneas sensíveis estamos tão confusos e ansiosos, não é surpresa que tendamos a abdicar em favor da máquina. Então tendemos, cada vez mais, a só fazer as perguntas que a máquina pode responder, ensinarmos, cada vez mais, só as coisas que a máquina pode ensinar e limitarmos a nossa pesquisa ao trabalho quantitativo que máquinas podem fazer. Então é inevitável que surja uma tendência real e inexorável de fazermos a nossa imagem do homem à imagem e semelhança da própria máquina pela qual o estudamos e o controlamos.

Devemos procurar, eu sugiro, uma compreensão nova e mais profunda da liberdade que venha a se sustentar mesmo num mundo no qual existem pressões de controle tão vastas e esmagadoras. Para fazê-lo devemos começar, no meu entender, com a questão de quais são as características distintivas desse ser, o homem, a quem estamos tentando entender.

UMA CARACTERÍSTICA CENTRAL distintiva, como vimos, é a capacidade de o homem ser ciente de si mesmo como tendo um mundo e de que está em inter-relação com ele. Ora, pesar as futuras consequências, a longo prazo, dos seus atos – o que também vimos ser uma capacidade do homem – é um ato social e implica, inevitavelmente, juízos de valor. Por isso, os conceitos de mente e personalidade implicam o desenvolvimento distintivamente *histórico-social* que caracteriza os seres humanos. O homem, como indicamos no capítulo anterior, não é meramente impelido às cegas pela marcha da história, não é *somente* o produto da história (como o são todos os animais), mas tem a capacidade de perceber a sua própria história. Ele pode exercer seletividade em relação à história, pode adaptar-se a partes dela, pode mudar outras partes e, dentro de limites, moldar a história em direções que ele mesmo escolha. Essa capacidade para transcender a situação imediata e introduzir a determinante temporal na aprendizagem dá ao comportamento humano a sua flexibilidade e liberdade distintivas.

E eis que descobrimos que, definindo a mente e a personalidade, também estivemos falando sobre *liberdade*. Pois não é a capacidade do homem de estar consciente de si mesmo como o indivíduo que vivencia, concretamente, também a base psicológica da liberdade humana? Hegel sintetiza o nosso argumento numa sentença poderosa: "A história do mundo não é outra senão aquela do progresso da consciência da liberdade".

Os dados que obtemos no nosso trabalho com pacientes, na psicoterapia, parecem-me apoiar claramente a minha tese. Quando as pessoas vêm para terapia, elas descrevem-se, tipicamente, como "impelidas", incapazes de saber ou escolher o que querem e vivenciam vários graus de insatisfação, infelicidade, conflito e desespero. O que descobrimos, quando começamos a trabalhar com elas, é que bloquearam grandes áreas de percepção, estão incapazes de sentir ou de perceber o que os seus sentimentos significam em relação ao mundo. Podem pensar que sentem amor quando, efetivamente, sentem apenas atração sexual; ou pensam que sentem atração sexual quando o que desejam, efetivamente, é ser alimentadas pelo peito materno. Elas sempre dirão de uma maneira ou de outra: "Eu não sei o que sinto; não sei quem sou". Nos termos de Freud, elas "reprimiram" experiências significativas e capacidades de todos os tipos. Os resultados sintomáticos são a ampla gama de conflitos, ansiedade, pânico e depressão.

Assim, no início da terapia, elas apresentam o quadro da *falta* de liberdade. O progresso da terapia pode ser aferido em termos do aumento da capacidade do paciente para vivenciar o fato de que ele é aquele que *tem esse* mundo, pode percebê-lo e nele mover-se[3]. Poder-se-ia definir a saúde mental, por um lado, como a capacidade de perceber o hiato entre estímulo e resposta, junto com a capacidade de usar esse hiato construtivamente. Assim, no meu entender, a saúde mental está, num espectro, no lado oposto ao "condicionamento" e ao "controle". O progresso da terapia pode ser medido em termos do progresso da "consciência da liberdade".

O eu implica o mundo e, o mundo, o eu; cada conceito – ou experiência – requer o outro. Agora, ao contrário da suposição usual, esses variam juntos, para cima e para baixo, na escala: falando de modo geral, quanto maior a consciência do eu, maior a percepção do mundo, e vice-versa. Pacientes à beira da psicose revelarão, frequentemente, uma ansiedade esmagadora pelo pânico de perderem a consciência de si mesmos e do seu mundo, simultaneamente. Perder o eu é perder o mundo, e vice-versa.

A relação inseparável entre o eu e o mundo também implica *responsabilidade*. O termo significa "responder", "responder a". Eu não posso, em outras palavras, tornar-me um eu exceto quando estou engajado, continuamente, em *responder* ao mundo do qual sou parte.

Aqui, o que é extraordinariamente interessante é que o paciente move-se para a liberdade e responsabilidade na sua existência, à medida que torna-se mais consciente das experiências *determinantes* na sua vida. Ou seja, conforme explora e assimila como foi rejeitado, superprotegido ou odiado quando criança, como as suas necessidades corporais reprimidas o impelem, como a sua história pessoal como um membro de um grupo minoritário, digamos, condiciona o seu desenvolvimento, e mes-

---

3. Carl Rogers apresentou estudos empíricos que demonstram esse ponto.

mo à medida que ele torna-se mais consciente de ser um membro da cultura ocidental num momento traumático particular na evolução histórica dessa sociedade, ele descobre que a sua margem de liberdade, igualmente, aumenta. À medida que torna-se mais consciente das infinitas forças determinantes na sua vida, ele torna-se mais livre.

As implicações desse ponto são muito significativas. Assim, a *liberdade* não é oposta ao determinismo. A liberdade é a capacidade do indivíduo para saber que *ele é determinado*, demorar-se entre o estímulo e a resposta e, assim, jogar o seu peso, por mais leve que seja, para o lado de uma resposta particular entre as diversas possíveis.

Assim, a liberdade também não é anarquia: os beatniks são um protesto simbólico contra a aridez da nossa sociedade mecanicista, não uma expressão de liberdade. A liberdade nunca pode ser separada da responsabilidade.

Passemos agora para outra fonte de dados que influencia o nosso problema. Esses dados são dramáticos e nítidos, mas também muito importantes – as experiências dos indivíduos em penitenciárias e campos de concentração. Pode-se bem pensar que falar sobre a "consciência da liberdade" em tais lugares de terrível caricatura da dignidade humana seja pura sentimentalidade. Mas entendemos que o caso pode ser exatamente o oposto.

Christopher Burney, um jovem oficial do serviço secreto britânico, saltou atrás das linhas inimigas durante a Segunda Guerra Mundial e foi capturado pelos alemães. Ele foi posto numa cela solitária, sem um livro, uma caneta ou folha de papel, durante dezoito meses. Na sua cela de quatro metros quadrados, Burney decidiu que, a cada dia, ele revisaria mentalmente, lição após lição, o que estudara na escola e na universidade. Ele solucionou teoremas de geometria, reviu o pensamento de Spinoza e outros filósofos, resumiu, na sua mente, a literatura que lera, e assim por diante. No seu livro *Solitary Confinement* (Prisão solitária) ele demonstra como a "liberdade da mente", como a chamou, o manteve são por dezoito solitários meses e tornou a sua sobrevivência possível.

Dos horrores do campo de concentração de Dachau, o Dr. Bruno Bettelheim relata que aprendeu uma lição semelhante. Logo que foi jogado nesse campo, Bettelheim estava muito fraco para engolir a comida. Mas um "velho prisioneiro", que estava lá há quatro anos, disse a ele:

> Escute, decida-se: você quer viver ou morrer? Se não se importa, não coma essa coisa. Mas, se quer viver, só tem um caminho: decida-se a comer o que quer que seja, quando quer que seja, por pior que seja o gosto. Quando quer que você possa, defeque, assim terá certeza que o seu corpo funciona. E quando quer que tenha um minuto, não tagarele, leia mentalmente, ou deite-se e durma.

Bettelheim prossegue para dizer: "O que estava em jogo era a necessidade de sobreviver, de conquistar, contra os maiores obstáculos, algumas áreas de liberdade de ação e pensamento, mesmo que insignificantes". Nesse livro, *The Informed Heart* (O coração informado), Bettelheim conclui que, na pior das circunstâncias, o indivíduo deve descobrir e agarrar-se ao seu direito de saber e agir; preservar a sua "consciência da liberdade", se quiser sobreviver.

DESEJO AGORA extrair, dessa discussão, alguns princípios a respeito das bases psicológicas da liberdade. Primeiro, *a liberdade é uma qualidade da ação do eu centrado.* Indicamos acima que não faz sentido falar de uma "parte" da mente ou do eu controlando o resto da mente. Nem faz sentido falar, como os nossos patriarcas vitorianos, da "vontade" controlando a mente ou, como os nossos colegas freudianos, do "ego" como sede da liberdade e da autonomia. David Rapaport escreveu um ensaio intitulado "A autonomia do ego" como parte dos recentes desenvolvimentos no freudianismo que procuram incluir alguma margem de liberdade. Jung tem um capítulo num de seus livros intitulado "A autonomia (ou liberdade) do inconsciente". Ou, seguindo Walter B. Cannon, em seu *A sabedoria do corpo*, alguém poderia escrever sobre "a autonomia do corpo". Cada um tem uma verdade parcial; mas não está, também, cada um deles, fundamentalmente errado? Pois nem o "ego", nem o "inconsciente", nem o corpo podem ser autônomos ou livres por si mesmos.

A liberdade, pela sua própria natureza, só pode ser localizada no eu agindo como totalidade, o "eu centrado"[4]. A consciência é a experiência do eu agindo desde o seu centro. O aparelho neuromuscular do indivíduo, a sua experiência genética passada, os seus sonhos e a infinidade de outros aspectos mais ou menos determinantes da sua experiência como organismo vivo estão relacionadas, nas suas várias maneiras, com esse ato centrado e só podem ser compreendidos nesse relacionamento.

Certamente, uma razão para a confusão sobre a liberdade na psicologia, e uma razão principal porque os estudos psicológicos no passado confundiram e encobriram ao invés de revelar o significado da liberdade, é precisamente que eles fragmentaram a pessoa, desmembraram-na em "estímulos" e "respostas" ou em "id, ego e superego". Nós destruímos a sua centralidade com esses métodos, mesmo antes de começarmos a estudá-lo. Se quisermos descobrir qualquer coisa sobre a liberdade psicológica na nossa pesquisa, obviamente, precisamos alguma abordagem como as "estatísticas do indivíduo singular", ou método idiográfico, de Gordon Allport. Ou, como eu proporia, métodos que se baseiem na *coerência interna* do indivíduo e na *padronagem significativa*, em contraste com a fragmentação.

---

4. Esse conceito provém e foi desenvolvido nos textos de Paul Tillich.

O segundo princípio é: *a liberdade sempre envolve responsabilidade social.* Descobrimos, acima, na nossa definição de mente – a capacidade de transcender a situação imediata no tempo e no espaço e de pensar em consequências de longo prazo – que não poderíamos fugir à inclusão do polo social da mente. "Mente" subjetiva e "mundo" objetivo são correlatos inseparáveis.

Esse princípio introduz os *limites* da liberdade. Liberdade não é licenciosidade, nem simplesmente "fazer tudo o que se quer". Com efeito, viver à mercê dos caprichos ou das condições da digestão de cada um é, num certo sentido, exatamente o oposto da ação do eu centrado de que estivemos falando. A liberdade é limitada pelo fato de que o eu sempre existe num mundo (uma sociedade, uma cultura) e tem uma relação dialética com esse mundo. Abram Kardiner mostrou no seu estudo de Plainville, EUA, que as pessoas nessa pequena cidade do meio-oeste subscreviam "no principal, ao credo americano da mobilidade vertical e acreditavam que um homem pode tornar-se o que quiser. Na verdade, as oportunidades são muito limitadas para eles... mesmo que saiam dali"[5]. O erro no credo de Plainville, como na maioria das nossas ideias popularizadas sobre a liberdade, é que são externalizadas – elas veem o eu agindo no mundo, ao invés do eu existindo num relacionamento dialético com o mundo.

A liberdade de um ser humano é limitada pelo seu corpo, pela doença, pelo fato de que morre, pelos limites da sua inteligência, pelos controles sociais, *ad infinitum.* Bettelheim não podia mudar a desumanidade do campo de concentração, mas podia tornar-se consciente que ele era aquele resistindo àquelas desumanidades; e, já aí, ele as transcendera parcialmente. A ca-

---

5. Abram Kardiner. *The Psychological Frontiers of Society*. Columbia University Press.

pacidade de enfrentar limites conscientemente, normais ou bárbaros como possam ser, já é um ato de liberdade e, em alguma medida, libera uma pessoa do ressentimento automutilante.

Nosso terceiro princípio é: *a liberdade requer a capacidade de aceitar, suportar e viver construtivamente com a ansiedade*. Refiro-me, é claro, à ansiedade *normal* que todos sentimos a cada passo do nosso crescimento psicológico, bem como nesse mundo contemporâneo conturbado. Por anos, acreditei que a definição popular de saúde mental como "estar livre de ansiedade" está errada. Ela favoreceu as tendências do indivíduo a renunciar à sua originalidade, assumir uma "coloração protetora" e conformar-se, na esperança de alcançar paz de espírito. Essa ênfase em estar livre da ansiedade tendeu, na verdade, a solapar a liberdade.

Todos nós somos, por certo, a favor da liberdade da ansiedade *neurótica* – o tipo que bloqueia a percepção das pessoas e as leva ao pânico ou, de modo diferente, a agirem cega e destrutivamente. Mas a ansiedade neurótica é simplesmente o resultado de longo prazo da ansiedade normal não enfrentada. Quando o indivíduo em desenvolvimento, por exemplo, confronta a crise do desmame, num estágio posterior, a separação dos pais quando vai para a escola e, depois, o surgimento dos problemas sexuais na adolescência e acha que não pode lidar com a ansiedade envolvida, mas precisa reprimi-la, ele deu começo à cadeia de eventos que resulta, finalmente, na ansiedade neurótica. O mesmo é verdadeiro para os adultos que enfrentam a iminência da guerra termonuclear: se reprimimos a nossa ansiedade normal diante dessa possibilidade terrível, desenvolveremos a ansiedade neurótica com os seus diversos sintomas.

Estar livre significa enfrentar e suportar a ansiedade; fugir dela significa, automaticamente, renunciar à liberdade. Demagogos ao longo da história usaram essa última estratégia – sujeitar o povo, continuamente, a uma ansiedade insuportável – como um método de forçá-lo a renunciar à sua liberdade. Então, o povo pode aceitar a escravidão virtual na esperança de livrar-se da ansiedade.

Procede aqui uma advertência sobre o uso de drogas para reduzir a ansiedade. O uso de tranquilizantes (exceto nos casos onde a ansiedade do paciente é insuportável, causa uma regressão destrutiva ou o torna inacessível a tratamento) é altamente duvidoso. Deveríamos encarar o fato de que, eliminando a ansiedade do paciente, também eliminamos a sua oportunidade de aprender; eliminamos alguns dos seus recursos. A ansiedade é um sinal de conflito interno e enquanto há conflito é possível uma solução num nível superior de consciência. "A ansiedade é o nosso melhor professor", disse Kierkegaard. "Portanto, aquele que aprendeu corretamente a estar ansioso aprendeu a coisa mais importante".

A liberdade é algo que se alcança pela transformação. Eu questiono a afirmação bastante simplificada de que "nascemos livres", exceto em termos de potencialidades. Prefiro, antes, enfatizar a brilhante definição de Goethe, em *Fausto*, que é citada na epígrafe que abre esse capítulo.

Permitam-me falar do meu próprio quadro impressionista desse homem livre. O homem livre é consciente do seu direito de ter participação nas decisões do seu grupo social ou nação que o afetem; ele concretiza essa consciência confirmando as decisões ou, se discorda, registrando o seu protesto em favor de uma decisão melhor da próxima vez. O homem livre tem respeito pela autoridade racional, tanto a da história como a dos seus camaradas que podem ter crenças diferentes das dele próprio. O homem livre é responsável, à medida que pode pensar e agir pelo bem-estar do grupo. Ele tem autoestima, como um indivíduo de valor e dignidade – não sendo a menor das fontes dessa dignidade ele saber-se um homem livre. Ele é capaz, se preciso, de ficar só, como Thoreau – disposto a ser uma minoria de um só quando princípios básicos estão em jogo. E, talvez o mais importante nos nossos dias, o homem livre é capaz de aceitar a ansiedade que é inevitável no nosso mundo agitado e voltá-la para um uso construtivo, como motivação para uma "consciência da liberdade" maior.

ENCERRAREI indicando como esse reexame da liberdade e da responsabilidade afeta o aconselhamento.

Primeiro, enfatizamos que a liberdade e a responsabilidade sempre implicam-se mutuamente e nunca podem ser separadas. Segundo, a nossa discussão aponta para os usos construtivos da ansiedade e, indiretamente, para os usos construtivos da culpa e dos sentimentos de culpa no aconselhamento. A culpa é a experiência subjetiva da nossa responsabilidade insatisfeita, ou seja, não termos correspondido às nossas próprias potencialidades ou às nossas potencialidades (por exemplo, no amor e na amizade) nos relacionamentos com outras pessoas e grupos. A nossa discussão da liberdade indica, entretanto, que não deveríamos, como terapeutas e conselheiros, transferir a *nossa* culpa e os *nossos* juízos de valor para o consulente e o paciente, mas empenhar-nos em ajudá-lo a expressar e confrontar a sua culpa e as implicações e o significado que ela tem para ele. Certamente, a nossa meta é aliviar os sentimentos de culpa *neuróticos*, mas a culpa neurótica é, como a ansiedade neurótica, o resultado final da culpa normal anteriormente não enfrentada. Permitam-me afirmar, sem dar aqui as razões que sustentam a minha afirmação, que o confronto construtivo da culpa normal libera no aconselhado e no paciente tanto as suas capacidades de liberdade como as suas capacidades de assumir responsabilidade.

Terceiro, a nossa discussão aponta para o fato de que são pressupostos valores em todos os pontos do processo de aconselhamento. Precisamos ponderar, novamente, o profundo significado dos valores existentes no simples fato de um relacionamento de aconselhamento – a estranha situação em que duas pessoas sentam-se e dedicam-se, por uma hora, aos problemas de um deles, o consulente. Isso envolve perguntar de novo, num nível mais profundo, o significado do que os alemães chamam *Mitsein* ("estar com") e Buber chama a relação eu-tu.

Quarto, a nossa discussão também aponta para o fato de que são pressupostos valores em todos os passos que o consulente dá na sua própria integração, mas não no sentido de que os valores do conselheiro ou mesmo os da sociedade são legados ou sutilmente implicitados como os únicos possíveis ou preferenciais. O conselheiro pode ajudar melhor o aconselhado a chegar aos seus próprios valores ao admitir (embora isso não necessariamente precise ser verbalizado) que ele, o conselheiro, tem os seus próprios valores e não há benefícios em se esconder o fato, mas que não há nenhuma razão para presumir que esses serão os valores mais significativos e adequados para o próprio aconselhado.

13

Questões para uma ciência do homem

Nos tempos em que uma ideia podia ser silenciada mostrando-se que era contrária à religião, a teologia era a maior fonte isolada de falácias. Hoje, quando qualquer pensamento humano pode ser desacreditado estigmatizando-o como não-científico, o poder previamente exercido pela teologia foi transferido para a ciência; logo, a ciência tornou-se, por sua vez, na maior fonte isolada de erro.

(Michael Polanyi, *Personal Knowledge*)

Se pretendemos estudar e entender o homem, precisamos de um modelo humano. Isso soa como um truísmo e deveria ser um; o surpreendente é que não se trata, em absoluto, de um truísmo. Fico continuamente impressionado pela surpresa registrada pelos nossos colegas cientistas de outras disciplinas, como a física e a biologia, quando nos veem tomando os nossos modelos não só das suas ciências, mas, com frequência, de formas ultrapassadas das suas ciências que eles já descartaram. Eles tendem a acrescentar outro truísmo: "É claro que você deve ter um modelo advindo do nível de complexidade daquilo que está estudando, o ser humano".

Essa falta de um modelo adequado está relacionada a outra situação curiosa. Isto é, a despeito de toda discussão geral da psicoterapia e dos problemas emocionais do homem moderno nos nossos jornais científicos e na imprensa diária, ainda não temos uma ciência operacional do homem na qual possamos basear a psicoterapia. Não pretendo oferecer, nesse capítulo, nenhuma ciência acabada, mas alimento uma esperança mais modesta de que os comentários a seguir serão úteis para indicar questões básicas e fecundas.

Por "ciência do homem" não quero dizer, meramente, o amontoamento de psicologia, sociologia, antropologia ou outras disciplinas a que Dilthey chamou as "ciências culturais" em contraste com as "ciências naturais". Certamente, essas ciências culturais terão muito a ver com qualquer compreensão adequada do homem. Mas, por ciência do homem, quero dizer algo diferente, notadamente, uma teoria operacional que nos capacitará a compreender e esclarecer as características específicas, distintivas do homem. Seria a ciência na qual poderíamos fundamentar a psicoterapia. Se a frase ainda é ambígua, como bem pode ser, acredito que se tornará mais clara e mais precisa conforme essa discussão avance.

É a nossa falta de uma tal ciência que possibilita a grande confusão teórica atual sobre as metas da psicoterapia. Ninguém tem uma ideia muito clara do que é esse animal, o homem, a quem nós, psicoterapeutas, estudamos e tentamos ajudar, ou mesmo em que consiste essa ajuda. De fato, há indícios de que a psicoterapia contemporânea está num dilema peculiar: ao mesmo tempo que a sua aplicação torna-se mais disseminada e os recursos de formação tornam-se maiores, a sua confusão teórica interna torna-se mais evidente. Alguns anos atrás, por exemplo, a Associação Psicanalítica Americana nomeou um comitê para elaborar uma definição da psicanálise. O comitê trabalhou diligentemente por quatro anos, assediando insistentemente os membros com questionários. Mas o único ponto em que pode haver acordo era técnico, a saber, que a análise era algo que deveria ocupar, pelo menos, quatro horas por semana. Finalmente, o comitê teve que relatar que a incerteza teórica era tão grande que nenhuma definição podia ser alcançada.

EU NÃO PROPONHO tentar enumerar ou avaliar aqui os muitos tipos diferentes de pesquisa sendo feitas atualmente. Desejo apenas mostrar que a pesquisa tende a seguir as linhas das ciências nas quais suposições e métodos claros já estão definidos e para as quais já existem disponíveis equipamentos de laboratório. A maior parte das pesquisas relatadas nos jornais de psiquiatria tratam de terapia somática, de acordo com o estudo do Grupo para o Avanço da Psiquiatria[1]. "Vem a seguir, na ordem de proeminência, os estudos dos correlatos anatômicos, fisiológicos e bioquímicos das doenças psiquiátricas. Aqui, a bagagem médica do psiquiatra, com seus muitos anos de concentração sobre a patologia de órgãos e tecidos, dita o interesse das pesquisas"[2]. Até recentemente, o estudo da psicodinâmica e da psicopatologia constituiu apenas uma parte menor da pesquisa na psiquiatria. Esse relatório indica que, embora haja uma tendência corrente para tais estudos, eles terão de ser enormemente acelerados para emparelhar com as pesquisas de terapias somáticas e correlatos somáticos das doenças psiquiátricas.

Os progressos mais dramáticos e de maior alcance no campo psiquiátrico, recentemente, como todos sabem, foi no desenvolvimento de drogas para controlar a ansiedade, as depressões e outras formas de perturbação emocional. Obviamente, essas drogas têm o seu valor para pacientes altamente perturbados, para protegê-los de si mesmos, para aliviar a sua ansiedade e depres-

---

1. *Collaborative Research in Psychopathology*, formulada pelo Comitê sobre Psicopatologia do Grupo para o Avanço da Psiquiatria. Topeka, Kansas, janeiro, 1954.

2. Ibid., p. 3.

são insuportáveis e para ajudar um número muito maior de pacientes a alcançar o estado no qual são acessíveis à psicoterapia.

Mas o uso mesmo dessas drogas apenas põe em maior relevo a necessidade de chegarmos a uma adequada ciência do homem. As razões para isso são as seguintes: As drogas para problemas emocionais funcionam sobre princípios muito diferentes daqueles que destroem os germes ou vírus invasores nas doenças orgânicas. Uma série de drogas bloqueia os efeitos dolorosos do estado emocional, mas não tem nenhum efeito sobre a sua causa; podem mudar as reações do organismo, mas não tocam no problema de por que, em primeiro lugar, as reações são distorcidas. Um sedativo, por exemplo, pode ajudar alguém a ter uma boa noite de sono, mas não afeta em nada o problema que possa ter causado a insônia. Ainda pode ser útil para que ela tenha podido dormir, particularmente, se a sua disposição é atacar o seu problema mais efetivamente no dia seguinte. Por outro lado, tomar um sonífero pode tê-la ajudado, precisamente, a evitar o problema; pode remover dela o motivo para dar um passo à frente no seu desenvolvimento. Essa ilustração simples pode deixar claro a ideia nada simples de que é, geralmente, prejudicial para os pacientes afastar os seus sintomas sem ajudá-los a curar o problema subjacente que causa os sintomas. Em geral, a função dos sintomas é fornecer o incentivo e a bússola para chegar à perturbação subjacente. Psicologicamente, a ansiedade e a depressão são a maneira da natureza, se podemos falar assim, de dizer à pessoa que ela tem um problema subjacente que requer esforços para ser corrigido.

Se essas drogas para distúrbios psicológicos e as drogas para alterar o humor atualmente sendo aperfeiçoadas tornarem-se amplamente usadas, como quase certamente será o caso nas próximas décadas, sem uma ajuda equivalente das pessoas para solucionar os seus problemas, provavelmente testemunharemos a emergência de novos tipos de desordens psicológicas e psicossomáticas na nossa sociedade, em escala ainda maior do que no presente. Entre essas desordens, se posso arriscar uma previsão, terão destaque os estados endêmicos de apatia e o que eu chamei, noutra ocasião, a experiência do vazio interior[3]. Assim, em nenhum sentido, essas drogas tornarão menos urgente a nossa compreensão psicológica do homem; com efeito, apenas se tornará mais crucial que superemos a nossa confusão sobre a natureza dessa criatura com que trabalhamos e que cheguemos a uma ciência do homem que nos guie na nossa pesquisa da psicoterapia.

O NOSSO MODELO para uma ciência do homem também não pode ser tomado, sem quaisquer alterações, da medicina. Obviamente, muitos pensamentos confusos têm lugar entre os especialistas, como têm entre os leigos inteligentes, sobre a relação da medicina com os problemas psiquiátricos e psicológicos. O ponto essencial que deve ser visto com clareza é que os distúrbios psiquiátricos (excluindo a minoria com uma base orgânica) e os problemas psicológicos têm um caráter diferente das doenças que os métodos médicos trataram com tanto sucesso durante as últimas décadas (por exemplo, o extraordinário sucesso contra a pólio). Isso foi profundamente defendido por Harry Stack Sullivan, é defendido apaixonadamente por Thomas Szasz e é apenas argumentado por muitos outros. A essência do método médico é a definição da entidade patológica, depois o isolamento dos organismos invasores (germes, vírus) e o desenvolvimento ou descoberta da droga ou vacina específica que destrui-

---

3. R. May. R. *O homem à procura de si mesmo*. Desde que o texto original em que baseia-se esse capítulo foi escrito, surgiram muitas evidências de que a previsão acima era verdadeira, ou seja, que a apatia surgiu na nossa sociedade e ameaça tornar-se endêmica, se já não o fez. O caso do assassinato de Catherine Genovese, com trinta e oito cidadãos de Queens recusando-se a "envolver-se", é apenas o mais dramático dos incidentes que indicam essa apatia.

rá aqueles organismos. Mas, como o Dr. Stephen Ranson mostrou com precisão[4], enquanto

> as doenças médicas orgânicas são predominantemente classificáveis em entidades patológicas relativamente discretas... isso parece inerentemente impossível com o material da psiquiatria. Esse último parece, ao invés, consistir de padrões de reação ou padrões de interação (padrões de existência) que mostram a maior variabilidade possível... [*A doença orgânica consiste de*] padrões de fenômenos aberrantes *dentro dos indivíduos*. Por outro lado, os distúrbios psiquiátricos funcionais... referem-se... à interação de indivíduos com outros indivíduos ou grupos... Em resumo, as doenças orgânicas e os distúrbios psiquiátricos parecem representar fenômenos que têm lugar em diferentes quadros de referência.

O Dr. Ranson conclui corretamente que "é urgente uma extensa revisão da nossa estrutura teórica básica". Também é clara a implicação de que, uma vez que esses distúrbios ocorrem num novo nível de discurso, isto é, a interação entre indivíduos e entre indivíduos e grupos, é necessário um novo enquadre científico ao invés de, simplesmente, uma ampliação da biologia ou das ciências físicas.

Ainda mais impressionante é a necessidade de um novo nível de discurso quando passamos dos distúrbios psiquiátricos (como as psicoses) para problemas emocionais psicológicos (tipicamente, dificuldades neuróticas e comportamentais). Aqui, a revelação mais fascinante e esclarecedora deve ser observada nos combates na longa peregrinação de Freud para descobrir métodos pelos quais pudesse explorar adequadamente a vida

---

4. Num artigo publicado em 1954, no encontro anual da Associação Americana de Psiquiatria.

psíquica humana. Esses combates são descritos na carta que ele escreveu ao seu amigo Fliess, durante os primeiros anos de pesquisa solitária quando praticamente ninguém entendia ou apoiava o seu trabalho. Freud, é claro, de formação médica e neurológica, explicava repetidamente a Fliess, um fisiologista, os seus esforços para interpretar a histeria e outros problemas psicológicos em termos neurológicos, orgânicos. Mas, a cada vez, desapontava-se mais e descobria que tinha que passar para um novo nível nas suas interpretações. Numa passagem pujante, escrita em agosto de 1897, ele diz ao seu amigo como as suas grandes esperanças de alcançar a fama pelas suas teorias da histeria haviam caído por terra, e acrescenta: "No colapso geral, somente a psicologia reteve o seu valor". Ele até pede a Fliess, queixosa e talvez ironicamente: "dê-me um pouco de chão sólido no qual eu seja capaz de desistir de explicar as coisas psicologicamente e comece a achar uma base firme na fisiologia!"

Freud era um verdadeiro explorador, na medida em que seguia os dados aonde quer que eles o levassem, muito embora isso significasse uma escalada laboriosa para novos domínios onde os velhos mapas e métodos não serviam mais. Nesse sentido, ele tinha o espírito do filósofo bem como do cientista. "Quando eu era jovem", escreveu ele a Fliess, "a única coisa que eu almejava era o conhecimento filosófico e, agora, que estou passando da medicina para a psicologia, estou no processo de alcançá-lo". De fato, Freud teve, finalmente, que romper com Fliess porque o fisiologista tinha "a firme ideia de estabelecer a biologia numa formulação física, matemática", mas ele sabia que as verdades que buscava tinham que ser explicadas num novo nível de integração. Como diz Ernest Jones na sua biografia de Freud: "Sabemos que o estudo médico das aflições físicas do homem não lhe trouxeram, e talvez tenham mesmo impedido, o seu progresso. Que, todavia, finalmente tenha alcançado a sua meta, embora por uma rota extraordinariamente indireta, ele veio a considerar, corretamente, como o triunfo da sua vida".

Certamente, na ciência do homem, dados médicos e outros dados biológicos serão altamente significativos. Contudo, só desejo enfatizar que nós, como Freud, estamos diante de algo novo sob o sol da ciência moderna.

A confusão sobre o homem, é claro, não é culpa dos psicanalistas, psiquiatras ou psicólogos, mas atravessa, como uma rachadura, toda a nossa cultura. Veremos mais claramente aquilo de que estamos falando se lançarmos um olhar para o passado, por um momento, para tomarmos a nossa perspectiva histórica. O gênio do homem moderno, desde a Renascença, tem estado na compreensão e no domínio da natureza física. Os métodos para esse novo controle da natureza foram formulados por diversos filósofos e cientistas do século XVII; veja-se a formulação gráfica de Descartes. Ele sustentava no seu *Discurso sobre o método* que a realidade tem dois lados: de um lado está a matéria, aquilo que pode ser medido, é objetivo e tem extensão – quer dizer, a natureza física, incluindo o corpo humano; do outro lado está o pensamento, a mente, aquilo que é subjetivo e não pode ser medido. Descartes e outros filósofos e cientistas do século XVII não pretendiam dividir o mundo em dois. A ideia que tinham da razão era a que Paul Tillich chama "extática"; eles não eram dualistas. Com efeito, Descartes tenta abranger corpo e mente sustentando que eles estão vinculados pela alma, a qual reside na glândula pineal, na base do cérebro. Ora, sabemos onde fica a glândula pineal. Mas, obviamente, tem sido difícil para os investigadores encontrar a alma lá. Descartes cometeu o erro tipicamente moderno de tentar definir a alma como uma coisa, uma entidade.

O fruto dessa dicotomia foi que o homem moderno entregou-se abnegadamente à perseguição de um dos lados – a saber, da natureza que pode ser medida. O método agora tornava possível colocar uma certa distância entre a natureza e o homem e estudá-la como objetiva, alguma coisa "lá fora". Essa abordagem alcançou um sucesso tremendo na física e na química e, mais tarde, na biologia e na medicina. Compreensivelmente, as ciências que melhor ajustavam-se aos novos métodos matemáticos fizeram os maiores progressos. Compreensivelmente, também, esses métodos que eram tão magnificamente recompensadores nas ciências naturais foram aplicados ao homem; os aspectos da experiência humana que pareciam ser racionais e tangíveis e podiam ser medidos eram isolados para estudo, mas os problemas subjetivos – os valores, a consciência, a liberdade, a responsabilidade – eram postos na prateleira como indignos de estudo ou completamente negados. Em meados do século XIX, essa divisão entre os aspectos objetivos e subjetivos da vida havia se aprofundado numa fissura que dividia toda a cultura, bem como os indivíduos na cultura[5]. No final do século XIX, os indivíduos sofriam uma compartimentalização – que era precisamente o distúrbio que Freud buscava curar no seu desenvolvimento da psicanálise. Na sua forma mais simples, a psicanálise é um método para levar o irracional e o racional, o "objeto e o "sujeito", de volta à unidade, um método para fazer o homem novamente um todo.

Hoje, sabemos muito sobre a química corporal e o controle das doenças físicas; mas sabemos muito pouco sobre por que as pessoas odeiam, por que não podem amar, por que sofrem a ansiedade e a culpa e por que destroem-se umas às outras. Entretanto, enquanto continuamos sob a sombra trágica da bomba H, tornamo-nos vividamente conscientes de que podem haver perigos desesperadores num estudo cientificamente unilateral da natureza e do homem.

Com efeito, é posta tanta ênfase no lado objetivo da dicotomia de Descartes na nossa sociedade que a tendência é supor

---

5. Veja Ernst Cassirer, *An Essay on Man*; e Rollo May, *The Meaning of Anxiety*.

que essa é a única abordagem. O Dr. William Hunt comete esse erro, no meu entender, quando afirma nas suas conferências Salmon: "A psiquiatria, e a psicologia com ela, tem estado, pelos últimos vinte anos, num enorme desfile de formulações psicodinâmicas negligenciando e, às vezes, quase excluindo o lado orgânico e fisiológico do quadro. O pêndulo é obrigado a retornar e há evidências de que o retorno está começando". Isso parece-me refletir uma leitura de curto prazo da história. Seguramente, o Dr. Hunt está certo se está argumentando contra a psicologização superficial que aconteceu no passado recente. Em alguns círculos do Greenwich Village e da Avenida Park não se podia nem mesmo ficar cansado sem que alguém nos acusasse de tentarmos fugir à responsabilidade ou guardar ressentimentos reprimidos contra a sogra. Certamente, quanto mais cedo acabarmos com esse tipo de psicologização, melhor. Não releguemos a um segundo plano, nem por um momento, os aspectos orgânicos da realidade e da experiência; como Kierkegaard diria, a natureza ainda é a natureza e, eu ainda acrescentaria, o cansaço ainda é o cansaço. Mas isso não muda o fato de que a nossa ênfase, nos tempos modernos, tem sido esmagadoramente no lado orgânico; sabemos muito sobre os aspectos fisiológicos do comportamento das pessoas, mas ainda somos muito ignorantes sobre os seus motivos psicológicos, sociais e espirituais. O nosso problema é se podemos superar a divisão entre corpo e mente e tratar do homem diretamente, em termos das suas características distintivas como homem.

A nova ênfase sobre a relação do homem com a natureza e seu *continuum* com relação aos animais, que caracterizou a filosofia e a ciência americanas, incluindo a psicologia, durante o último meio século tem sido eficientes na sua meta. É verdade, havíamos rompido demais com a natureza. Mas penso que a razão para essa separação entre o homem e a natureza era, precisamente, a dicotomia que estamos discutindo: a tendência a situar a natureza e os animais como puramente objetivos, "lá fora". Ora, salta aos olhos que a nossa relação com a natureza e os organismos infra-humanos não pode ser adequadamente restabelecida por uma nova ênfase excessiva num dos lados da dicotomia. Além disso, todos os seres devem relacionar-se com os outros seres com base nas suas próprias características inatas.

Como solução para esse problema, muitos dos nossos colegas argumentam energicamente que podemos evitar toda a dificuldade, simplesmente, preocupando-nos com o comportamento. Esse é o modelo de Locke – sendo as psicologias comportamentais o que Allport chama as formas lockeanas da psicologia dominante na Inglaterra e nos Estados Unidos[6]. O comportamentalismo, em geral, evita a dicotomia cartesiana através de uma ênfase redobrada num dos seus lados. Mas o simples fato, que vemos demonstrado a todo momento na psicoterapia, é que as pessoas reagem a uma experiência íntima do seu ambiente.

Quando o Sr. A. chega no meu consultório, por exemplo, devo ser sensível a todos os aspectos do seu comportamento – os seus olhos tensos, o seu sorriso fugidio, os seus movimentos ansiosos, o fato de que ele senta de maneira excessivamente relaxada, de que acende um cigarro mas só dá tragadas curtas. Tudo isso são dados, bem como o que ele me diz sobre os seus problemas. Mas os seus sonhos e as suas fantasias também são dados. Eu também devo estar ciente de como sinto-me no momento, pois sou parte do seu mundo, esse mundo com o qual ele está tentando se comunicar agora. Como diz Niels Bohr, mesmo o físico moderno deve estar ciente de que, como um cientista, ele é tanto ator como espectador; e, como o terapeuta, eu sou o instrumento pelo qual esse Sr. A. comunica-se com o mundo, nesse momento particular. Todos esses e centenas de

---

6. Gordon Allport. *Becoming*: Basic Considerations for a Psychology of Personality.

outros dados são significativos. Em resumo, o problema principal do comportamentalismo para nós, terapeutas, é que deixa de fora comportamento demais.

Quando Bohr, Heisenberg e outros físicos enfatizam que a visão copernicana de que a natureza pode ser separada do homem não é mais sustentável e que "o ideal de uma ciência que é completamente independente do homem (isto é, objetiva) é uma ilusão"[7], creio que o principal impacto sobre nós, psicólogos, deveria ser de libertação. Deveríamos ver, corajosamente, que seguimos visões de ciência muito estreitas. Por exemplo, o método de mensuração quantitativa matemática como o ideal para a ciência é uma invenção peculiarmente moderna, devendo muito à introdução dos números arábicos na Europa, no final da Idade Média. O objetivo básico da ciência, desde o tempo dos gregos, era a descoberta da *legitimidade* da realidade. Essa legitimidade pode ser demonstrada por outros métodos que não a quantificação. A coerência interna é um desses métodos; outro é a descoberta da padronagem.

Outra falha do comportamentalismo como modelo para uma ciência do homem é que não leva suficientemente em conta que o homem é o mamífero que pode ser ciente de que está sendo condicionado. Quando o ser humano não está meramente entregando-se às condições arbitrárias do laboratório ou não está inconsciente, drogado ou hipnotizado, ele pode saber que está sendo condicionado e, nesse momento, pode demorar-se entre o estímulo e a resposta. Essa demora, embora possa durar apenas um instante, capacita-o a jogar algum peso para uma resposta ou outra. Então não é exato falar do ser humano como sendo apenas o "produto" do condicionamento. O comporta-

---

7. Citação de um discurso mimeografado de Werner Heisenberg na Conferência sobre ciência e responsabilidade humana, Washington University, St. Louis, outubro, 1954.

mentalismo e outras formas de psicologia experimental e laboratorial têm, admitidamente, os seus papéis úteis e significativos, mas devem ser postos num contexto mais amplo da natureza do homem e da ciência.

O QUE SIGNIFICA ter um problema emocional ou "mental"? Especificamente, qual é o *locus* dos problemas emocionais? Se olharmos para a nossa própria experiência, veremos, imediatamente, que é necessária uma nova categoria; os termos usuais "corpo" e "mente" não são suficientes. Popularmente, supõe-se que o corpo afeta a mente e a mente, o corpo; e se somamos os dois, temos a pessoa. Mas isso não é, absolutamente, toda a história, nem sequer o núcleo central dela. Digamos, para tomar um exemplo simples, que estejamos corporalmente cansados. Ora, como isso afetará a nossa "mente" depende não apenas do próprio cansaço, mas, antes, de como nós, na nossa autoconsciência, relacionamo-nos com o cansaço. Se podemos aceitar o cansaço – digamos, causado por esquiar ou nadar – ele será prazeroso. Se, entretanto, o cansaço resulta de cumprir alguma obrigação que não queríamos e à qual resistimos, provavelmente sentiremos irritação. Se, em terceiro lugar, não pudermos nem mesmo admitir o cansaço para nós mesmos, mas temos que reprimi-lo, ele terá um efeito diferente: provavelmente trabalharemos compulsivamente, com arranques artificiais, mas improdutivos. Aqui, eis um simples estado corporal, o cansaço, que teve três efeitos diferentes, dependendo de como nós, na nossa autoconsciência, relacionamo-nos com ele.

Novamente, tomemos um estado dito mental ou emocional, a ansiedade, e vejamos como afeta o corpo. Se somos capazes de aceitar a ansiedade, ela não nos causará nenhum dano particular e poderá até ser uma oportunidade educativa para nós. Se, entretanto, nos ressentirmos e a combatermos, ela terá outro efeito; podemos ficar deprimidos, fatigados. Se, em terceiro lugar, não pudermos aceitá-la, mas recorrermos à repressão, então ela pode contribuir, concretamente, para efeitos psicossomáticos prejudiciais, tais como provocar uma crise de úlceras gástricas. Em cada caso, vemos que não se trata apenas do corpo afetar a "mente" ou a "mente" afetar o corpo: antes, a questão crucial é: como a pessoa, na sua *autoconsciência, relaciona-se com ambos, corpo e mente*? A categoria crucial é o eu na sua relação consigo mesmo.

Como chamaremos a isso? Autoconsciência? Autodiretividade? Bem, alguns dos nossos colegas psicólogos já estarão preocupados: isso parece-se muito com a velha ideia de "alma". Eles irão nos lembrar: "Não pudemos estabelecer a psicologia como uma ciência até nos livrarmos disso". É por isso, é claro, que muitos psicólogos na tradição comportamentalista também rejeitariam o termo "eu". Eles sustentam que essas ideias são usadas para dar como respondida a questão: "É dito que alguém faz alguma coisa porque o seu "eu" ou "alma" a levou a isso". Eles estão certos a respeito de que dar a questão como respondida, obviamente, não é boa ciência – nem boa filosofia, nem boa religião, eu acrescentaria. Sempre suspeitei, todavia, que é uma ciência defensiva aquela que evita os problemas eliminando-os; e que seria muito mais de acordo com o espírito científico tentar estudar o significado funcional dos conceitos de "alma" e "eu" ao longo da história. Aristóteles, por alma, queria indicar o princípio ativo, racional no homem; e ele não era bobo. Penso que Descartes, com a sua crua distorção moderna da concepção da alma como uma coisa localizada no ponto onde a cabeça encontra o corpo, estava realmente tentando, não importa o quanto insatisfatoriamente, descrever a capacidade pela qual uma pessoa é capaz de estar ciente tanto da mente como do corpo. Um dos aspectos da coragem de Freud é que ele usava francamente o termo "psique" e não vacilava quanto a isso. Não estou propondo nenhuma das alternativas acima como solução, mas penso que devemos superar o nosso medo de fantasmas intelectuais se pretendemos chegar a algum lugar. Precisamos superar a nossa ilusão de que as coisas devem ser concretas para ser reais ou de que só o que é quantificável é verdadeiro, se quisermos fazer progressos na compreensão do homem e dos seus problemas.

PROPONHO AGORA resumir alguns elementos essenciais para uma ciência do homem. Toda ciência deve ser aplicável às características peculiares, distintivas do objeto a ser estudado, que no nosso caso é o ser humano. Começamos então por perguntar: quais são as características distintivas do mamífero homem?

Primeiro, observamos que o homem é o mamífero que fala, que usa símbolos como linguagem. Mesmo o chimpanzé criado com seres humanos não aprende a falar. A habilidade do homem de usar linguagem baseia-se na sua capacidade de lidar com a realidade simbolicamente – o que é, simplesmente, uma maneira de desembaraçar alguma coisa do que ela realmente é, como os dois sons que fazem a palavra "mesa" e concordarmos entre nós que esses dois sons representarão toda uma classe de coisas. Assim, o ser humano pode pensar e comunicar-se em abstrações como "beleza", "ciência", "razão" e "bondade". Isso pressupõe a capacidade de relacionar-se com mais do que a situação concreta dada, imediata e tratar com termos universais.

Outra característica que observamos é que esse mamífero, o homem, registra o tempo. Essa é a capacidade simples, ainda que maravilhosa, para situar-se fora do presente e imaginar-se de volta ao passado ou adiante do dia de amanhã. Uma ovelha pode registrar a passagem do tempo, pode "planejar o futuro", como diz Howard Liddell, até somente cerca de dez minutos e um cachorro até cerca de meia hora. Mas o homem é o mamífero que "concerta o tempo": ele pode trazer o passado de centenas de anos atrás para o presente e usar ambos, o passado e o presente, no planejamento do futuro distante. Alguns estudantes da natureza humana sustentam que essa capacidade de concertar o tempo é a "essência da 'mente' e da 'personalidade', igualmente" (Mowrer, Korzybski). Não faz sentido algum, é claro, dizer que, como a ovelha pode planejar dez minutos e o homem quinhentos anos, nele essa capacidade é 26.280.000 vezes maior que na ovelha. Obviamente, uma questão dessa diferença de quantidade é também uma diferença na qualidade. A principal indicação da capacidade do homem para transcender o imediato é a sua capacidade para planejar além da sua morte – ele pode ver o mundo como se estivesse ou não nele.

É por isso que o ser humano é o mamífero peculiarmente histórico: ele não é meramente empurrado pela sua história, como todo mamífero, mas pode estar ciente de que é empurrado e, assim, pode selecionar aqueles aspectos da história em que deseja participar especialmente e que tenham a máxima influência no seu desenvolvimento. Além disso, essa é a raiz da sua capacidade de influenciar, por menos que seja, a marcha da história na sua nação e na sua sociedade como um todo.

Uma outra característica que observamos no sujeito diante de nós é a sua capacidade peculiar para a interação social com os seus semelhantes. Você pode dizer: "Isso não é único: muitos organismos são 'sociais'. Tome os formigueiros ou os rebanhos de ovelhas". Certo, mas os formigueiros, intrincadamente organizados como são, não variaram por cinco mil anos. Devo a Howard Liddell a afirmação de que a chamada gregariedade das ovelhas "consiste em manter constante o ambiente visual". Somente em dois períodos, no acasalamento e na amamentação, as ovelhas interagem umas com outras em termos da sua natureza como ovelhas; noutros momentos, o "rebanho" pode consistir de cachorros ou crianças, desde que seja constante. Mas o ser humano torna-se – ou pelo menos pode tornar-se – ciente dos seus relacionamentos interpessoais; ele abre-se para a influência de certas pessoas e mais ou menos rejeita outras. Assim, ele é capaz de, dentro de uma certa margem, moldar e modificar os seus relacionamentos com os seus semelhantes; ele é, na sua autoconsciência, parcialmente, o autor da sua sociedade e quem lhe confere significado. Um grupo de animais individuais forma um rebanho; um grupo de seres humanos forma uma comunidade.

Agora, interrompemos para perguntar: qual é o denominador comum desses três exemplos que citamos? No primeiro capítulo, nós o identificamos como a capacidade do homem de transcender a situação concreta, imediata e para vivenciar a si mesmo tanto como sujeito como objeto simultaneamente. Eu não afirmo isso, em absoluto, de um modo intelectualista ou imparcial – ele *vivencia* a si mesmo como sujeito e objeto, o que significa que relaciona-se com ambos esses polos com sentimento, com algum juízo de valor e maior ou menor engajamento. Ele pode pensar a si mesmo *como* a pessoa que precisa agir numa dada situação, bem como, no mesmo momento, *ser* essa pessoa. Enquanto lê essa página, você é o *objeto* das minhas palavras. Mas, ao mesmo tempo, pode estar ciente de si mesmo como a *pessoa* que lê as palavras, ou seja, o sujeito. E, assim, você tem alguma margem de liberdade para decidir o quanto concorda ou discorda.

Essa capacidade única para transcender a situação concreta tem, de acordo com o neurobiólogo Kurt Goldstein, o seu corolário neurobiológico. O córtex frontal é conhecido como a parte do cérebro que é muito grande nos seres humanos, mas mínima ou quase inexistente nos animais inferiores. Goldstein mostrou que, quando o córtex frontal do cérebro é danificado, os pacientes perdem, precisamente, as capacidades de que estivemos falando. Eles estão sempre ocupados com assuntos concretos como, por exemplo, onde estão as suas roupas; escrevem os seus nomes, quando recebem uma folha de papel com esse propósito, não em algum lugar no centro, mas bem no canto onde os limites concretos e imediatos os orientam. Eles não podem transcender o imediato e o presente, mostra Goldstein, e progressivamente perdem a capacidade para o pensamento abstrato.

Obviamente, a habilidade do homem para ver a si mesmo, simultaneamente, como sujeito e objeto está muito próxima do que é frequentemente denominado "autorrelacionamento". Mas o autorrelacionamento, nesse contexto, que estou sugerindo implica a capacidade para relacionar-se com outros eus bem como com o seu próprio eu. Deve ser radicalmente distinto da egocentricidade. Sabemos, pelo trabalho de Sullivan e outros, que a falta ou a distorção da percepção de si próprio bloqueia a sua percepção dos outros; e, quanto mais esclarecida a capacidade da pessoa para ver a si mesma como sujeito, mais ela pode conhecer outros eus.

Além disso, esse ser sujeito e objeto, ao mesmo tempo, subjaz à nossa percepção peculiar do mundo ao nosso redor. Se a verdade fosse conhecida, seria essa a capacidade em virtude da qual nós podemos ser *cientistas* em relação à natureza: ou seja, podemos pensar na natureza "lá fora", podemos separar sujeito e objeto e podemos pensar em leis abstratas, universais a respeito da natureza. Com efeito, o comportamentalista mais extremado, que insiste em tratar a natureza e a natureza humana com "objetividade pura" e escandaliza-se com o conceito de "eu", só é capaz de assumir a sua atitude objetiva em relação à natureza em virtude da sua própria capacidade de autorrelacionamento.

Nesse ponto, precisamos mostrar que a frase "o homem no seu ambiente" é inadequada. Por certo, todo organismo tem um ambiente. Mas, entre os seres humanos e o seu ambiente, ocorre um relacionamento único. Como indica a pesquisa altamente sugestiva sobre a percepção e a projeção, os homens veem e interagem com o ambiente em termos dos seus próprios símbolos e significados, e, para eles, parte do caráter do ambiente depende desses símbolos e significados. Quando nos damos conta de quanta projeção individual, tanto normal quanto distorcida, ocorre, digamos, na relação de Jones com o seu ambiente, e como esse meio é carregado de significados especiais para ele, vemos como é impreciso falar do ambiente como se ele pudesse ser descrito como algo à parte de Jones. Frequentemente, sinto que os comportamentalistas e outros que supõem um ambiente objetivamente real não consideram com suficiente seriedade o fato de que, logicamente (como demonstrado não apenas pela filosofia, mas pela física moderna), a sua suposição é um construto imaginativo, útil para os propósitos científicos abstratos particulares do momento, mas destituídos de realidade em si mesmo.

Em todo caso, é por isso que nós, nesses capítulos, falamos do eu como tendo um "mundo", ao invés de um ambiente. O autorrelacionamento pressupõe a existência de um mundo estruturado em relação com o eu; a forma específica da categoria geral "organismo-ambiente" aplicada aos seres humanos é "eu-mundo".

Agora, confrontamos a questão: como o autorrelacionamento, essa capacidade de vivenciar o próprio eu como sujeito e objeto, é diferente do que é chamado autoconsciência? A autoconsciência é o aspecto consciente, intelectual, do autorrelacionamento. Mas não é a sua totalidade. Efetivamente, há um perigo real, em algumas escolas de psicoterapia, de que esse autorrelacionamento torne-se muito intelectual, verbalista demais, algo falado ao invés de vivido. Esse erro deve ser especialmente evitado, porquanto alguns leitores podem interpretar a minha expressão "transcender" como significando viver numa torre de marfim, acima das realidades concretas do dia a dia, aconchegados no novo ventre científico de abstrações de bem-aventurança. Esse é um equívoco radical.

Pois o autorrelacionamento inclui níveis subconscientes bem como a percepção consciente. Quando nos empenhamos em amar, por exemplo, ou em alguma outra forma de paixão, ou numa luta ou num ideal, deveríamos estar, se quisermos obter sucesso no amor ou na luta, relacionados com nós mesmos em muitos níveis diferentes, simultaneamente. É verdade, a percepção consciente está presente no nosso engajamento; mas também sentimos poderes subconscientes e mesmo conscientes em nós próprios. Esse autorrelacionamento está presente no abandono que deliberamos para nós mesmos; significa agir como um todo; é a experiência de "atirei-me nisso".

O termo técnico para essa experiência de abandono é uma palavra antiga que proponho que vejamos com um novo significado, isto é, o êxtase. Uma palavra, cuja raiz é *exstasis*, que significa literalmente "estar fora de", o êxtase está presente em toda atividade criativa. O tipo oposto de abandono é o estado de pânico ou o fascínio. Ambos, o êxtase num polo e o pânico e o fascínio no outro, envolvem agir como uma pessoa total; mas, observemos, que diferença enorme! No pânico e no estado de fascinação, o autorrelacionamento está num mínimo: a pessoa age cegamente e irracionalmente, sem livre escolha. E os jornais dizem: "Ele agiu como um animal" – o que é um insulto infeliz aos nossos parentes infra-humanos. Mas o êxtase não é irracional, é transracional. Qualquer um que já tenha realmente feito amor, ou pintado, ou estado seriamente envolvido numa briga, ou vivenciou ideias criativas, sabe que o êxtase traz uma percepção *intensificada*; temos ideias que ignorávamos que tínhamos; a visão pode melhorar, podemos ver mais nitidamente o que fazer, podemos variar as nossas ações e a perspicácia da razão e do juízo verte como se viesse de níveis subconscientes. O autorrelacionamento, como ilustramos no êxtase, é mais do que percepção consciente e intelectual.

Isso nos leva a um comentário sobre o autorrelacionamento e o corpo. Quando Nietzsche diz: "Pensamos com os nosso corpos", ele não queria dizer que o pensamento é um processo fisiológico. Dizia que o corpo deve ser incluído em qualquer relacionamento completo com o próprio eu. Um dos aspectos da perda de relacionamento do homem moderno consigo mesmo é que o seu corpo é apanhado na divisão sujeito-objeto: ele tende a considerar o seu corpo puramente como um objeto, algo externo, para ser estudado quimicamente, para ser calculado e controlado. O corpo é visto como o resto da natureza, no sentido newtoniano, algo sobre que ter poder. Suposições desse tipo, por exemplo, estão presentes nos métodos de Kinsey, nos quais as pessoas podem ser consideradas como "objetos" sexuais e o sexo pode ser estudado estatisticamente, à parte do seu significado subjetivo, interpessoal. As pessoas que vêm para a terapia com essas atitudes revelam, geralmente, um isolamento considerável dos seus corpos. Nietzsche era mais sábio que muitos dos nossos pressupostos científicos modernos. O corpo é um aspecto do eu: é uma forma da nossa intercomunicação com o mundo e, como tal, é uma parte integral do autorrelacionamento.

UMA CIÊNCIA DO HOMEM deve ter no seu fulcro a característica única e distintiva do homem, ou seja, a sua capacidade de relacionar-se consigo mesmo como sujeito e como objeto, simultaneamente. Perguntemo-nos agora como esse enquadre seria útil como uma base para a nossa compreensão e à pesquisa em psicoterapia.

Vemos imediatamente que o conceito de sujeito-objeto fornece-nos orientação na nossa pesquisa da origem e desenvolvimento dos processos especiais, no ser humano, que levam aos problemas psicológicos e emocionais. Por exemplo, sabemos que a capacidade do bebê para usar a linguagem e os símbolos, a sua vulnerabilidade à neurose e o seu autorrelacionamento desenvolvem-se simultaneamente como aspectos do mesmo processo. Lawrence Kubie escreveu com precisão:

> o processo neurótico surge com o desenvolvimento da linguagem desde a infância mais precoce, ou seja, com o desenvolvimento da capacidade de agir, pensar e, finalmente, falar com símbolos. Os símbolos da neurose são paralelos aos símbolos da

> linguagem e dependem de muitas das mesmas capacidades humanas fundamentais; e a distorção neurótica dessas funções simbólicas ocorre como resultado da dicotomia entre os processos conscientes e inconscientes que começam cedo no desenvolvimento de cada bebê humano[8].

De fato, essa mesma divisão entre consciência e inconsciência ocorre, principalmente, porque o bebê é bloqueado na sua capacidade de ver a si mesmo como sujeito e objeto. O que o bebê pode comunicar aos seus pais torna-se "consciente", e o que não pode comunicar (por causa da ansiedade ou medo de punição) é bloqueado, reprimido, tornado "inconsciente". É por isso que Kierkegaard disse, muito corretamente: "Quanto mais consciência, mais eu".

Além disso, esse enquadre fornece-nos uma perspectiva na qual aferir a neurose e a psicose. O bloqueio do autorrelacionamento é o que Freud chamou a "repressão" e Sullivan denominou a "dissociação". O grau dessa mutilação do autorrelacionamento é uma medida do desenvolvimento neurótico na pessoa. A falta completa de autorrelacionamento só está presente, é claro, na psicose. Assim, os nossos problemas neuróticos ocorrem na proporção do quanto fomos forçados a render a nossa capacidade de vermos a nós mesmos como sujeitos e objetos ao mesmo tempo. A liberdade psicológica é agir de acordo com o nosso próprio caráter.

Chegamos aqui a uma questão muito sensível. Por causa da capacidade do homem de ver a si próprio de fora, de relacionar-se consigo mesmo como sujeito e objeto, simultaneamente, ele pode agir *contra* si mesmo. Como afirma Paul Tillich: "Na natureza, a ação segue-se ao ser: os gatos agem de acordo com o

---

8. Lawrence Kubie. *Practical and Theorethical Aspects of Psychoanalysis*, 1950, p. xiii.

'ser gato'; não agem contra a essência de gato. Mas o homem pode agir contra a sua própria natureza; assim, temos, na linguagem, a categoria do 'desumano'". Suspeito que grande parte do comportamento que é chamado trágico na experiência humana, grande parte do que Freud queria dizer com "instinto de morte", deve ser entendido à luz dessa potencialidade do homem para agir contra o eu.

Essas considerações indicam por que uma ciência do homem adequada também não pode excluir a ética. Pois as ações de um ser humano vivo, ciente de si mesmo, nunca são automáticas, mas envolvem uma certa avaliação das consequências, alguma potencialidade para o bem ou o mal. Novamente, na proporção da ausência do autorrelacionamento – digamos, quando a pessoa está drogada, hipnotizada ou sofre de uma neurose ou psicose severa –, essa avaliação de consequências é proporcionalmente menor. A ética surge da capacidade do homem para transcender a situação concreta e imediata, e ver os seus atos à luz do bem-estar ou da destruição a longo prazo dele próprio e da comunidade.

Os contornos da ciência do homem que sugerimos tratará do homem como um criador de símbolos, o raciocinador, o mamífero histórico que pode participar na sua comunidade e possui a potencialidade da liberdade e da ação ética. A busca dessa ciência não exigirá um pensamento menos rigoroso e uma disciplina menos séria que a busca da ciência natural e experimental na sua melhor forma, mas colocará o empreendimento científico num contexto mais amplo. Talvez venha a ser novamente possível estudar o homem cientificamente e, ainda assim, vê-lo como um todo.

14

As responsabilidades sociais dos psicólogos

O homem moral não é aquele que meramente quer fazer o que é certo e o faz, nem o homem sem culpa, mas o que está consciente do que está fazendo.

(Hegel [1770-1831])

Esse tópico desafia-nos não só por causa da sua importância para nós como cientistas sociais, mas também como seres humanos vivendo numa época precária do nosso mundo. Nos dias em que começava a trabalhar no ensaio em que se baseia esse capítulo, o Presidente recém-anunciara que ainda havia uma ligeira chance de se conseguir que fossem banidos os testes nucleares e, caso ela falhasse, o gênio do poder bélico termonuclear e seu diabólico parceiro, a espiral de retaliações genocida, sairiam da garrafa para sempre. Nesses mesmos dias, os noticiários estavam cheios de reportagens sobre as centenas de pessoas detidas em Birmingham. E na mesma tarde em que eu estava escrevendo algumas dessas ideias houve uma revolta popular no Harlem e uma marcha de protesto pela Avenida Amsterdã, em Nova Iorque, próxima da Universidade de Colúmbia e a meio quarteirão da nossa casa. Um dístico das últimas quatro linhas de Shakespeare no Rei Lear ficava rodando na minha mente:

"Ao peso desse tempo triste, devemos obedecer,
Dizer o que sentimos, não o que devíamos dizer".

Se então tivéssemos a ilusão de que, tão logo esses dois problemas diminuíssem, ficaríamos aliviados da nossa situação, cedo ficaríamos desiludidos. Pois logo víamos os nossos marines desembarcarem na República Dominicana, com o resultado de que assegurou-se uma situação "permanentemente precária" e, desde então, começou a escalada da guerra no Vietnã – para a qual, não importam quais sejam as opiniões políticas de alguém, não parece haver nenhum desfecho que não seja negativo. Menciono essas coisas para indicar que não resta muita dúvida de que viveremos numa situação mundial precária nas décadas vindouras: a menos que nos ceguemos para as realidades, viveremos "em crise" por bastante tempo. Portanto, nos cabe ainda mais, como psicólogos, que nos preocupemos com a questão da responsabilidade social.

A primeira coisa que nos impressiona quando consideramos esse tópico é que nós, como psicólogos, até quatro ou cinco anos atrás, não assumimos a nossa responsabilidade social de qualquer maneira adequada ou no grau que a nossa sociedade tem o direito de esperar de nós. Em 1954, Arthur Compton convocou uma conferência sobre Ciência e Responsabilidade Humana. Receio que foi indicativo do nosso desinteresse o fato de que havia apenas um psicólogo presente. A conferência foi composta por físicos, como Compton e Heisenberg, biólogos, filósofos e humanistas. Os físicos nucleares, em particular, têm estado bem à nossa frente em assumirem responsabilidade sobre o problema dominante no nosso mundo, isto é, a guerra termonuclear. Felizmente, a situação mudou nos últimos anos: os psicólogos assumiram o seu lugar na vanguarda desses problemas. Penso que, em relação aos físicos, há uma diferença: os psicólogos assumiram a sua participação como cidadãos responsáveis e, até onde posso ver, o que ainda está faltando é um interesse responsável pelo fato de que o próprio desenvolvimento da ciência da psicologia contém perigos para a sociedade, exatamente como ocorreu com o desenvolvimento da física.

Por que foi que os físicos nucleares engajaram-se muitos anos antes dos psicólogos? Não porque só eles conheciam o tremendo poder destrutivo das armas nucleares: todos nós o conhecíamos, depois de Hiroshima. As suas próprias mãos tinham participado na fabricação da bomba e o seu desinteresse social foi abalado irreversivelmente. O seu engajamento e a sua preocupação social não podem ser corretamente interpretados como uma reação construtiva à sua própria culpa? Um dos físicos comentou na época da primeira fissão: "Nenhum de nós saiu do observatório de Los Alamos sem dizer para si mesmo: 'Deus! O que foi que nós fizemos?'" Não que muitos deles acreditassem que não deviam ter desenvolvido a fissão atômica que tornou possível a bomba – isso teria significado um retrocesso que, mesmo que fosse possível, é impensável do ponto de vista deles ou do nosso. Mas o abalo que sentiram diretamente nos seus relacionamentos eu-mundo resultou, felizmente, entre muitos deles na emergência de um novo nível de consciência, um nível que agora, forçosamente, devia incluir a responsabilidade social.

De modo semelhante, proponho que o enfrentamento positivo da nossa própria culpa como psicólogos é o ponto mais saudável para começarmos. Isso bem pode soar estranho na maioria dos departamentos de psicologia, onde seria admitido, no máximo, que essa culpa é apenas potencial, não efetiva. Mas seria mesmo uma pena se tivéssemos que esperar, como profissão, até que uma mudança cataclísmica na mente e no espírito do homem moderno forçasse-nos a despertar para o poder com que estamos lidando. Robert Oppenheimer já nos lembrou, no seu discurso perante a convenção da Associação de Psicologia Americana, em 1955, que a responsabilidade dos psicólogos é ainda maior do que a dos físicos. "Dificilmente o psicólogo pode fazer alguma coisa", diz Oppenheimer, "sem observar que, para ele, a aquisição de conhecimento abre as mais terríveis perspectivas de controle sobre o que as pessoas fazem, como pensam, como se comportam e como se sentem[1].

Se as palavras de Oppenheimer estão corretas – e para mim parece óbvio que estão – a lógica da nossa situação exige que nos dispamos dos nossos ornamentos profissionais e façamos um autoexame mais investigativo e profundo do que nós ou qualquer outra profissão está acostumada. Talvez seja apropriado que um psicanalista assuma o papel do moscardo de Sócrates, propondo algumas interrogações para esse autoexame.

A PRIMEIRA INTERROGAÇÃO é sobre a nossa tendência para racionalizar a falta de engajamento sob a rubrica "esperemos até surgirem todas as evidências". Mas a situação crítica do nosso mundo contemporâneo e a natureza dos problemas não é, precisamente, o que impede que eles possam esperar por testes críticos? Não podemos esperar por um teste de guerra termonuclear; não podemos esperar por um teste completo de radiação. A ironia da nossa situação é que, se esperarmos por todas as evidências, não estaremos aqui para usá-las quando chegarem. O meu argumento, é claro, não é absolutamente contra o empenho disciplinado para obter toda a evidência que possamos. É, antes, contra o uso desse ideal respeitável como um substituto do engajamento. É como se, ao ficarmos esperando, a evidência tomaria as decisões por nós! Robert Lifton observa muito bem, no seu estudo do controle do pensamento, qualquer "neutralidade completa, pessoal ou moral, no trabalho psicológico (ou

---

1. Robert Oppenheimer. "Analogy in Science". *American Psychologist*, vol. 2, p. 127-135 (1956).

qualquer outro) é, na melhor das hipóteses, enganar-se a si mesmo e, na pior, uma fonte perniciosa de distorção"[2].

Mas um ponto ainda mais importante para nós, como psicólogos, quanto a isso, parece-me ser que a natureza dos problemas que enfrentamos é tal que *não podemos conhecer a verdade enquanto não nos engajamos*. No capítulo 2, mencionamos a afirmação de um participante num debate sobre os problemas da guerra nuclear dirigindo-se às pessoas que escutavam: "Você não pode ter qualquer tipo de influência sobre a questão de se vai ou não haver guerra. Isto é inteiramente decidido nos conselhos dos poucos altos líderes políticos que se reúnem em Berlim". A minha resposta foi: "Admito que o que você diz parece ser verdade, e tem muitas evidências disso. Mas mesmo que tivesse toda a evidência do mundo, eu ainda não acreditaria".

Como a plateia observou muito bem, eu não estava fazendo uma declaração anti-intelectual. Eu estava dizendo, antes, que, se nós aceitássemos a afirmação do meu oponente, continuaríamos passivos; e a afirmação tornar-se-ia verdadeira em virtude de a aceitarmos. Se, por outro lado, nos recusássemos a aceitá-la e fizéssemos o que estivesse ao nosso alcance, por menos que fosse, para influenciar o Congresso, o presidente e outros líderes, então mesmo um grupo de apenas algumas centenas de pessoas teria um certo significado.

É nesse ponto que começa a liberdade política, tão infinitamente pequena quanto possa ser no seu começo. E é a crença da democracia que essa influência possa crescer geometricamente como uma benevolente reação em cadeia. Todos sabemos que a democracia pode se deteriorar numa fé cega em quantidades, números e estatísticas grosseiras. Mas não é a democracia, nas

---

2. Robert J. Lifton. *Thoughf Control and the Psychology of Totalism:* A Study of "Brainwashing" in China. Nova Iorque: Norton, 1961, p. viii.

suas origens e nas suas mais altas representações, algo completamente diferente, isto é, uma crença na *qualidade do engajamento pessoal*? Da mesma maneira, não é a liberdade uma questão de "fazer tudo o que quiser", mas, antes, o poder das nossas ações como pessoa terem significado, *importarem* para o nosso grupo?

A minha opinião é que as experiências críticas da vida, como o amor, a paz e a guerra não podem acontecer até que nos comprometamos com elas. E declarações sobre essas experiências não podem ser verdadeiras exceto quando nós, ou alguém, engajamo-nos responsavelmente nessas crenças. Retornaremos a essa questão na nossa discussão de valores, logo adiante.

UMA SEGUNDA QUESTÃO que surge nesse autoexame é a nossa *ingenuidade sobre o problema do poder*. Quando observo psicólogos, vejo que compartilhamos, em grande medida, aquele aspecto da doença vocacional dos intelectuais ocidentais: o fracasso em ver, agindo mesmo como avestruzes, os aspectos trágicos e demoníacos do poder. Nos primeiros estudos sobre as relações raciais, não consegui ver no trabalho dos psicólogos que tivessem percebido indícios das explosões que estavam prestes a acontecer no processo de dessegregação e nas relações raciais[3]. Não teríamos subestimado o grau de poder explosivo da paixão reprimida e acumulada (num sentido freudiano) e a pressão de determinantes econômicos no grupo oprimido (num sentido marxista)? Os artistas, na pessoa de novelistas como Lillian Smith e James Baldwin, mostraram-se melhores do que nós como previsores dos tumultos e revoltas populares no processo de dessegregação.

---

3. Kenneth Clark mostrou esse problema do poder nas relações raciais e o desafio que coloca para a teoria psicológica e psicanalítica. Cf. *Dark Ghetto, A Study in Powerlessness*. Nova Iorque, 1965.

Aqui, o problema básico é que a nossa disposição mental, como psicólogos, parece ser tal que nega e suprime o poder. Do meu ponto de vista, tendemos – novamente compartilhando sintomas da doença vocacional dos intelectuais ocidentais, enfatizamos excessivamente a racionalidade – a tomar literalmente a máxima de Aristóteles de que o homem é um animal racional porque isso torna as nossas hipóteses mais simples, permite-nos o conforto de continuar como homens de boas maneiras que supõem que os outros homens agem tão racionalmente quanto pensamos que nós fazemos. E, uma vez que os nossos testes são fundamentados nos nossos próprios pressupostos que negligenciam ou negam o poder, eles expressam, naturalmente, resultados que fracassam em revelar as necessidades de poder que impelem as pessoas ou grupos.

Quando entrevistava psicólogos para escolas analíticas, eu pensava, frequentemente, que há um fator seletivo em funcionamento que faz com que a nossa profissão tenda a atrair o tipo de indivíduo que nega e reprime as suas próprias necessidades de poder. Essas necessidades de poder reprimidas têm, então, espaço para se manifestar na propensão a controlar outras pessoas na terapia ou na sua identificação com o poder das suas técnicas e máquinas de laboratório. Não raro vejo, nos candidatos querendo formar-se como terapeutas, o padrão de pessoa isolada que quer relacionar-se e sente-se atraída pela profissão porque lhe proporciona um relacionamento simulado que a faz-se sentir menos isolada – uma amizade ou caso de amor "cativo" que, é claro, não é absolutamente nem amor nem amizade, mas o fracasso da terapia, na medida em que é cativo. Similarmente, as necessidades de poder não enfrentadas, nem expressadas pelos psicólogos dedicados à pesquisa, encontram uma forma sob medida para se expressar, ou seja, a preocupação com o poder das técnicas para controlar os outros.

Um aspecto de autoilusão vinculada com o que foi descrito é que a nossa crença de que a pena é mais poderosa do que a espada tende a deslizar para uma suposição não examinada de que, portanto, a espada, ou o poder, é irrelevante. E *mirabile dictu*, então, fracassamos em ver que a palavra falada ou escrita pode ser tão irresponsável e tão perversa quanto a espada. Quando alguém nos ataca com a espada ou economicamente, como na competição empresarial na Avenida Madison, pelo menos podemos ver contra o que estamos lutando; enquanto que as palavras que são usadas com propósitos de poder, como no controle de pensamento, podem ser mais perversas e difíceis de enfrentar na medida em que elas atacam o centro da identidade e da autoconsciência[4].

Quanto menos agimos como avestruzes com o problema do poder destrutivo, mais eficientemente podemos ajudar a nós mesmos e à nossa sociedade a transferir as nossas necessidades de poder para objetivos positivos. Tomemos, por exemplo, o problema da paz. Nos meus tempos de universidade, acreditávamos na paz, fazíamos passeatas e campanhas por ela e estávamos tão condicionados a "pensar na paz" que nunca permitimos que nos passasse pela cabeça o pensamento de que poderia haver outra guerra. Mas isso tornou-nos totalmente despreparados para ver ou lidar com Hitler; nós nem mesmo percebemos a emergência de poder maligno (durante muito tempo, eu envergonhava-me ao lembrar disso), porque esse poder irracional e primitivo não se ajustava absolutamente às nossas categorias e conceitos. Simplesmente, ele não podia existir. Mas *existia*, pudéssemos ou não permitir a nós mesmos ver isso. Os intelectuais liberais da Alemanha e da Europa caíram na mesma armadilha; eles favoreceram os ditadores pelo seu fracasso em le-

---

4. Cf. um estudo de Lifton (citado acima), ao qual retornarei.

var em conta as trágicas realidades do poder e, consequentemente, não conseguiram engajar-se a tempo.

O que estou defendendo – como uma consequência esperada desse autoexame – é uma ampliação e um aprofundamento da nossa consciência, para aceitar o problema do poder nos seus aspectos trágicos, dinâmicos e demoníacos. Se estivesse dando um curso de introdução à psicologia, eu determinaria algumas leituras de Karl Marx, não pela sua filosofia econômica, mas porque ele entendeu a significação básica do poder econômico e social irracional e viu como o modo pelo qual se obtém o poder condiciona o conjunto particular de crenças "racionais" ("ideologia") que se escolhe. Assim, é possível reconstituir a nossa consciência em dimensões mais amplas para incluir a percepção e a compreensão dos aspectos socialmente destrutivos do poder e também mobilizar a nossa própria agressividade e necessidades de poder no lado construtivo dos problemas sociais. Não é isso o que William James procurava como o "equivalente moral da guerra"? Então a paz não será um vácuo – um estado passivo, insosso, aborrecido e não heroico –, mas desafiará e exigirá toda a nossa potencialidade.

Uma terceira questão para autoexame é a tendência aristocrática na psicologia. Somos propensos a vermo-nos "acima" da história e não conseguimos ver que a nossa psicologia e mesmo a própria ciência moderna são produtos históricos como qualquer outro aspecto da cultura. A ciência tomou diversas formas totalmente diferentes na cultura ocidental e, seguramente, é arrogância supor que a nossa própria ciência é a forma de ciência final e absoluta. A visão grega, de que a ciência é a revelação do *logos*, uma estrutura significativa do universo, baseava-se no respeito especial dos gregos pela natureza. A visão medieval, formulada pelos escolásticos e por Tomás de Aquino, de que toda a natureza ajusta-se a uma ordem racional, tornou-se a base para a moderna ciência experimental; deu aos cientistas a crença de que todos os segmentos das suas diversas pesquisas podiam justapor-se e fazer sentido. Na Idade Moderna, o poder sobre a natureza, antes que a sua descoberta e entendimento, tornou-se o objetivo (vide a máxima de Bacon: "Saber é poder"). E os métodos para conquistar poder deviam basear-se no modelo da máquina. Assim começou a preocupação do homem ocidental com o cálculo e o controle da natureza física.

Dois desenvolvimentos foram, então, decisivos para o nosso dilema como psicólogos no nosso mundo contemporâneo. Um foi a transferência, no século XVII e depois, do absolutismo moral e da autoridade da Igreja para a ciência. O segundo foi o empenho, começando no século XIX, para fazer *também do homem* um objeto de cálculo e controle e aplicar os métodos que ainda eram tão impressionantemente produtivos na conquista de poder sobre a natureza física para conquistar poder sobre os seres humanos.

Precisamente aqui, parece-me, reside o dilema da psicologia moderna. Somos os representantes da ciência moderna destinados a funcionar nos domínios da mente e espírito do homem. (E, seguramente, não podemos evitar o dilema substituindo por outros os termos como "comportamento" e "percepção".) Somos os herdeiros, estejamos conscientes disso ou não, do manto do absolutismo moral da ciência e esse manto pesa sobre nós (como a túnica de Hércules) mais precariamente do que sobre os físicos, que lidam com a natureza inanimada, ou os médicos que podem, pelo menos, dizer a si mesmos que lidam com o corpo. Recebemos da sociedade, desejemos ou não, a exigência de produzir respostas para as questões fundamentais da ética e do espírito; e é esperado, em muitos setores, tanto dentro como fora do campo científico, que venhamos a produzir essas respostas com as nossas técnicas e máquinas. Logo, o nosso dilema é se podemos ter uma ciência do homem e, simultaneamente, evitar a tendência de tornar o homem à imagem das máquinas e técnicas com que o estudamos. Ou seja, se podemos ter uma ciência da psicologia e, ainda assim, preservarmos os valores e as características distintivas que fazem do homem uma pessoa, os valores que constituem a sua humanidade.

Não há respostas fáceis para essas questões; mas creio que *há* respostas; e muitos de nós não estaríamos no campo da psicologia se não acreditássemos que houvesse. Então, a questão acima não *é se*, mas *de que maneira* podemos ter uma ciência do homem e preservar esses valores?

A sociedade, é claro, abriga uma boa dose de ambivalência em relação à psicologia. Isso é mais nítido e mais radical do que a ambivalência costumeira em relação à ciência. Espera-se que façamos o papel de Deus, mas somos temidos e odiados como demônios na mesma proporção em que somos cultuados. Fazer o papel de Deus por parte de um estado, uma ciência ou um grupo de pessoas resultará, inevitavelmente, nessa criatura-Deus ser vista como o demônio[5]. Porém essa ainda é uma perspectiva tentadora – a boa autoridade revela-nos a tentação mais poderosa e fatal de todas[6]. É nesse ponto que é crucial examinarmos a nós próprios. E não podemos encontrar uma valiosa ajuda, para esse autoexame, desagradável como sempre pode ser essa ajuda, nas críticas feitas à nossa profissão na nossa sociedade?

Refiro-me às "revoltas populares" na comunidade de Long Island contra a testagem educacional; a livros como *The Brain-*

---

5. Cf. Lifton. Op. cit., p. 502, n. 35.

6. Esse ponto tem uma grande riqueza de dados mitológicos e religiosos: cf. Lucifer em Milton; as tentações de Jesus nos Gospels, etc. Parece que o homem está na difícil posição de ter que revoltar-se contra Deus (como indicaremos numa seção posterior) sem sucumbir à crença de que possui o poder de Deus.

Watchers; às críticas de William S. Whyte aos testes vocacionais e à psicoterapia; ao ataque de Joseph Wood Krutch ao condicionamento operante de Skinner. Parece-me que a nossa tendência a pensar em nós mesmos "acima da história" cegou-nos para o significado subjacente dessas críticas, e menos ainda ajudou-nos a lidar com elas construtivamente. Não nos equivocamos completamente se chamamos, simplesmente, esses ataques de "injustos" e os desqualificamos provando que os seus autores estavam errados nos detalhes fatuais? O problema não é que um indivíduo impertinente escreva um livro ou que algum grupo de indivíduos barulhentos sejam vítimas de testes mal aplicados ou certos indivíduos eloquentes sejam acidentados da terapia. Não, pois é muito mais frutífero e preciso considerar esses ataques como sintomáticos de uma desconfiança subjacente a nosso respeito vindo à tona na nossa sociedade. Deveríamos perguntar: Sintomático de que tipo de desconfiança e por que razões? Certamente, não se pode pensar em William Whyte e Joseph Wood Krutch, para citar apenas dois exemplos, como profissionais pouco esclarecidos, obscurantistas e alheios ao bem-estar público.

Seguramente, a primeira indagação que devemos fazer a nós mesmos é: Tentamos, de fato, fazer o papel de Deus? Não há nada de tão inesperado nessa indagação. Falando da relação das tendências contemporâneas para deificar a ciência e o controle de pensamento, Robert Lifton usa palavras convincentes:

> Essa deificação é acompanhada pela expectativa de que a ciência fornecerá uma teoria completa e absolutamente mecanicista de um universo fechado e totalmente previsível. A física moderna há muito rechaçou esse ideal, mas ele persiste nas ciências humanas – biológicas, psicológicas e sociais – nas quais é particularmente prejudicial. A reforma do pensamento é a sua expressão fundamental – uma

> imagem mecanizada do homem numa sociedade fechada e um apelo ao método científico na reconstrução do homem nessa imagem[7].

No capítulo anterior, assinalei como caímos, a meu ver, no desempenho do papel de Deus, na psicologia. Que implicações essa situação tem para o problema da nossa responsabilidade social?

ALGUNS DOS NOSSOS colegas sustentam que a aceitação da nossa responsabilidade social exige que assumamos o papel de controlar e manipular os outros. Não concordo, não apenas porque esse curso contraria a minha visão democrática de sociedade, mas, ainda mais importante, porque acredito que ele opera contra o surgimento e o desenvolvimento de valores humanos. Não se trata de que qualquer um de nós negue, sequer por um momento, que os seres humanos podem ser controlados dentro de certos limites e por um certo período de tempo – pelas drogas, pelo condicionamento, pela hipnose e pelo controle de pensamento. Tampouco nenhum de nós pode negar que algum elemento de controle e o estabelecimento de condições estão presentes em todos os relacionamentos sociais – terapeutas com pacientes, pais com filhos, professores com estudantes. Mas a diferença crítica consiste em se esse controle pressupõe a outra pessoa como *sujeito* ou *objeto*; se o controle está associado à manipulação – estritamente falando, o "uso das mãos *manus*" para moldar outrem – ou tem o propósito de ampliar a consciência e a liberdade da outra pessoa para participar, responsavelmente, na escolha de valores sociais?

Alguns exemplos do que pretendemos dizer por controle podem ser de interesse. Por exemplo, ensino o meu filho, firmemente e com um controle genuíno, a esperar pelo sinal ver-

---

7. Ibid., p. 49.

de para atravessar a rua. Mas não estou tentando, simplesmente, a estabelecer um novo hábito, inculcar uma nova forma de comportamento. Tento expor-lhe o princípio, explicar-lhe a situação, com a esperança de que, quando crescer, a sua consciência ampliar-se-á para abranger os aspectos de "tráfego" da experiência que podem ajudá-lo a adaptar-se a futuras situações sobre as quais nada sei, trafegar em novas supervias expressas ou (Deus nos ajude!), algum dia, trafegar entre as estrelas. Nesse sentido, o meu controle está a serviço da ampliação da sua responsabilidade consciente e margem de liberdade.

Tomemos também um exemplo da terapia. Estamos todos plenamente cientes de quanto controle acontece na terapia. Porém, na medida em que se trate de controle a serviço da moldagem do paciente a uma determinada forma de comportamento, creio que trata-se do fracasso da terapia e não do seu sucesso. Por certo, o terapeuta tem muito a ver, corretamente, com o estabelecimento das condições da terapia, de acordo com os fatos espácio-temporais da realidade; por exemplo, há horas determinadas reservadas para o paciente; ele não é atendido a qualquer hora que quiser ou em qualquer lugar em que quiser. Mas a questão importante não é que o paciente *adapta-se* a essas condições. Ao invés, como o paciente reage às condições, as questiona, as desafia, etc., é o mais importante, quando vemos, como propósito central da terapia não o inculcar novos hábitos, mas prover uma situação na qual o sentido de identidade, significação e responsabilidade do paciente possa ser descoberto e desenvolvido.

Um paciente meu, por exemplo, chegava insistentemente atrasado para as suas sessões. Eu poderia, muito facilmente, condicioná-lo a mudar esse "mau hábito" obviamente frustrante. Mas era muito mais importante, para mim, cooperar com ele para tentar descobrir o que estava dizendo nos seus atrasos (expondo isso tanto para si mesmo como para mim, uma vez que ele não percebe por que chega atrasado e, portanto, ainda não tem controle responsável sobre isso). Para esse paciente particular, cuja vida anterior inteira fora no contexto de um pai poderoso e famoso, chegar atrasado, nas etapas finais da terapia, era um ato construtivo e independente. Com efeito, seria uma clara perda se ele superasse o sintoma antes que tivesse a chance de entender a linguagem desse e escutasse o que lhe estava sendo dito. Minhas maiores dúvidas são sobre pacientes que adequam-se bem demais às nossas "condições" – o paciente queixoso, que procura agradar e tenta adivinhar o que acha que eu acredito que ele deveria fazer e, depois, fica ansioso demais para fazê-lo. Obtemos sucessos *aparentes* com esse tipo de paciente (sucessos que podem durar diversos anos), mas, a longo prazo, acredito que o prognóstico para esse tipo é o mais duvidoso de todos. É significativo, a esse respeito, que estudos da terapia de condicionamento indiquem que os pacientes mais complacentes, suscetíveis à hipnose e sugestionáveis são aqueles que melhor respondem a esse tipo de terapia[8].

Então, o nosso problema consiste em compreender a natureza dos valores sociais e o inter-relacionamento da liberdade do indivíduo com esses valores. Na minha opinião, satisfazermos, como psicólogos, a nossa responsabilidade social, no sentido positivo, dependerá de como resolvemos esse problema da relação da liberdade individual com os valores sociais.

Eu sugiro que *existe um relacionamento dialético entre os valores sociais e a liberdade individual e que não podemos ter um sem o outro.* Nas culturas humanas civilizadas não há nenhum valor puramente *social*; os valores são dados e transmitidos na tradição da sociedade e estão constantemente sujeitos a serem afirmados, desenvolvidos e reformados pelos indivíduos na sociedade que

---

8. Cf. Krasner. *The Therapist as Social Reinforcement Machine*.

exerçam alguma margem de liberdade para afirmar ou desafiar. Esses valores surgem continuamente em novos níveis de consciência, à medida que o indivíduo interage com o seu grupo. Se temos alguma coisa que pode ser transmitida pela cultura, independentemente da escolha ou da afirmação consciente do indivíduo, são as tradições, os costumes. Estou usando o termo "valor" para indicar um impulso na direção de alguma nova forma de comportamento – metas, objetivos de vida aos quais sejamos dedicados e para os quais escolhemos nos dirigirmos porque acreditamos que sejam os modos de vida mais desejáveis. Esse relacionamento dialético entre liberdade individual e valores sociais é estabelecido tanto na consciência subjetiva do indivíduo como no seu comportamento objetivo e causa mudanças na sociedade à medida que se desenrola.

Cerca de vinte anos atrás [sic], eu argumentava em diversos artigos que os valores eram necessários e inevitáveis naqueles aspectos da psicologia e da psiquiatria que tinham a ver com ajudar pessoas – notadamente, a psicoterapia. Na época, esse ponto de vista era, muito frequentemente, rejeitado, mas, atualmente, é aceito bastante amplamente. Mas a conclusão de que, por isso, o psicólogo deveria prescrever valores para as outras pessoas, não é uma solução melhor. Essa conclusão mostra uma visão tosca e simplista dos valores. Há uma tendência entre os terapeutas para refletir o sistema moral do período histórico particular em que vivem. Assim, eles prescrevem os valores do seu próprio grupo para os pacientes que, livres da sua própria ansiedade e confusão, agarram-se a algum modo de vida que dê segurança – e, é claro, os terapeutas podem inculcar os valores do seu grupo através de técnicas de influência psicológica semelhantes à lavagem cerebral. Embora isso possa, de fato, colaborar para o "ajustamento" e algum tipo de "felicidade" e segurança temporária, na verdade opera contra a criatividade e a sensibilidade ética e contra a emergência do novo que, eu defendo, é uma parte necessária de qualquer valor viável. É importante manter clara a ideia de que embora a nossa ciência possa testar certos valores, o *conteúdo* mesmo do valor não provém da ciência. Podemos fazer pesquisas sobre as atitudes e as formas de comunicação das pessoas sobre a paz, e a relação dessas atitudes com a segurança ou o pânico; mas a própria crença na paz deve originar-se de algo além da nossa ciência. O fato de que eminentes médicos alemães, incluindo médicos judeus, trabalharam para Hitler no seu programa de extermínio, deixa claro que a formação científica especializada não é o bastante para assegurar a escolha de valores humanitários. Heisenberg, na direção do Instituto Nacional de Física da Alemanha nazista, decidiu trabalhar para evitar que Hitler fabricasse a bomba atômica, não por causa da sua ciência, mas por causa da sua humanidade[9].

O conteúdo dos valores provém, predominantemente, da religião, da filosofia e de outras disciplinas de humanidades; e é assim que deveria ser. Se a ciência não prove o conteúdo dos valores, não é porque ela ainda não tenha progredido o bastante. Ao invés, é porque o conteúdo dos valores e a testagem que a ciência faz estão em dois níveis diferentes. Como Albert Einstein afirma,

> o método científico não pode ensinar-nos nada além de como os fatos relacionam-se e são condicionados uns pelos outros; ...a aspiração de tal conhecimento objetivo pertence ao sublime do que o homem é capaz. ...Igualmente, é claro que o conhecimento do que é não abre as portas diretamente para o que *deveria ser*... Esclarecer esses fins e avaliações fundamentais e vinculá-los à vida emocional do indivíduo parece-me precisamente

---

9. Comunicação pessoal.

> a função mais importante que a religião tem a desempenhar na vida social do homem[10].

Nós não apenas prestamos um desserviço à ciência quando esperamos que ela faça tudo, incluindo prover os nossos valores; também nos apartamos de muitos milhares de anos de lenta evolução da sabedoria humana e tornamo-nos ingênuos em relação aos valores.

POR FIM, DESEJO expor diversas considerações a respeito do inter-relacionamento da liberdade individual e dos valores sociais, que acredito serem essenciais para a solução do nosso problema.

A primeira é que *a emergência de novos valores ocorre, em maior ou menor extensão, como um ataque aos valores existentes da sociedade.* Num certo sentido, o novo valor é uma "resistência à aculturação", como o afirma Maslow; de fato, é uma ruptura temporária da aculturação. Esse ataque à cultura ocorre tanto na concepção do novo valor como na sua aplicação. Tem-se apenas que olhar superficialmente a nossa tradição ocidental ou qualquer tradição para ver que líderes éticos, como Sócrates ou Jesus, foram considerados tão inimigos da sociedade ao ponto de serem executados pelo Estado. Certamente, eles *eram* inimigos do Estado enquanto *status quo*. Terem sido recompensados com a execução pela sociedade é o que poderíamos esperar: pois o *status quo* deve ser confrontado para que surja algum valor novo que é essencial para o crescimento e a consciência ética da civilização. É isso que Tillich pretende dizer com "o deus além de deus".

A segunda consideração tem a ver com a importância de preservar e respeitar o *direito e a capacidade de contestar do indivíduo.* Um princípio que todos os sistemas de controle manipulatório têm em comum é que o indivíduo não pode contestar os

---

10. Devo essa citação a Robert Lifton, op. cit., p. 460.

pressupostos básicos. Aqui, uma fonte muito rica e importante de dados é o estudo de Lifton a que já nos referimos. Ele descreve o sistema impressionante e surpreendente de recompensas e punições que os comunistas chineses criaram para reeducar os seus prisioneiros pelos métodos de controle de pensamento. Se a pessoa, como prisioneira, aceitasse o enquadre, poderia sair-se muito bem. Mas o ponto fundamental era: *não se deve contestar os pressupostos básicos nos quais o sistema se baseia*. Os objetivos básicos são estabelecidos por outras pessoas, nesse caso a hierarquia comunista, sem qualquer relação com esse dado indivíduo; ele é, inteiramente, objeto das técnicas.

Mas a capacidade para contestar os objetivos básicos é uma das características que distinguem o homem como homem na escala evolucionária. E não é a contestação dos objetivos como o sistema de guerra, e mesmo a soberania nacional, a nossa única chance de tomar nas mãos, responsavelmente, a direção da nossa evolução?[11] A minha experiência própria é, principalmente, em nível do psicoterapeuta, trabalhando com seres humanos em intensa ansiedade e profundo sofrimento, em alguns casos à beira da psicose – ou seja, níveis em que as aspirações de vida comuns são postas de lado. Sou convencido por dados, praticamente todas as horas do dia, de que a capacidade emergente do paciente para contestar os objetivos, digamos, que pais exploradores impuseram a ele, ou os seus próprios objetivos sadomasoquistas, é um ponto extremamente significativo no seu movimento para a saúde. Esse princípio parece obviamente verdadeiro além da área da neurose ou da psicose.

---

11. Anne Roe, no seu artigo "Man's Forgotten Weapon", *American Psychologist*, 1949, 14: 261-266, mostra que a capacidade para perceber as próprias atitudes e as da sua sociedade – o que chamo "consciência" nesse artigo – é o que distingue o homem na escala evolucionária e o uso dela o nosso único caminho para exercer uma margem de liberdade ao moldar a nossa própria evolução.

Ser capaz de contestar é o começo da experiência de identidade da pessoa. A função da contestação é o que distingue o eu do mundo e torna possível que uma pessoa sinta-se como um sujeito num mundo de objetos. O perigo, quando uma pessoa é tratada como um objeto de controle e a contestação fundamental é proibida, é que essa experiência do eu como um sujeito em relação a um mundo de objetos é perdida.

A TERCEIRA CONSIDERAÇÃO no nosso entendimento do relacionamento entre a liberdade individual e os valores sociais é, talvez, a mais importante de todas. Trata-se de que *os valores humanos nunca são uma simples via de mão única, mas sempre envolvem um "não", bem como um "sim"* – o que chamarei aqui uma *polaridade da vontade*. Com efeito, não são todos os eventos na experiência humana uma relação dialética entre esses polos positivos e negativos? A razão por que o direito de protestar, de dar um voto negativo, tem sido tão preciosa na história ocidental como um penhor da dignidade de pessoa, desde o tempo de Amós e Miqueias até o areópago em Atenas, a Magna Carta na Inglaterra e assim por diante, é que essa negativa constituirá, concretamente, isto é, tornará possível, a vontade positiva. Afirmei antes que a capacidade para contestar é o começo da experiência de identidade. Agora, afirmo que essa liberdade para dizer "não" é o que dá *substância e poder* para a experiência de identidade da pessoa, na medida em que prova que aquilo que ela sente e pensa *importa*. E isso gera a possibilidade de ser um rebelde[12], de sentir ódio e engajar-se numa revolta que são experiências potencialmente construtivas.

Na psicoterapia devemos, é claro, tratar dessa polaridade de reação todo o tempo e penso, com frequência, que esse é o

---

12. Cf. o modo positivo com que Camus e outros escritores usaram a experiência de ser um rebelde.

ponto mais crítico na questão de se podemos ajudar outra pessoa a alcançar a saúde. Freud viu isso, e tratou do problema com a sua ênfase na expressão da hostilidade e a transferência negativa pelo paciente. Rank descreveu-a, especificamente, como a polaridade da vontade e baseou nela todo o seu sistema terapêutico. Jung descreveu-a mostrando que um elemento negativo sempre estará presente na consciência em qualquer questão, contrabalançando o elemento positivo e numa proporção próxima à dele. Do mesmo modo, creio que uma das fragilidades do sistema terapêutico de Carl Rogers é o seu obscurecimento do aspecto negativo da vontade. Por exemplo, vejo, na prática da "congruência", uma tendência para encobrir diferenças emocionais entre o paciente e o terapeuta, para limitar a variedade e a profundidade dos afetos tratados na terapia, para subestimar a raiva, a hostilidade e o conflito. O paciente sente a sua identidade posicionando-se tanto *contra* como a favor do terapeuta e encobrir os elementos negativos torna isso mais difícil para o paciente. Rogers tem, evidentemente, estado na vanguarda daqueles que insistem no respeito ao paciente. Mas o respeito não é melhor e mais profundamente manifestado quando admitimos abertamente a raiva, a hostilidade e o conflito com o outro, mas ao mesmo tempo não nos retiramos do relacionamento? De fato, essa "inclusão do negativo" normalmente pode tornar um relacionamento, e o respeito mútuo nele, mais sólido e confiável.

Esse elemento negativo-positivo é óbvio na natureza física, no padrão de atração e repulsão de neutros e prótons; mas assume uma significação muito maior no nível da consciência humana. Para mim, estar "consciente" significa que posso estar ciente do fato de que *eu* sou aquele rebelando-se, negando, sentindo hostilidade ou raiva; e, portanto, posso e, em princípio, em alguma extensão, devo, assumir uma certa responsabilidade por isso. Isso segue-se como um dado da experiência psicológica: estar consciente do fato de que se trata da própria raiva, rebelião, etc., já constitui um elemento de responsabilidade. O fato de que as exceções a isso são patológicas (por exemplo, o desafio do psicopata) apenas confirma a tese. A consciência consiste de figura-fundo – para pensar uma coisa, devo, no momento, excluir outras coisas; para perceber uma coisa, devo excluir, "negar" todas as outras coisas temporariamente. Nesse sentido, *o conflito é da essência da consciência*.

A polaridade da vontade, sobre a qual estou falando, ainda não pode expressar-se nitidamente nos nossos estudos empíricos e laboratoriais, mas isso não deveria surpreender-nos. Pois os nossos pressupostos, o próprio contexto do nosso pensamento, tende a eliminá-la para começar e, consequentemente, ela não aparece nos resultados. Todavia, há uma série de dados significativos para estudarmos[13]. Tomemos, por exemplo, os estudos de Dollard sobre a situação dos negros americanos. O homem branco esteve recompensando o comportamento aquies-

---

13. Veja também *The Informed Heart*, de Bruno Bettelheim, ao qual nos referimos antes, que expõe a discussão altamente significativa de Bettelheim da "liberdade fundamental" do prisioneiro no campo de concentração para escolher a sua própria atitude em relação aos seus captores. Essa preservação do direito *íntimo* de revoltar-se, mesmo nessas situações extremas nas quais a revolta externa não era absolutamente possível, possibilitou, em muitos casos, que as pessoas sobrevivessem. Num nível mais básico, era um elemento central para prevenir a apatia, a indiferença e o desespero psicológicos (estados em que ele tenderia a definhar e morrer). E no que, para mim, é o nível mais básico de todos, essa capacidade íntima de escolher a sua própria atitude – reservar-se intimamente o direito para dizer "não", ainda que tivesse que fazer a coisa que lhe era ordenada – é o que preservava a dignidade da pessoa como ser humano. Os dados em livros como o de Bettelheim parecem-me extraordinariamente relevantes e importantes. Dados semelhantes são encontrados no livro de Victor Frankl, *From Death Camp to Existentialism*, e no de Christopher Burney, *Solitary Confinement*.

cente e punindo o comportamento rebelde por muito tempo e, no Sul, ele supunha que estava conseguindo algum tipo de adaptação do negro. Mas as aparências são muito enganosas: como Dollard mostrou, o que ele conseguiu foi apatia, indiferença, preguiça e uma estupidez aparente como defesas contra as pressões do homem branco. Esses sintomas podem ser corretamente vistos como protestos neuróticos e uma rebelião camuflada do negro para preservar uma pseudoidentidade numa situação de incapacidade para rebelar-se abertamente. Agora, estamos colhendo a reação mais profunda que foi reprimida sob esses sintomas, notadamente, o ressentimento, a raiva, o desejo de revanche.

Isso tem implicações de longo alcance na psicologia e, certamente, na psicoterapia. No trabalho com pessoas onde parecemos conseguir concordância sem esse elemento negativo estar presente em algum grau, podemos estar conseguindo, simplesmente, conformismo, apatia, falta de entusiasmo e indiferença.

A minha tese de que o elemento de rebelião é intrínseco à estrutura da consciência humana e é um dos elementos que a constitui, encontra apoio enfático nos mitos clássicos, que são o repositório da quintessência dos muitos séculos de experiência humana. O mito de Prometeu, por exemplo, apresenta a convicção dos antigos gregos de que a própria cultura, incluindo os seus valores, nasce de uma rebelião contra os deuses.

É interessante que tanto B.F. Skinner como seu antigo oponente de debates, Carl Rogers, subestimam a significação do conflito humano. (Será que a razão para essa omissão é que ambos, como bons psicólogos ocidentais esclarecidos, superestimam os aspectos racionais do homem e subestimam o irracional?) Recordamos no nosso primeiro capítulo que Skinner descreve como um completo disparate o argumento de Dostoievski de que "os homens provarão que ainda são homens e não as teclas de um piano" revoltando-se contra o controlador por pura "obstinação". Não poderá ser que Dostoievski está retratando ironicamente a tendência normal e saudável no homem de rebelar-se contra a autoridade prepotente, como Adão fez no paraíso muito tempo atrás, como Prometeu fez na Grécia arcaica, como os nobres ingleses fizeram contra o Rei John, como os húngaros fizeram contra os russos, como os jovens poetas atuais na Rússia fazem contra o regime que "faria bem a eles" e preferem arriscar-se a ser presos antes que aceitar o que outros creem que é bom para eles? Não poderia ser que Dostoievski estivesse falando de algum traço no homem a que outro russo, desta vez um grande poeta, Alexander Blok, referiu-se quando fez um discurso por ocasião do octogésimo quarto ano da morte de Pushkin? Nessa oração, em 1921, "O destino do poeta", Blok descreveu a "liberdade e a tranquilidade" que as autoridades russas contemporâneas estavam tirando dos poetas:

> Não a externa, mas a tranquilidade criativa. Não os caprichos infantis, não a liberdade para representar-se liberal, mas a vontade criativa – a liberdade secreta. E o poeta está morrendo, porque não há mais o que respirar; a vida perdeu o sentido para ele[14].

Estou ciente que também dou a questão como resolvida citando exemplos da Rússia, o que poderia ser refutado como óbvios exemplos de "controle ineficiente". Mas creio que isso não muda o problema. A rebelião de Adão e Prometeu, nos mitos, não era contra autoridades totalmente ineficientes, mas expressava objetivos positivos no desenvolvimento da civilização e da consciência humana.

---

14. George Reavey. *The Poetry Yevgeny Yevtushenko*. Nova Iorque, 1965, p. viii.

Se quisermos um retrato bastante exato de um Jardim do Éden moderno na psicologia contemporânea, temos apenas que ler o livro *Walden Dois*, do Professor Skinner. Em *Walden Dois*, todos são livres de ansiedade, culpa e conflito; são bons e sábios sem tentar nem escolherem sê-lo; e, como Adão e Eva sob as árvores, os relacionamentos acontecem "sob as condições mais favoráveis", como o Professor Skinner define. Sob o benevolente ditador de *Walden Dois*, as pessoas são consideradas felizes. Mas trata-se de uma felicidade pós-humana e animal, onde perdeu-se a capacidade de contestar e a insatisfação construtiva. Embora eu discorde de *Walden Dois*, não estou preocupado com isso, pois tudo o que conheço como terapeuta ou como estudioso da história humana leva-me a confiar que, se houvesse um novo capítulo no livro, trataria de uma revolta retumbante contra o ditador e o sistema; e se o ditador é benevolente ou maléfico, isso é irrelevante.

Se nos voltarmos agora para o mito de Adão como os escritores do Gênesis o apresentaram, descobriremos que a sua verdade é completamente diferente. Não é por acidente que esse mito clássico retratando o nascimento da consciência humana é um mito da revolta contra Deus. Sob a "ditadura benevolente" de Deus, Adão e Eva vivem no Jardim do Éden num estado de felicidade ingênua e pré-humana, num contentamento sem ansiedade, vergonha ou conflito e, também, como o bebê nos primeiros meses de vida, sem moral ou consciência individual. Adão e Eva então passam por fases paralelas àquelas que citei antes nesse capítulo. Eles *contestam* a autoridade (a contestação é projetada na serpente), vivenciam a *consciência moral* (provando da árvore do conhecimento do bem e do mal). O preço que pagam pela sua revolta contra a autoridade divina é a vergonha, a culpa, a ansiedade, o conflito e a expulsão do estado infantil e beatífico do paraíso. Quando partem,

O mundo todo estendia-se diante deles, onde escolher
O seu lugar para descansar, e a Providência era sua guia.
De mãos dadas, com passos lentos e hesitantes
Partiram do paraíso, no seu caminho solitário[15].

Mas o que ganham quando despedem-se do paraíso? Eles ganham a diferenciação de si mesmos como pessoas, os princípios de identidade, a possibilidade da paixão e da criatividade humana. E, em lugar da dependência ingênua e irresponsável da infância, agora há a possibilidade de amar por *escolha* de relacionar-se com o semelhante por querer e, por isso, com responsabilidade. O mito de Adão é, como o define Hegel, uma "queda para cima". Com efeito, é o surgimento da consciência humana.

Ao longo desse livro, enfatizei a avaliação como um ato. Isso implica um sistema aberto ao invés de fechado. Dissemos, antes, que o valor só existe quando nos comprometemos com ele – isso também enfatizava a avaliação como um ato. É no ato de *avaliar que a consciência e o comportamento tornam-se um só*. Pode-se adotar valores rotineiros (mais precisamente chamados "tradições", "padrões") da Igreja ou do terapeuta, da escola, da Legião Americana ou de qualquer outro grupo na cultura. Mas, em contraste, o ato de avaliar envolve um comprometimento por parte do indivíduo que vai além da situação "rotineira" ou automática. Isso, por sua vez, implica uma escolha e uma responsabilidade consciente. O objetivo assumido em todo esse livro, o aprofundamento e ampliação da consciência, também é um objetivo aberto, ao invés de fechado, e impregna e informa a sociedade.

---

15. A citação contém as últimas quatro linhas do *Paraíso perdido*, de Milton.

EDITORA VOZES LTDA.
Rua Frei Luís, 100 – Centro – Cep 25.689-900 – Petrópolis, RJ – Tel.: (24) 2233-9000 – Fax: (24) 2231-4676 – E-mail: vendas@vozes.com.br

UNIDADES NO BRASIL: Aparecida, SP – Belo Horizonte, MG – Boa Vista, RR – Brasília, DF – Campinas, SP – Campos dos Goytacazes, RJ – Cuiabá, MT – Curitiba, PR – Florianópolis, SC – Fortaleza, CE – Goiânia, GO – Juiz de Fora, MG – Londrina, PR – Manaus, AM – Natal, RN – Petrópolis, RJ – Porto Alegre, RS – Recife, PE – Rio de Janeiro, RJ – Salvador, BA – São Luís, MA – São Paulo, SP
UNIDADE NO EXTERIOR: Lisboa – Portugal